Friluftsliv – ein norwegisches Phänomen

Waxmann Verlag GmbH
Steinfurter Straße 555, 48159 Münster
info@waxmann.com

Annette R. Hofmann, Carsten Gade Rolland,
Kolbjørn Rafoss, Herbert Zoglowek

Friluftsliv –
ein norwegisches Phänomen

Eine Lebensphilosophie in Theorie und Praxis

Waxmann 2015
Münster • New York

Bibliografische Informationen der Deutschen Nationalbibliothek
Die Deutsche Nationalbibliothek verzeichnet diese Publikation in
der Deutschen Nationalbibliografie; detaillierte bibliografische
Daten sind im Internet über http://dnb.d-nb.de abrufbar.

Print-ISBN   978-3-8309-2782-2
E-Book-ISBN   978-3-8309-7782-7

© Waxmann Verlag GmbH, 2015

www.waxmann.com
info@waxmann.com

Umschlaggestaltung: Inna Ponomareva, Münster
Umschlagabbildung: © Annette R. Hofmann, Carsten Gade Rolland
Satz: Stoddart Satz & Layout, Münster

Gedruckt auf alterungsbeständigem Papier,
säurefrei gemäß ISO 9706

Inhalt

Vorwort

Das Jahr 2015 ist in Norwegen Jahr des Friluftsliv und schon deshalb geeignet für die Herausgabe eines Buches zu dieser Thematik.

Die Entstehung dieses Buches geht zum einen auf das englischsprachige Studienangebot „Outdoor Life Activities" zurück, das seit 2004 am ehemaligen Finnmark University College[1] als Teil eines halbjährigen Studienganges für ausländische Studierende existiert. Im Laufe der Jahre wurde hier zahlreichen Studierenden aus europäischen und außereuropäischen Ländern die norwegische Freiluftkultur vermittelt.

Zum anderen kommen im Rahmen des europäischen Erasmus-Austauschprogramms bereits seit über zehn Jahren Studierende der Pädagogischen Hochschule Ludwigsburg und der Universität Münster im Frühjahr für ca. zwei Wochen an das Finnmark University College in Nordnorwegen, um an der speziell für sie erarbeiteten Lehrveranstaltung in die „Geheimnisse" des norwegischen Friluftslivs eingeweiht zu werden.

Bei beiden Veranstaltungen handelt es sich überwiegend um praktisch ausgerichtete Kurse, in denen die Teilnehmer und Teilnehmerinnen Erfahrungen mit dem Aufenthalt, Fortbewegen, Leben und Überleben in der Natur machen können. Aus den anfänglich eher informellen Lehrveranstaltungen wurden im Laufe der Zeit anspruchsvolle Studienmodule entwickelt, die mit einem Examen abgeschlossen und zertifiziert werden. Da jedoch Friluftsliv ein speziell norwegisches oder allenfalls skandinavisches Studiengebiet ist, gibt es für die Ausbildung nur bedingt Studienmaterial in deutscher bzw. englischer Sprache. Zwar erstellen die Lehrenden jährlich Reader, die die wenigen aus dem Norwegischen ins Deutsche oder Englische übersetzten Artikel beinhalten, doch steigt die Nachfrage nach einem dem Studiengang gerecht werdenden Lehrbuch „Friluftsliv". Dieser Wunsch, aber auch die Bestrebungen, die langjährigen praktischen Erfahrungen und kollegialen Diskussionen zu Papier zu bringen, werden mit diesem Buch realisiert: eine auf Nicht-Norweger zugeschnittene Einführung in die Grundlagen und in das Verständnis von Friluftsliv sowie eine Sammlung und Beschreibung von Aktivitäten, die im Studiengang Friluftsliv erlernt und erlebt werden können.

---

1 Im Herbst 2013 schlossen sich das Finnmark University College und die University of Tromsø zur Arctic University of Norway (UiT) zusammen.

Das internationale Autorenteam weist vielfältige Erfahrungen im und Bezüge zum Friluftsliv auf. Die norwegischen Sportwissenschaftler und Sportpädagogen Kolbjørn Rafoss und Carsten Rolland sowie der in Norwegen lebende und lehrende Herbert Zoglowek unterrichten seit vielen Jahren im Studiengang Friluftsliv am Sportinstitut des ehemaligen Finnmark University College (jetzt Arctic University of Norway). Als gebürtige Norweger haben Rafoss und Rolland von Kindheit an vielfältige Erfahrungen im Friluftsliv gesammelt. Zoglowek beschäftigt sich als zugewanderter Deutscher seit über zwei Jahrzehnten vornehmlich mit Friluftsliv als Schulfach und den damit verbundenen pädagogischen Aspekten und Herausforderungen. Annette R. Hofmann, deutsche Sportwissenschaftlerin und leidenschaftliche Wintersportlerin, organisiert seit über zehn Jahren mit Sportstudierenden deutscher Hochschulen zusammen mit den norwegischen Kollegen aus Alta die Lehrveranstaltung „Friluftsliv".

Dieses Buch resultiert aus den Erfahrungen der Hochschullehrenden. Zudem sind auch Ergebnisse des Austausches und der Diskussionen mit weiteren norwegischen Kollegen und Kolleginnen, die im Laufe der Jahre in der Ausbildung tätig waren, sowie mit deutschen Kollegen und Kolleginnen, die als Betreuer die Studierenden begleitet haben, in diese Arbeit eingeflossen. Daher gilt der Dank der Autoren auch dieser kollegialen Zusammenarbeit über die vielen Jahre hinweg, ebenso der Unterstützung durch die deutschen Universitäten und Hochschulen, die von der Bedeutung dieser Lehrveranstaltung immer überzeugt waren. Des Weiteren haben zahlreiche Personen Fotomaterial zur Verfügung gestellt, und Textteile aus dem Norwegischen ins Deutsche übersetzt.[2]

Besonders ist jedoch dem Finnmark University College zu danken, das mit seiner finanziellen Unterstützung sowohl die Erarbeitung wie auch die Veröffentlichung dieses Buches überhaupt erst ermöglich hat.

Aber auch ohne das Interesse und Engagement der Studierenden vor allem aus Deutschland und Norwegen und darüber hinaus anderen Ländern wäre eine solche Veröffentlichung nicht zustande gekommen. Internationale Friluftsliv-Studierende sind die Hauptzielgruppe. Ihnen soll ein Grundlagenwissen bereitgestellt werden. Darüber hinaus möchten wir auch Natur- und

---

2   Für die Bereitstellung von Bildmaterial möchten wir Inger Wallem Anundsen, Sigmund Andersen, Sjur Haugland, Ida Kjelland, Lars Haukanes Krempig, Bård Atle Løvehaug, Pål Markusson, Tore Olsen und dem Alta Museum danken. Monika Miller hat eine Reihe von Abbildungen gezeichnet. Die Übersetzung der Kapitel 5, 6 und 7 vom Norwegischen ins Deutsche haben Ulrich Linnemann und Jens-Uwe Kumpch vorgenommen, Petra Zoglowek war an der Übersetzung der Kapitel 1, 8 und 9 beteiligt. Stefan Nielsen hat das Lektorat übernommen.

Friluftsliv-Interessierten einen vertieften Einblick in Friluftsliv geben, um sie so zu entsprechenden Aktivitäten anzuregen. Natürlich können nicht alle Aktivitätsformen aufgegriffen werden, so wird auch manch ein Leser oder eine Leserin, die eine oder andere vermissen. Dennoch wünschen wir allen viel Spaß beim Lesen dieses Buches und, damit verbunden, viele reichhaltige Erlebnisse beim Friluftsliv.

Alta und Ludwigsburg, Mai 2015
Das Autorenteam

1 Einleitung

Ein großer Teil der Norwegerinnen und Norweger nutzt die Natur intensiv zur Ausübung ihrer Freizeitaktivitäten. Das Sprichwort *„Ut på tur aldri sur"* besagt: „Unterwegs in der Natur hat man niemals schlechte Laune". Dieser Eindruck einer besonderen Naturnähe der norwegischen Bevölkerung bleibt auch Touristen nicht verborgen, und dies ist für viele ein Grund, Europas Norden zu besuchen und dort selbst die Natur zu erfahren. Besonders beeindruckend wirkt auf Urlauber, dass man nicht nur im Sommer, sondern auch im Winter bei tiefsten Minustemperaturen immer wieder auf Familien oder Gruppen trifft, die, um ein Lagerfeuer geschart, die Umgebung und das Leben genießen. Sie sitzen nicht, wie dies in Deutschland der Fall wäre, auf einer Bank an einer künstlich angelegten Grillstelle, sondern sie errichten sich ihren Rastplatz selbst, suchen nach geeignetem brennbaren Material und entzünden ihr Lagerfeuer ohne solche Hilfsmittel wie Anzünder oder Spiritus. Neben den Rastenden steht häufig ein kleines Zelt oder, im Winter, wenn man auf Ski unterwegs ist, eine selbst gebaute Schneehöhle. Dies alles wirkt sehr beeindruckend, fast abenteuerlich. Fragt man die Landesbewohner, was sie denn machen, so bekommt man zur Antwort: *„Friluftsliv".*

Abb. 1:   Unterwegs mit dem Kanu (Foto: Carsten Rolland)

Eine deutsche Übersetzung des Begriffes „Friluftsliv" gibt es nicht wirklich. Diese kann es auch gar nicht geben, da Friluftsliv etwas speziell Skandinavisches ist. Die Bezeichnungen „Freiluftleben" oder „Leben im Freien" treffen zwar zu, wirken aber holprig. Häufig werden deshalb die englischen Begriffe „Outdoor Activities", „Outdoor Education" oder „Outdoor Adventure" mit ihren erlebnispädagogischen Ansätzen bei dem Versuch verwendet, Friluftsliv zu erklären, aber auch diese sind eigentlich nicht umfassend genug.

Friluftsliv ist vor allem ein norwegisches Phänomen. Es ist dort, aber auch in anderen skandinavischen Ländern, in die verschiedenen Jahreszeiten eingebettet. Friluftsliv hat sich zum einen aus ehemals üblichen ländlichen Erwerbsaktivitäten, zum anderen aber auch aus naturbezogenen Freizeitbeschäftigungen im Laufe von nunmehr nahezu 150 Jahren als eine norwegische Lebensart, und damit auch zu einem speziellen Lebensstil, entwickelt. Aufgrund der Bedeutung von Friluftsliv als quasi Kulturgut und als Kennzeichen nationaler Identität hat es als wichtiger Erfahrungs- und Lernbereich auch bereits frühzeitig Eingang in den Bildungskanon des norwegischen Schulsystems gefunden. Zum Teil fächerübergreifend, zum Teil als eigenständiger Inhalt im Sportunterricht verankert, wird es in allen Schulformen unterrichtet. Aufgrund des schulischen Lehrangebots ist Friluftsliv auch ein Studienfach, welches mittlerweile an ca. 20 norwegischen Hochschulen als einjähriges Zusatz- oder Aufbaustudium bis hin zum Masterstudium studiert werden kann. Besonders bekannt für diesen Studiengang sind, neben der Norwegischen Sporthochschule in Oslo, im Norden Norwegens die Finnmark Fakultät der Universität in Tromsø – Arctic University of Norway – und im Süden das Telemark University College in Bø. Hier werden auch Programme für internationale Studierende angeboten, die vor allem im Zuge des Erasmus-Austauschs gerne angenommen werden. Zudem gibt es an zahlreichen Volkshochschulen (*folkehøgskole*[3]) in Norwegen unterschiedliche und spezielle Angebote in Friluftsliv. Abseits der traditionellen Lehrerausbildung streben heutzutage viele der Absolventen und Absolventinnen einen Beruf in kommunalen Friluftsliv-Einrichtungen oder in der Tourismusbranche an.

Auch in Deutschland werden Friluftsliv-Aktivitäten immer bekannter und populärer. So stößt man zum Beispiel an einzelnen Instituten für Sportwissenschaft immer häufiger auf das Lehrangebot „Friluftsliv", so etwa an den Uni-

---

3   Die norwegischen Volkshochschulen bieten einjährige, sehr stark praktisch ausgerichtete „Studiengänge" ohne formellen Abschluss an, die in der Regel nach der allgemeinen Schulausbildung und vor dem Universitätsstudium wahrgenommen werden können. Häufig dienen sie der Selbstfindung der jungen Menschen. Es ist daher sehr beliebt, künstlerisch-ästhetische, musische, religiös-sinngebende oder eben sportlich-aktive Fächer, wie zum Beispiel Friluftsliv, zu wählen.

versitäten Münster, Gießen, Göttingen, an der Deutschen Sporthochschule Köln und der Pädagogischen Hochschule Ludwigsburg.

Was versteckt sich hinter diesen Lehrveranstaltungen, die mit diesem „mysteriösen" Begriff Friluftsliv betitelt sind? Sie wollen einen Einblick in ein Phänomen geben, das, unter einer Bewegungsperspektive, den Blick auf neue oder alternative Freizeitmöglichkeiten eröffnet. Sie sollen aber auch, unter einer pädagogisch-psychologischen Perspektive, einen Beitrag zur Selbstfindung bzw. zur Persönlichkeits- und Identitätsentwicklung leisten. Dieser Intention ist auch dieses Buch gewidmet: Friluftsliv Nicht-Norwegern näher zu bringen und Friluftsliv damit erlebbar, erfahrbar und erlernbar zu machen und darüber hinaus auf dieses Phänomen neugierig zu machen.

1.1 Zum Inhalt und zum Aufbau des Buches

Wie bereits im Vorwort erwähnt, handelt es sich bei dieser Publikation um ein Lehrbuch zum Friluftsliv – das allerdings nicht nur als solches angesehen werden soll. Der Inhalt ist in drei Hauptteile untergliedert, die auch unabhängig voneinander gelesen werden können.

Der erste Teil (Kap. 2) greift die historische und kulturspezifische Beschreibung des Phänomens Friluftsliv, wie es sich in Norwegen entwickelt hat und bis heute so verstanden wird, auf. Dazu werden in einer theoretischen Annäherung verschiedene Entwicklungslinien der „Lebensphilosophie Friluftsliv" dargestellt, die im Weiteren auch als Grundlage für die daran anschließende pädagogische Konzeption zu sehen sind.

Der zweite Teil (Kap. 3 und 4) beschäftigt sich mit der pädagogischen Annäherung und den pädagogischen Perspektiven von Friluftsliv im Allgemeinen wie auch insbesondere im schulischen Kontext. Allgemeine didaktische Überlegungen münden dann in einen Entwurf einer Friluftsliv-Pädagogik. Ein kleiner Exkurs, bei dem die Erlebnispädagogik der Friluftsliv-Pädagogik im Mittelpunkt steht, rundet diesen Abschnitt ab.

Die anwendungsbezogene Umsetzung findet sich in Teil 3 (Kap. 5, 6 und 7). Dieser praxisorientierte Abschnitt beschäftigt sich mit den gängigsten Friluftsliv-Aktivitäten, die in Nordnorwegen durchgeführt werden können. Nicht alle lassen sich ohne Weiteres auch in anderen Regionen und Ländern umsetzen, da sie oft eng mit den in der Finnmark vorzufindenden Bedingungen zusammenhängen. Die Leser und Leserinnen müssen selbst einschätzen, inwieweit die jeweiligen Aktivitäten auch in ihrem geografischen und kulturellen Umfeld möglich sind. Die Übertragbarkeit auf ein anderes Land wird dann speziell in Kap. 8 aufgegriffen, wo ein Beispiel aus einer deutschen Schule dargestellt wird.

Zur Terminologie und zum sprachlichen Verständnis soll noch angemerkt werden, dass sich im Norwegischen um das Phänomen „Friluftsliv" auch eine eigene Terminologie und Sprache entwickelt haben. Um ein Stück weit die Authentizität zu bewahren und einen Bedeutungsverlust zu vermeiden, werden daher nicht alle norwegischen Begriffe ins Deutsche übersetzt, sondern zum Teil nur erklärt. Zitate aus dem Norwegischen sind von den Autoren so übersetzt, dass sie den Sinn wiedergeben und nachvollzogen werden können. Alle direkten Übersetzungen vom Norwegischen ins Deutsche sind, wenn nicht ausdrücklich anders angegeben, von den Autoren selbst vorgenommen worden.

1.2 Forschungs- und Literaturstand

Mittlerweile findet man in den skandinavischen Ländern zahlreiche Publikationen, die sich mit praktischen und theoretischen Aspekten des Friluftslivs auseinandersetzen, wobei allerdings die an der Praxis orientierten Handreichungen und Erfahrungsberichte überwiegen. Seit den 1990er Jahren – im Zusammenhang mit einer zunehmenden Theoretisierung und Pädagogisierung des Friluftslivs – wurde Friluftsliv auch vermehrt Gegenstand wissenschaftlicher Forschung, vornehmlich mit dem Fokus auf Gesellschaft, Freizeit, Schule oder Volksgesundheit. Neben Forschungsberichten, Magister-, Bachelor- und Masterarbeiten wurden auch einige Dissertationen verfasst, die sich mit unterschiedlichen Aspekten des Friluftslivs auseinandersetzen. Einige wichtige Werke, die auch grundlegend für diese Publikation sind, sollen hier kurz vorgestellt werden. Dabei handelt es sich um die Arbeiten von Tordsson (2003), Odden (2008) und Pedersen (1999).

Der in Norwegen lehrende Schwede Bjørn Tordsson hat seine Dissertation *Antwort auf die offene Anklage der Natur: Eine Studie zur Meinungsdimension im Friluftsliv in Norwegen im 20. Jahrhundert nebst einer Diskussion des Friluftslivs als ein soziokulturelles Phänomen*[4] (2003) betitelt. Dieses Werk ist die bis heute wohl tiefgreifendste Erörterung des Friluftslivs in Norwegen. Der erste Teil ist eine in phänomenologischer und soziokultureller Perspektive geführte theoretische Auseinandersetzung zu „Friluftsliv als norwegische Tradition". Tordsson diskutiert vor allem, wie sinnvoll Friluftsliv für den Einzelnen

---

4   Originaltitel: *Å svare på naturens åpne tiltale: En undersøkelse av meningsdimensjoner i norsk friluftsliv på 1900-tallet og en drøftelse av friluftsliv som sosiokulturelt fenomen.*

sein kann und welche Auswirkungen es auf die Gesellschaft hat. Er versucht zu erklären, wie aus dem zu Anfang des vorigen Jahrhunderts begonnenen „nationalen Projekt" einer Identitätsbildung durch Friluftsliv – sowohl für Einzelne als auch für die Nation als Ganze – eine Lebensphilosophie und ein Lebensstil geworden sind. Die Arbeit beschreibt die geschichtliche Entwicklung des Friluftslivs und bietet zudem einen theoretischen Ausgangspunkt für die Interpretation unterschiedlicher Formen des gegenwärtigen Friluftslivs in Norwegen. Außerdem bezieht Tordsson auch unterschiedliche Interpretationen von Natur, die einen Einfluss auf die historischen Epochen des Friluftslivs hatten, in seine Arbeit ein. Anschaulich stellt er dar, auf welche Weise diese an die Ausübung des Friluftslivs geknüpft waren.

Im zweiten Teil untersucht Tordsson schließlich die pädagogischen Möglichkeiten, die dem Friluftsliv zugeschrieben werden können. Er hinterfragt, welche Werte Friluftsliv zu vermitteln vermag und wie diese pädagogisch und didaktisch aufgearbeitet werden können. Damit versucht er auch eine Antwort auf die Frage zu geben, wie Friluftsliv konkret zur persönlichen Entwicklung und zur Identitätsbildung einer Person beitragen kann.

In seiner Dissertation *Was geschieht im norwegischen Friluftsliv? Eine Untersuchung zur Entwicklung des norwegischen Friluftslivs 1970–2004*[5] (2008) untersucht Alf Odden die Entwicklungstendenzen im norwegischen Friluftsliv vor allem in den im Untertitel angegebenen Jahren. In einer Metaanalyse systematisiert er frühere Untersuchungen, um fundierte Erkenntnisse über das tatsächliche Verhalten und über Veränderungen im untersuchten Zeitraum zu gewinnen. Des Weiteren stellt Odden die Frage, welche gesellschaftlichen Bedingungen das Aktivitätsverhalten im 21. Jahrhundert prägen.

Als theoretischen Zugang zur Erklärung von Teilnahme am und von Veränderungen im Friluftsliv stützt sich Odden auf verschiedene Sozialtheorien (Berger & Luckmann, 1966). In erster Linie greift er die phänomenologische Handlungstheorie, die marxistisch inspirierte Sozialtheorie (Sartre, 1993) und vor allem die von Østerberg geprägte Theorie des „soziomateriellen Handlungsfeldes" (Østerberg, 1990) auf. In diesem Verständnis ist das soziomaterielle Handlungsfeld keine rein geografische Perspektive, sondern vielmehr der Versuch, Geografie und Soziologie zusammenzuführen.

Als Schlussfolgerung spricht Odden von zwei Prozessen, die die heutige Situation des Friluftslivs beschreiben: einen Verallgemeinerungsprozess und einen Differenzierungsprozess. Verallgemeinerung bedeutet hier, dass heute im Vergleich zu früheren Jahren mehr und auch neue gesellschaftliche Grup-

---

5   Originaltitel: *Hva skjer med norsk friluftsliv? En studie av utviklingstrekk i norsk friluftsliv 1970–2004.*

pen im Friluftsliv aktiv sind. Dabei handelt es sich in erster Linie um Frauen und um ältere Menschen. Zur Differenzierung gehört, dass es ein größeres und facettenreicheres Angebot von Friluftsliv-Aktivitäten gibt als in der Vergangenheit. Zudem stellt Odden fest, dass sich das Verhältnis zwischen diesen beiden Prozessen verändert, da das Verallgemeinerungspotenzial nahezu ausgeschöpft ist, während die modernen Friluftsliv-Aktivitäten sich nach wie vor einer zunehmenden Beliebtheit erfreuen. Hier prognostiziert Odden einen weiteren Anstieg.

Die norwegische Sportsoziologin Kirsti Pedersen ist eine der wenigen, die die Geschlechterthematik im Zusammenhang mit Friluftsliv aufgreift. Ihre umfassende Studie *„Das ist einfach nur so natürlich gewesen." Friluftsliv, Geschlecht und kulturelle Kontraste*[6] (1999) weist eine feministisch orientierte Annäherung an Friluftsliv auf, indem unter einer Geschlechterperspektive die Bedeutung von Friluftsliv für Frauen und Männer in Alta, der größten Stadt der Region Finnmark untersucht wurde. In ihrer qualitativ angelegten Studie weist Pedersen unterschiedliche Deutungen und Bedeutungen von Friluftsliv für Männer und Frauen nach. Frauen betreiben demnach nicht nur weniger Friluftsliv, sie betreiben es häufig auch anders als Männer. Zudem scheint es auch unterschiedliche Interessens- und Erlebnismomente zwischen den Geschlechtern zu geben. Pedersen zieht das Fazit, dass Friluftsliv in Abhängigkeit von Geschlecht, sozialer Schicht und dem geografischen Lebensraum subjektiv erlebt werde.

Die zentralen Akteure im Friluftsliv werden von ihr in Sammler, Wanderer und Spezialisten unterschieden. Diese Gruppen haben nicht nur ein unterschiedliches Verständnis von Friluftsliv, sondern sie betreiben auch verschiedene Friluftsliv-Aktivitäten. Auch dieses unterschiedliche Verständnis kann als Grund für die Schwierigkeit herangezogen werden, eine allgemeingültige Definition für Friluftsliv zu finden. Die genannten Aktivitätsformen werden schließlich von Pedersen in einem geschlechtsspezifischen Kontext beschrieben.

Bei den Sammlern, die abhängig sind vom Jahresrhythmus der Natur, gab es immer schon eine geschlechtsspezifische Arbeitsaufteilung. Es waren stets die Männer, die zur Jagd und zum Fischfang gingen, während die Frauen sich um das Kochen und den Haushalt kümmerten und ihre Friluftsliv-Aktivitäten vor allem auf das Sammeln (etwa von Beeren) begrenzten.

Bei der Gruppe der Wanderer steht die körperliche Anstrengung im Mittelpunkt. Auch hier kann Pedersen Unterschiede zwischen den Geschlechtern

---

6   Originaltitel: *"Det har bare vært naturlig." Friluftsliv, kjønn og kulturelle brytninger.*

ausmachen. In der Regel unternehmen Frauen weniger und kürzere Touren. Diese finden meist in der näheren Umgebung statt, damit auch die ganze Familie mit einbezogen werden kann. Männer hingegen bevorzugen, gewöhnlich mit zwei, drei Kameraden, mehrtägige Übernachtungstouren, die auch größere körperliche Anstrengungen und durchaus auch Risikomomente beinhalten können.

Sind das Wandern und die Übernachtungstouren als Friluftsliv-Aktivitäten von eher genereller Natur zu sehen, das heißt, sie können prinzipiell von allen ohne größere Voraussetzungen oder Kenntnisse durchgeführt werden, bezeichnet Pedersen die Friluftsliv-Akteure, die spezielle Aktivitäten ausüben, als „Spezialisten". In der Regel sind hierfür mehr Geld und Zeit, spezielle Kenntnisse und bestimmte Fertigkeiten erforderlich. Dazu gehören zum Beispiel Gletschertouren, Tourenskilauf, Hundeschlittenfahrten, Kanutouren, Rafting und Mountainbiking. Je spezialisierter eine Aktivität bezüglich ihrer Ausstattung, Technik, des körperlichen Einsatzes und der Geschicklichkeit ist, desto mehr ist diese Friluftsliv-Aktivität – laut Pedersen – auch eine Männerdomäne.

Die Sportsoziologin stellt zudem fest, dass, wenn Frauen und Männer gemeinsam unterwegs sind, die Tour oft unterschiedlich erlebt wird. Sie ruft unterschiedliche Bedeutungsdimensionen hervor und hinterlässt unterschiedliche Eindrücke bei den Teilnehmenden.

Die Studie von Rafoss und Breivik mit dem Titel *Sport und Sportanlagen*[7] (2012), untersucht u.a. Entwicklungstendenzen im norwegischen Friluftsliv. Sie belegt einen verstärkten Verallgemeinerungsprozess in den Jahren zwischen 1990 und 2012. Neuere Daten zur Ausübung von Friluftsliv weisen darauf hin, dass 2012 zwei von drei Norwegern regelmäßig Wandertouren in der näheren Umgebung durchführten. Hierbei bilden die Frauen sogar die Mehrheit. Für beide Geschlechter ist ein Anstieg bei den Älteren zu verzeichnen. Einer von drei Norwegern ist regelmäßig auf Wander-, Ski- oder Fahrradtour in den Bergen unterwegs. Hier ist keine Geschlechterdifferenz erkennbar. Allerdings finden sich unter den Älteren, die Skitouren betreiben, wesentlich mehr Männer als Frauen. Bezogen auf den Zeitraum von 1995 bis 2011 kann gesagt werden, dass alle vier Aktivitäten einen Anstieg zu verzeichnen hatten (Rafoss & Breivik, 2012, 183).

Zu erwähnen sind schließlich noch einige deutschsprachige Veröffentlichungen bzw. wissenschaftliche Arbeiten, die sich mit Friluftsliv auseinandersetzen und die in der vorliegenden Publikation berücksichtigt werden.

---

7   Orginaltitel: *Idrett og anlegg i endring.*

Dabei handelt es sich zum einen um den Sammelband von Liedtke und La-gerstrøm: *Friluftsliv. Entwicklung, Bedeutung und Perspektive* (2007a) mit Bei-trägen von deutschen und norwegischen Autoren und Autorinnen. Die Bei-träge geben nicht nur einen Einblick in die Übertragbarkeit von Friluftsliv auf Mitteleuropa, sondern es wird, ähnlich wie im vorliegenden Band, versucht, das Phänomen Friluftsliv mehrperspektivisch zu erläutern. Über Friluftsliv hi-naus werden verwandte Bereiche wie Waldkindergärten und Waldklassenzim-mer aufgegriffen.

Als weitereVeröffentlichung ist Weinholz: *Freiluftleben. Eine erlebnispäda-gogische Lebensphilosophie und ihre Chance bei der Entwicklung junger Men-schen* (1989) anzuführen. Dabei handelt es sich um eine kritische Auseinan-dersetzung mit Friluftsliv als Lebensphilosophie. Melzer führt in seinem Werk in *Friluftsliv in Norwegen* (2007) ein. Eine pädagogische Auseinandersetzung von Friluftsliv mit einer vergleichenden Gegenüberstellung zur Erlebnispäd-agogik wurde von Bittner: *Friluftsliv. Ein pädagogischer Ansatz mit Parallelen zur Erlebnispädagogik?* (2009) vorgenommen.

Darüber hinaus finden sich einzelne Artikel in Zeitschriften und Sam-melbänden. Zudem ist noch anzumerken, dass an den deutschen Hochschu-len, die ein Angebot in Friluftsliv aufweisen, auch Examens-, Diplom-, Ma-gister- und Masterarbeiten zum Thema verfasst werden. Diese sind jedoch in der Regel nicht öffentlich zugänglich. Die oben erwähnte Arbeit von Bitt-ner (2009) bildet hier eine Ausnahme. In der vorliegenden Publikation wird auf drei solcher wissenschaftlicher Arbeiten Bezug genommen. Laich (2014) zeigt in ihrer Arbeit einen interkulturellen Bezug auf und schreibt über die Erfahrungen beim Friluftsliv aus der Sicht norwegischer und deutscher Sport-lehrerinnen und Sportlehrer. Häußler und Urstöger (2013) haben in ihrer di-daktischen Studie einen sonderpädagogischen Ansatz gewählt, indem sie eine Friluftsliv-Tour mit Schülern einer Sonderschule organisiert, durchgeführt und abschließend ausgewertet haben. Unter einer rehabilitativen Perspektive wurde bei Kamp (2008) der Einfluss von Friluftsliv auf anthropometrische und psychologische Parameter adipöser Kinder untersucht.

2 Friluftsliv in Norwegen – ein bewegungskulturelles Phänomen

In dem Begriff Friluftsliv kommt das spezielle Verhältnis der Norweger und Norwegerinnen zur Natur zum Ausdruck. Aber was ist so speziell daran? Ist es etwas anderes als ein Spaziergang am Sonntagnachmittag im Sauerland oder eine Bergwanderung in den Alpen? Es muss wohl etwas anderes sein. Besonders an den Winterwochenenden und in den Osterferien hat man den Eindruck, dass fast ganz Norwegen auf den Beinen ist, sei es in den Bergen oder auf den Loipen. Diese Naturverbundenheit zeigt sich anhand privater Gewohnheiten, wenn Familien, Freunde oder Arbeitskollegen und -kolleginnen gemeinsam unterwegs sind, aber auch in nationalen Symbolen, wenn Städte, Kommunen oder das ganze Land Friluftsliv-Aktivitäten organisieren oder das „Jahr des Friluftslivs" (1993 und 2005) feiern. Und nicht zuletzt gehören Friluftsliv und die „Schule im Freien" *(ute-skole)* innerhalb des norwegischen Schulsystems seit den 1970er Jahren zum festen Unterrichtsprogramm und Schulalltag.

Abb. 2:   Orientieren mit einer Karte (Foto: Inger Wallem Anundsen)

Die Frage, was Friluftsliv genau beinhaltet, können auch die Norweger selbst nicht eindeutig oder übereinstimmend beantworten, obwohl es für jeden Einzelnen ganz eindeutig ist, was es für ihn selbst bedeutet. Nach wie vor ist die Definition und genaue Charakterisierung von Friluftsliv Gegenstand leidenschaftlicher und z.T. dogmatisch-ideologischer Debatten. Eine allgemein akzeptierte Definition zu verfassen ist mittlerweile aufgegeben worden. Die meisten Norweger akzeptieren die in den 1980er Jahren vom Umweltministerium herausgegebene, wenn auch relativ weit gefasste Definition. Demnach ist Friluftsliv „Aufenthalt und körperliche Aktivität im Freien und in der Freizeit, mit dem Ziel einer Umweltveränderung[8] und eines Naturerlebnisses"[9] (Miljøverndepartementet, 1987, 11). Im Prinzip können damit alle in der Natur betriebenen Aktivitäten als Friluftsliv bezeichnet werden, wenn, und das ist der entscheidende Punkt, sie mit der richtigen Einstellung ausgeführt werden. Diese Einstellung orientiert sich an folgenden Prämissen (Haugsjå, 1975):

- Aufenthalt in der Natur,
- kein Gebrauch von technischen Fortbewegungsmitteln,
- die Natur ganzheitlich, d.h., mit allen Sinnen erleben,
- kein Konkurrenzkampf mit anderen Teilnehmenden,
- im Einklang mit der Natur leben, d.h., ihr keinen Schaden zufügen.

2.1 Die Entwicklung eines Lebensstils

Das heutige Verständnis von Friluftsliv und die heutigen Friluftsliv-Aktivitäten können auf verschiedene Ursprünge und Ansätze zurückgeführt werden. Die dem Begriff Friluftsliv eigentlich innewohnende und so schwer zu vermittelnde bzw. zu übersetzende tiefere Bedeutung rührt aus dem Kontext her, dass Friluftsliv mit einem emotional-existenziellen, fast religiös-spirituellen Verhältnis zur Natur assoziiert wird, welches nur schwerlich in Worte gefasst werden kann. Im Grunde muss die Natur ganzheitlich erlebt, erfahren und gefühlt werden.

---

8   Mit Umweltveränderung ist hier eine Ortsveränderung gemeint, also einen anderen Aufenthaltsort wählen.
9   Im Original: „... opphold og fysisk aktivitet i friluft i fritiden med sikte på miljøforandring og naturopplevelse."

2.1.1 Naturromantik und Nationalromantik

Die sinn- und identitätsbildende Bedeutung von Friluftsliv geht auf die Strömungen der im 19. Jahrhundert aufkommenden Natur- und Nationalromantik zurück, auch wenn der alltägliche und gewöhnliche Naturgebrauch, d.h., das Leben in, mit und aus der Natur, in den Anfängen des bäuerlichen Norwegens zu sehen ist. Die Epoche der Romantik in Europa als Gegenbewegung zum Zeitalter der Aufklärung war geprägt von einer Rückbesinnung auf die bzw. einer Idealisierung der Natur, was sich vor allem in der Kunst und der Literatur widerspiegelte. Die Freiheitsideale, ursprünglich als eine Reaktion auf die Einschränkungen der Aufklärung formuliert, wurden konkret in der Freiheit des Geistes und der freien Natur gesucht. Die Idealisierung der Natur etwa kommt bei dem deutschen Naturphilosophen Schelling zum Ausdruck: „Die Natur soll der sichtbare Geist, der Geist die unsichtbare Natur seyn" (1797, LXIV). In vielen europäischen Ländern erkannten die Menschen nach und nach, dass die Natur nicht nur als Feind anzusehen ist, sondern als etwas Interessantes, aus dem man Erholung und Freude schöpfen kann. Die Schönheit der Natur auch in bis dahin unwegsamen Gebieten wurde erkannt. Dies zeigte sich auch daran, dass alpine Regionen zunehmend erwandert und erschlossen wurden.

Über Dänemark, das zu Beginn dieser Epoche noch die Herrschaft über Norwegen hatte, kamen die Gedanken der Romantik auch nach Norwegen (Eichberg, 2009). Diese wurden von Malern wie Cappelen, Tidemand und Kittelsen und Poeten wie Welhaven, Vinje, Ibsen und Asbjørnsen und Moe aufgegriffen.

Henrik Ibsen (1826–1906), dem großen norwegischen Nationaldichter, wird zugeschrieben, dass er erstmalig das Wort „Friluftsliv" zu Papier gebracht und damit kreiert habe. In seinem Gedicht „Auf der Hochebene" *(på vidderne)* von 1859 versucht er dieses tiefe Gefühl der Naturfreiheit und Naturzugehörigkeit auszudrücken. Er betrachtet und philosophiert über das menschliche Leben im Zusammenhang mit dem jahreszeitlichen Wechsel von Kommen und Gehen, von Geboren-Werden, Wachsen und Sterben. So beschreibt er das sich vom alltäglichen Leben im Tal abgrenzende „natürliche" Leben auf der Hochebene als das eigentliche Leben:

Dagens dåd har intet mærke,	*Die Tat des Tages hat keine Bedeutung,*
slig som den dernede drives;	*wie sie dort unten betrieben;*
her blev mine tanker stærke,	*hier werden meine Gedanken stark,*
kun på vidden kan jeg trives.	*nur auf der Hochebene fühle ich mich wohl.*
I den øde sæterstue	*In der öden Bergbauernhütte*
al min rige fangst jeg sanker;	*sammle ich all meine reiche Beute;*
der er krak og der er grue,	*da ist ein Hocker, da eine Feuerstelle,*
friluftsliv for mine tanker.	*Friluftsliv für meine Gedanken.*
(Ibsen, 1999)	

Abb. 3:   Naturerlebnisse als Mittelpunkt des Friluftslivs (Foto: Inger Wallem Anundsen)

Sehr deutlich wird in diesen Zeilen der zentrale Aspekt von Friluftsliv genannt: der Naturaufenthalt, das Zusammentreffen von Mensch und Natur. Aber Friluftsliv ist nicht nur die bloße Aktivität oder Tätigkeit in der Natur, sondern es sind die Empfindungen, die Gefühle des Einswerdens oder Einsseins mit der Natur, die das wirkliche Friluftsliv ausmachen. In einem Sicheins-Fühlen mit der Natur kann und soll sich der Mensch mit all seinen Sinnen als Ganzes empfinden und entfalten.

Die Hinwendung des Bürgertums zur Natur und die damit verbundene Aufwertung bzw. Idealisierung der bäuerlich-ländlichen Bevölkerung und ihrer Lebensweise hatte zugleich eine identitätsstiftende Bedeutung für die gesamte Nation. Gegen Ende dieser Epoche vollzog sich auch die Ablösung Norwegens von Schweden, mit dem das Land fast hundert Jahre in einer Personalunion verbunden, sprich untergeordnet, war. Diese friedlich erreichte Unabhängigkeit wird gerne auf die natur- und nationalromantischen Strömungen und Bestrebungen der Zeit zurückgeführt, bei der Friluftsliv als Ausdruck einer idealen Lebensweise und als identitätsstiftend für die gesamte Nation gesehen wird. Friluftsliv bedeutet Aufenthalt im Freien, d.h., freie – auch im Sinne von freiheitliche – Luft zum Atmen zu haben und niemandem anderen als sich selbst verpflichtet zu sein: anthropologisch-biozentrisch betrachtet als Teil der Natur, soziokulturell betrachtet als Teil der Nation und deren Natur.

Es kann durchaus behauptet werden, dass in Norwegen das Zusammentreffen von Naturromantik und Nationalromantik seinen konkreten Ausdruck im Friluftsliv gefunden hat, und genau hier liegt auch heute noch die Bedeutung des Friluftslivs. Deshalb ist es für den Norweger so schwer, dieses innere Gefühl anderen zu erklären. Ibsen ist es gelungen, es poetisch zum Ausdruck zu bringen: „Friluftsliv für meine Gedanken". Dieser Freiheit erlebende Gedanke ergibt allerdings nur dann Sinn, wenn man es im Gegensatz zu einem Leben in „nicht freier Luft" sieht. Dieses Gefühl entstand zunehmend mit der Urbanisierung und Industrialisierung in der zweiten Hälfte des 19. Jahrhunderts. Der gefühlte Mangel an frischer Luft ließ den Wunsch und die Sehnsucht nach einem freien Leben in der Natur entstehen. Wer immer es sich leisten konnte, versuchte so lange und oft wie möglich, der „dicken" Luft zu entkommen und die „freie" Luft zu atmen.

Abb. 4:   Blick auf den Alta Fjord von Komsa (Foto: Annette R. Hofmann)

Seine Bedeutung als national-kulturelles Phänomen bekam Friluftsliv schließlich durch seine Anbindung an die ganz Europa bestimmende Epoche der Romantik und der Suche nach Ursprung und Identität.

> „Der europäischen Kulturgeschichte der Romantik können wir nicht
> nur entnehmen, dass die freie Natur – die Natur, die ihre natürlichen
> Rhythmen besitzt – einen Wert an sich darstellt. Aus dieser Epoche
> stammt auch die Idee der Nation" (Faarlund, 2007a, 21).

Die Verschmelzung des Gedankens des freien, natürlichen Lebens mit dem eines Lebens in der Natur, das Sich-eins-Fühlen mit dieser Natur und diesem
Land und das Empfinden einer Gemeinsamkeit lassen sich eben genau im Friluftsliv erleben.

> „Die freie Natur ist die Heimat der Kultur – Friluftsliv ist ein Weg
> nach Hause" (Faarlund, 2007a, 24).

Das aufgekommene Naturgefühl und die Naturverbundenheit, die in engem
Zusammenhang auch mit dem einsetzenden Naturtourismus stehen, können
als die wichtigsten Grundlagen des heutigen Friluftsliv angesehen werden.
Fast zeitgleich wurden in der zweiten Hälfte des 19. Jahrhunderts die Berge

Norwegens, die deutschen Mittelgebirge und die Alpen für den Tourismus erschlossen. In erster Linie ist dies wohl dem englischen Adel und wohlhabenden Engländern zu verdanken, die die Natur und die Bergwelt nicht nur für sich und den Tourismus entdeckten, sondern auch für die Landesbewohner neu erschlossen und attraktiv machten. Ein neuer und anderer Blick auf die vorhandene Natur wurde eröffnet. Die Natur ist nicht mehr nur Lebensraum und Arbeitsplatz, dem es im täglichen Kampf zu trotzen gilt, sondern im Einklang des Menschen mit der Natur liegt auch das Wesentliche des Lebens. Damit wurde die Natur nicht mehr nur als unbezwingbar und „feindlich" betrachtet, sondern, ganz im Gegenteil, als ein attraktiver, einladender und lebensfreundlicher Aktivitäts-, Freizeit- und Erholungsbereich. Das Leben der Bergbauern, Fischer und Jäger wurde als das Ursprüngliche und Echte romantisiert. Damit entdeckte nun auch die norwegische Oberklasse die Berge, Täler und Seen für sich. Durch diese „Entdeckung" der Natur beeinflussten sie auch das Leben der ländlichen Bevölkerung. Die traditionellen ländlichen Aktivitäten wurden nun nicht mehr nur als dem notwendigen Lebensunterhalt dienend, sondern auch als eine Möglichkeit der Lebensbereicherung angesehen. In dieser Zeit ist auch der Anfang des organisierten Tourismus in den Bergen in verschiedenen europäischen Ländern anzusiedeln. 1868 ist das Gründungsjahr des Norwegischen Touristenvereins (den norske turistforening, DNT). In Mitteleuropa wurden bereits 1862 der Österreichische Alpenverein (OeAV) und 1863 der Schweizer Alpenclub (SAC) wie auch der Club Alpino Italiano (C.A.I.) gegründet. Der Deutsche Alpenverein (DAV) geht auf das Jahr 1869 zurück.

2.1.2 Expedition und Abenteuer

Friluftsliv als Expeditions- und Abenteueraktivität ist bis heute, oder besser gesagt, heute wieder, hochaktuell. Als Urvater dieses Friluftsliv-Ursprungs kann der norwegische Nationalheld Fridtjof Nansen (1861–1930) genannt werden. Weltbekannt als Polarforscher, Entdeckungsreisender, Wissenschaftler, Philanthrop und Friedensnobelpreisträger, hat er zudem entscheidend an der Entwicklung und Popularisierung des Skifahrens als norwegischem Volkssport und darüber hinaus und des Friluftslivs in Norwegen beigetragen. „Durch ihn wurden Skilaufen und Friluftsliv für immer mit der norwegischen Identität verknüpft" (Sørensen, 1993, 152f.). Neben seinen zahlreichen Touren in die norwegischen Berge unternahm er auch Extremtouren wie etwa 1888 die mehrere Monate dauernde Durchquerung Grönlands auf Ski. Sein Buch über diese Expedition *Auf Ski durch Grönland* (1890) sowie seine Rede „Friluftsliv" an die norwegische Jugend (1925) haben wesentlich dazu beigetragen, dass Friluftsliv besonders von den jüngeren Norwegern als ein anzustrebender Lebensstil angesehen und seine Lebensanschauung von vielen übernommen wurde. Nansen war überzeugt, dass die Natur den Menschen formt und in positiver Weise zur Persönlichkeitsbildung beiträgt. Die Nähe zur bzw. das Leben in der Natur war für ihn insofern wichtig, da er die gesellschaftliche Entwicklung, geprägt durch die Industrialisierung und das Leben in Ballungsräumen, einer harmonischen und gesunden körperlichen Entwicklung und individuellen Persönlichkeitsentwicklung entgegenstehend betrachtete. Friluftsliv und körperliche Aktivität sah er als Ausgleich an.

> „Friluftsliv ist das freie, einfache Leben, in frischer Luft, das uns das Privileg wiedergibt, das zu tun, was die ursprüngliche Bestimmung des Menschen ist" (Nansen, 1916/1940 in: Haslestad, 2000, 8).

Zwar werden bei Nansen auch Aspekte des Naturerlebens, wie tiefe Eindrücke von Stille, Schönheit und Einzigartigkeit, beschrieben, doch ist seine Art von Friluftsliv heutzutage eher als der Vorläufer des „Extrem-Friluftsliv" oder „Abenteuer-Friluftsliv" anzusehen.

2.1.3 Leben und Überleben

Als dritten Ursprung des Friluftslivs kann das archaische, ursprüngliche Verhältnis der Norweger zur Natur als ihrer Lebensgrundlage angesehen werden. Man kann hier auch von einem „existenziellen" Ansatz sprechen, d.h., vom überlebensnotwendigen Aufenthalt im Freien in einem Land, das überwiegend von Bauern, Jägern und Fischern bewohnt war. Ihre einstmaligen, dem Überleben dienenden Aktivitäten werden heute zum großen Teil als Friluftsliv wieder ausgeübt.

In diesem Zusammenhang muss auch erwähnt werden, dass viele der heutigen in der Freizeit betriebenen Friluftsliv-Aktivitäten nach wie vor existenzsichernde Alltagsaktivitäten der Samen,[10] der Ureinwohner Nordskandi-

---

10 Die Samen *(Sa'mi)* sind ein indigenes Volk, welches im nordskandinavischen Raum (Norwegen, Schweden, Finnland und Russland) lebt. Von den insgesamt ca. 80.000 Samen leben mehr als die Hälfte in Nordnorwegen. Viele von ihnen sind auch heute noch mit der in traditioneller Weise betriebenen Rentierzucht verbunden, ausschließlich davon leben jedoch nur noch 15%. Neben den Rentierzüchtern gibt es auch Fluss-Samen und Küsten-Samen, d.h., unterschiedliche Volksgruppen mit u.a. auch unterschiedlichem Dialekt und unterschiedlichen beruflichen Schwerpunkten (Hætta, 2008).

Abb. 5: Rentiere als Teil des samischen Lebens (Foto: Carsten Rolland)

naviens, sind. Die naturverbundene Lebensweise der Samen wird von vielen Norwegern und Touristen als Ausgleich zum hektischen Stadt- und stressigen Berufsleben angesehen. Friluftsliv ist der Versuch, diesen Ausgleich immer wieder über ein paar Tage oder gar Wochen hinweg anzustreben und zu verwirklichen.

Dieser Aspekt kann auch unter einer soziokulturellen Perspektive betrachtet werden. Wie bereits beschrieben, hatte auch die zunehmende Industrialisierung in Norwegen zur Entstehung und Verbreitung des Friluftslivs beigetragen. Viele Menschen mussten in die Städte ziehen, um dort in Fabriken zu arbeiten und ihren Lebensunterhalt zu verdienen. Der direkte Kontakt zur Natur ging für viele verloren. Andererseits eröffnete die Industriegesellschaft den Menschen auch mehr freie Zeit und diese wiederum konnte in der Natur verbracht werden. Friluftsliv wird somit zum Ausgleich an Wochenenden für die eintönigen und automatisierten Tätigkeiten während der Woche. Dadurch konnte und kann Friluftsliv zugleich für das Gefühl einer gewissen Freiheit und Unabhängigkeit stehen. Und letztlich kann im Friluftsliv, da es in der Regel immer mit anderen zusammen ausgeübt wird, ein Gefühl von sozialer Zusammengehörigkeit erlebt werden.

2.1.4 Friluftsliv als Lebensphilosophie

Zwei der bekanntesten norwegischen Philosophen des 20. Jahrhunderts, Petter Wessel Zapffe (1899–1990) und Arne Næss (1912–2009), waren dem Friluftsliv sehr eng verbunden. Sie haben sich in ihren philosophischen Gedanken und Theorien stark vom Friluftsliv inspirieren lassen. Beide haben selbst sehr aktiv Friluftsliv ausgeübt und das Verhältnis des Menschen zur Natur in den Mittelpunkt ihrer existenzphilosophischen Gedanken und Betrachtungen gestellt. Beiden ging es um ein gehaltvolleres bzw. bewussteres Leben im und durch Friluftsliv. Zapffes gesamtes Lebenswerk dreht sich um das besondere Verhältnis der Norweger zur Natur und zum Friluftsliv, innerhalb dessen alle Wert- und Existenzfragen zu betrachten sind (Zapffe, 1992). Næss (1990) hat zudem noch eine öko-philosophische Komponente hinzugefügt. Er gilt als Begründer der Tiefenökologie, einer naturphilosophischen Ausrichtung, die den Menschen als Teil der Ökologie und nicht als außenstehend oder gar dominierend ansieht. Nach Næss ist Friluftsliv auch weniger eine Aktivität als vielmehr eine Lebensphilosophie, eine Botschaft,

> „die die Norweger an die ganze Welt richten. Norweger gehen, laufen und fahren in die Natur, um loszuwerden, was auch immer sie bedrückt. Sie sprechen nicht davon rauszugehen" (Bittner, 2009, 32).

Nils Faarlund, ein Freund und Weggefährte Næss', erklärt die elementaren Begriffe der Friluftsliv-Philosophie folgendermaßen:

> „,Natur' bedeutet die nicht von Menschen bearbeitete Biosphäre. ,Leben' bedeutet einen naturfreundlichen Lebensstil ohne Konkurrenzkampf und ohne motorische Hilfsmittel. ,Leben mit Überschuss' bedeutet sich körperlich in der Natur mit eigenen Kräften zu betätigen, wie es üblich war vor der Moderne (Wandern, Klettern, Paddeln etc.) und auch ohne Beute (Tiere, Fische, Früchte etc.) mit nach Hause zu bringen. Die Grundlagen unserer Definitionen fanden wir in den damals in Norwegen noch eher unbekannten Wissenschaften der Ökologie (naturfreundlicher Lebensstil) und der Ethologie/Anthropologie (Leben mit Überschuss). Philosophische Grundlagen fanden wir u.a. bei Spinoza, Thoreau und Ghandi" (Faarlund, 2007b, 78).

Faarlund ist heute einer der schärfsten Kritiker eines Friluftsliv-Verständnisses, welches den Gebrauch oder das Ausnutzen der Natur in den Vordergrund stellt oder aber Friluftsliv als eine Art Therapie ansieht, bei der am Wochenende in der Natur neue Kraft getankt wird, um sich dann in der Woche wiederum dem Stress und naturfeindlichen und umweltschädigenden Tätigkeiten widmen zu können. Friluftsliv als Lebensstil ist für Faarlund mehr eine Lebenseinstellung, die ein Leben in Einklang mit der Natur vorsieht.

> „Für eine Kultur, in der die Arbeitsteilung die Lebensweise bestimmt, ist Friluftsliv eine Tür in die frische Luft. Friluftsliv hat einen eigenen Wert als ein freudiges Aha-Erlebnis. Die ursprüngliche und ‚ungekürzte' Natur – das Archetypische – wird ein Grundwert" (Faarlund, 1993, 166).

2.1.5 Bewegung als Lebensprinzip

Betrachtet man die Merkmale des Lebensstils „Friluftsliv" zusammenfassend, so erkennt man neben dem Naturaufenthalt zwei weitere zentrale Punkte, die Friluftsliv ausmachen: erstens, keine technischen Fortbewegungsmittel benutzen, und zweitens, Aktivitäten in der Natur werden nicht wettbewerbsmäßig durchgeführt. Beide Punkte werden allerdings heutzutage mehr und mehr in Frage gestellt und kontrovers zwischen „Traditionalisten" und „Modernisten" diskutiert.

Gerade im modernen Friluftsliv bewegt man sich zunehmend auf dem Fahrrad, auf Ski oder gar auf Schneemobilen vorwärts. Man lässt sich von Hunden oder Segeln ziehen, oder auch von Gleitern tragen. Die Bezeichnung „technisches" Hilfsmittel wird in einem breiten Bedeutungsspektrum diskutiert. Solange damit kein sportlicher Leistungsgedanke, kein Wettkampf oder Rekordstreben verbunden sind, werden diese Aktivitäten mit Hilfsmitteln auch als Friluftsliv angesehen. Es handelt sich hierbei um Friluftsliv-Aktivitäten mit einer anderen Ausrichtung, d.h., anders als im traditionellen Friluftsliv-Verständnis, bei dem das Naturerlebnis als wichtigster Wert angesehen wird, stehen bei diesen Aktivitäten, die zunehmend populärer und auch als „Fun-Sportarten" bezeichnet werden, die „action" oder Spannung im Vordergrund. Die Natur bietet lediglich den Rahmen, in dem diese Aktivitäten stattfinden.

Ein weiterer Aspekt, der in den letzten Jahren in Norwegen angesichts der Zunahme des touristischen Friluftslivs an Bedeutung gewonnen hat, ist der, dass die Aktivitäten die Umwelt nicht belasten sollen. Damit bekommt Friluftsliv auch eine gesellschaftspolitische Dimension. Neben der Vermittlung kultureller Traditionen und der Gesundheitsförderung steht beim Friluftsliv auch die Förderung des Umweltbewusstseins auf der politischen Agenda. Aktivitäten in der Natur sollen das Umweltbewusstsein und die Verantwortung des Menschen für den Erhalt der Natur stärken. Wenn Kinder schon früh Naturerlebnisse haben und das Zusammenspiel von Natur und Mensch hautnah erleben, so wird dies, so der pädagogische Wunsch, ihre Wertvorstellung zur Natur nachhaltig prägen.

Befragungen wie die von 1993 und 2001, bei der 87% der norwegischen Bevölkerung angaben, dass sie in irgendeiner Form Friluftsliv betreiben (Faarlund, 2007a, 13f.); oder das Ergebnis von 2008, dass „der Durchschnittsnorweger [...] Friluftsliv in der einen oder anderen Form im Durchschnitt 68 Mal im Jahr" betreibt (Mytting & Bischoff, 2008, 36), unterstreichen statistisch die Bedeutung des Friluftslivs für einen Lebensstil, der mittlerweile auch einen hohen Status im heutigen Norwegen erlangt hat. Wer immer es sich leisten kann – und das sind nicht wenige Norweger – integriert Friluftsliv, zumindest phasenweise, als festen Teil in sein Leben. Dies etwa, indem man bewusst in naturnahe Gegenden zieht oder sich eine Hütte im Grünen anschafft, die man so häufig wie möglich aufsucht. Beides ist aufgrund der geringen Bevölkerungsdichte in den meisten Teilen Skandinaviens leicht möglich, denn es findet sich hier nach wie vor sehr viel unberührte Natur.

Abb. 6:
Die Finnmark,
ein Bezirk Norwegens

Dass in vielen Regionen Norwegens und insbesondere der Finnmark die Natur fester und beständiger Teil des Alltags ist, kann durch die folgende Tabelle unterstrichen werden:

Tab. 1: Einwohnerzahl, Fläche und Bevölkerungsdichte in Norwegen und der Finnmark[11] im Vergleich zu Deutschland[12]

	Fläche	Einwohner	Einwohner pro km²
NORWEGEN	324.000	5.063.000	13
FINNMARK	48.631	74.710	1,5
DEUTSCHLAND	357.000	80.716.000	226

2.2 Friluftsliv – politische und kulturelle Positionen

Die gesellschaftspolitische Bedeutung des Friluftslivs in Norwegen zeigt sich auch darin, dass sich alle norwegischen Regierungen der letzten drei Jahrzehnte mit Friluftsliv beschäftigt und entsprechende Weißbücher[13] zur Friluftsliv-Politik erarbeitet haben. Die Jahre 1993 und 2005 wurden zudem von der jeweiligen Regierung national zum „Jahr des Friluftslivs" ausgerufen. Auch 2015 ist „Jahr des Friluftslivs", mit Aktivitäten und besonderen Aktionen über das ganze Jahr verteilt. Der bereits erwähnte Norwegische Touristenverein mit seinen fast 250.000 Mitgliedern ist heute die größte Friluftsliv-Organisation in Norwegen. Er ist zudem Mitglied in FriFo (friluftslivets fellesorganiasjon), einem Zusammenschluss von 15 Friluftsliv-Organisationen mit fast 750.000 Mitgliedern. Alle setzen sich auf politisch lokaler, regionaler und nationaler Ebene für Friluftsliv ein und sind für öffentlich organisierte Friluftsliv-Aktivitäten zuständig.

2.2.1 Allmannsretten – das norwegische Jedermannsrecht

In der Zeit der Industrialisierung Norwegens zu Beginn des vorigen Jahrhunderts sowie in der Zeit zwischen den beiden Weltkriegen stand Friluftsliv zwar noch nicht auf der politischen Agenda, wurde allerdings schon als ein grund-

---

11 Finnmark ist die nördlichste Provinz Norwegens. Sie liegt nördlich des Polarkreises und ist etwas größer als Dänemark. Der nördlichste Punkt Norwegens und Europas ist das Nordkap.
12 Stand April 2013, siehe http://wikipedia.org.
13 Als Weißbuch bezeichnet man eine von einer Regierung veröffentlichte Sammlung mit Vorschlägen zum Vorgehen in einem bestimmten Bereich.

legendes soziales Recht aufgefasst, das besonders der armen Arbeiterbevölkerung die Möglichkeit einräumte, am Wochenende den oft bedrückenden, krankmachenden städtischen Lebensverhältnissen zu entfliehen. Lokale Touristenvereine organisierten zudem Friluftsliv-Aktivitäten, sodass diese auch zu geselligem Miteinander beitrugen. Diese offene Einstellung gegenüber der Natur und den in ihr möglichen Aktivitäten wurde schließlich mit dem „Jedermannsrecht" *(allmannsretten)* im Freiluftgesetz verankert.

Dabei handelt es sich um ein Gewohnheitsrecht, das allen Menschen grundsätzlich den Zugang zur und das Nutzen der Natur erlaubt. Darüber hinaus regelt das Gesetz einige Einschränkungen hinsichtlich der Rücksichtnahme gegenüber Mitmenschen und Natur. Historisch gesehen ist dieses Recht dadurch begründet, dass die Natur eine lebensnotwendige Ressource für die Menschen war. Alle sollten daher das Recht haben, Brennholz zu schlagen, Torf zu stechen, Fische zu fangen, Wild zu jagen und Beeren zu sammeln. Daraus entwickelte sich ein Rechtsgrundsatz, den es in dieser Form auch in Schweden gibt, nämlich das Recht zur allgemeinen und gemeinschaftlichen Nutzung der Natur.

In anderen europäischen Ländern ist die Nutzung der Natur in der Regel mit dem Eigentumsrecht verknüpft. Dort muss der Grundbesitzer die Erlaubnis erteilen, bevor man auf seinem Grund und Boden wandern oder anderweitig aktiv sein darf.

Das Jedermannsrecht umfasst jedoch nicht nur Rechte, sondern auch Pflichten, sowohl für die Grundbesitzer als auch für die Nutzer und Friluftsliv-Ausübenden, und zwar in erster Linie im Hinblick auf den Umweltschutz. Das ursprüngliche Gesetz von 1957 wurde diesbezüglich mehrfach, zuletzt 1996, überarbeitet (siehe auch Laich, 2014).

Hier eine Zusammenfassung der zentralen Punkte des Jedermannsrechts:
* Auf nicht kultiviertem Land ist jede Person dazu berechtigt, sich das ganze Jahr über zu Fuß, mit Ski, Schlitten, Pferd oder dem Fahrrad fortzubewegen, vorausgesetzt, dies geschieht mit Rücksicht und nötiger Vorsicht.
* Auf nicht kultiviertem Land ist jede Person dazu berechtigt, sich, solange der Boden gefroren oder schneebedeckt ist, nicht aber in der Zeit zwischen 30. April und 14. Oktober, zu Fuß, mit Ski oder Schlitten fortzubewegen. Ausgenommen sind Hofplätze, Grundstücke, eingezäunte Areale, deren Betreten zum Nachteil des Eigentümers oder Nutzers wäre.
* Auf dem Meer darf sich jede Person mit dem Boot frei fortbewegen. Dies schließt Eisflächen ein.

- Das Baden ist, solange ausreichend Abstand zu bewohnten Häusern oder Hütten gehalten wird, von allen nicht kultivierten Stränden oder von Booten aus erlaubt.
- Ohne die Erlaubnis des Eigentümers oder Nutzers ist es nicht erlaubt, auf kultiviertem Land zu picknicken oder zu übernachten. Auf nicht kultiviertem Land ist das Kampieren, unter Einhaltung eines Abstandes von 150 Metern zu bewohnten Häusern oder Hütten, für eine Zeit von 48 Stunden erlaubt (Klima- og Miljødepartementet, 1957, § 2-9).

Ohne die Festschreibung dieser Rechte auf öffentlichen Zugang zur Natur und der Pflichten zur Erhaltung der Natur wäre eine Ausübung von Friluftsliv in der vorherrschenden Form kaum möglich.

2.2.2 Friluftsloven – das norwegische Naturerholungsgesetz

Schon seit Mitte des vorigen Jahrhunderts existiert in Norwegen auch ein eigenes „Friluftsliv-Gesetz" *(friluftsloven)*, das starke Parallelen zum Jedermannsrecht aufweist.[14] So sichert das norwegische Naturerholungsgesetz von 1957 grundsätzlich allen zu, sich in der Natur frei bewegen zu können. Es gewährleistet,
- sich zu Fuß oder auf Ski ungehindert in der Natur bewegen zu können,
- auf Seen und Flüssen mit Kanus, Kajaks und Ruderbooten zu fahren,
- ein Lager aufzuschlagen und unter freiem Himmel zu übernachten,
- in der freien Natur Rad zu fahren und zu reiten, allerdings nur auf Pfaden und Wanderwegen,
- im Meer und in Binnengewässern zu baden.

2.2.3 Finnmarkseigentum

Auch in der Finnmark sichert das Naturerholungsgesetz und das Jedermannsrecht jedem das Recht zu, unkultivierte Freiflächen zu nutzen. Dennoch sind die Eigentums- und Nutzungsrechte in diesem Regierungsbezirk etwas anders geregelt als sonst in Norwegen. Das hängt mit einer verhältnismäßig späten „Kolonisierung" durch Zuzug aus den südlicheren Teilen Norwegens, vor allem aber mit der samischen Urbevölkerung und deren nomadischer Nutzung

---

14 Für nähere Informationen siehe: http://www.regjeringen.no/en/doc/laws/acts/outdoor-recreation-act.html?id=172932.

Abb. 7:   Blick auf den Alta Fjord (Foto: Annette R. Hofmann)

der Naturressourcen in diesem Landesteil zusammen. Es bestand lange die Auffassung, dass der Staat Grundbesitzer ist. Dass die Bevölkerung der Finnmark das Recht zur Nutzung der Natur hatte, war anerkannt, doch der Schutz dieses Rechts war nicht genau definiert. Nach dem Konflikt um den Bau eines Wasserkraftwerks am Fluss Altaelva (siehe auch Kap. 2.2.6) wurden umfangreiche Untersuchungen zur Nutzung der Finnmark durchgeführt. Das Ergebnis dieser Untersuchungen ist u.a. das Finnmarkgesetz von 2005, das die Eigentumsverhältnisse neu regelt. Laut diesem Gesetz ist die Gebietskörperschaft Finnmarkseigentum *(Finnmarkseiendommen/Finnmárkkuopmodat)*[15] (FeFo) Grundeigentümer in der Finnmark und besitzt 96 Prozent der Gesamtfläche des Regierungsbezirks.

Das Finnmarkgesetz gibt Samen und anderen Einwohnern der Finnmark das Nutzungsrecht für Land und Gewässer in diesem Landesteil. Mit diesem Gesetz werden die Voraussetzungen dafür geschaffen, dass Boden und Naturressourcen in der Finnmark in einer ausgeglichenen und ökologisch nachhaltigen Art und Weise genutzt werden. Dies soll zum Wohle der Einwohner im

---

15   Für nähere Informationen siehe: http://www.fefo.no/en/Sider/default.aspx.

Regierungsbezirk geschehen und vor allem die Grundlage für Kultur, Rentierzucht, Nutzung des Ödlandes, Handel und Gewerbe und gesellschaftliches Leben der samischen Bevölkerung bilden.

Eine weitere Besonderheit jedoch ist, dass die Jagd- und Fischereirechte
in der Finnmark nicht Teil des Jedermannsrechts sind. Gemäß dem norwegischen Wildgesetz, dem Gesetz über den Lachsfang und über die Süßwasser-
fischerei liegt dieses Recht beim Grundbesitzer. In der Finnmark bedeutet
dies, dass FeFo als Grundbesitzer die Jagd- und Fischereirechte verwaltet.

2.2.4 Politische Aktionen

Wurde bis in die 1950er Jahre die Natur hauptsächlich als ein zu nutzender
und benutzender Lebensraum angesehen, gewann ab den 1960er Jahren eine
zunehmend kritische, natur-, aber auch lebensbewahrende Einstellung an Bedeutung. Ausschlaggebend hierfür waren zum einen das Unglück an Ostern
1967, bei dem 16 junge norwegische Skiläufer in den Bergen umkamen, zum
anderen aber auch die Proteste gegen die in den 1950ern begonnenen staatlichen Regulierungen der Natur. Der Verbau und damit die Zerstörung von
natürlichen Flusslandschaften und Tälern sollten dem Straßenbau und der
Energiegewinnung dienen.

1967 gründete der norwegische Pädagoge und Friluftsliv-Aktivist Nils
Faarlund die Hochgebirgsschule *(Norges Høyfjellskole)*, an der Kurse für Ski-
wanderer, Bergsteiger und Gletscherwanderer angeboten wurden. Damit sollten die Friluftsliv-Akteure besser auf ihre Aktivitäten vorbereitet werden. Bis
dahin hatten Friluftsliv-begeisterte Norweger und Norwegerinnen lediglich
informelles Wissen, das sie sich aus eigenen oder überlieferten Naturerfahrungen angeeignet hatten. Sie waren nur wenig mit möglichen Gefahren und Vor-
sichtsmaßnahmen vertraut. Die Hochgebirgsschule wurde Teil einer größeren
Kampagne zur Vorbeugung von Bergunfällen. Auch an der 1968 gegründeten
norwegischen Sporthochschule in Oslo wurden von Beginn an Kurse in verschiedenen Friluftsliv-Aktivitäten angeboten. Damit war Friluftsliv auch in der
Lehrerausbildung verankert.

Politisch für Zündstoff sorgten Friluftsliv-Aktivisten besonders in den
1970er und 1980er Jahren. 1971 stießen die Pläne der Regierung, auch Friluftsliv in die sozialpolitischen Leistungen für die Bevölkerung als Möglichkeit
der Freizeitgestaltung und Rekreation einzubeziehen, auf zunehmende Kritik.
Auf den gesellschafts- und umweltpolitischen Punkt bezogen ging es um die
stark umstrittene Frage,

„ob eine Regierung, die eine technokratische Wachstumspolitik auf Kosten der (freien) Natur betreibt, das Recht habe, eine einmalige und geliebte norwegische Tradition für ihre kurzfristigen parteipolitischen Interessen zu beanspruchen" (Faarlund, 2007a, 17).

In dieser gesellschaftspolitischen Aufbruchszeit wurde von den Verfechtern einer biozentrisch[16] orientierten Naturbewegung Friluftsliv schließlich auch eine Bedeutung zugeschrieben, die in der Tradition der romantischen Naturbegegnung und gegen den Raubbau der Natur durch moderne Technologien, speziell auch der Freizeitindustrie, steht.

Im Folgenden wird auf zwei nationale Protestbewegungen stellvertretend für zahlreiche andere Bezug genommen.

2.2.5 Aktion Mardøla

In den 1950er und 1960er Jahren hatte man in Norwegen damit begonnen, die zahlreichen vorhandenen Wasserreservoirs zur Energiegewinnung zu nutzen, was mit erheblichen Natureingriffen und -zerstörungen einherging. Ende der 1960er Jahre bildete sich spontan eine Gruppe von Natur- und Umweltaktivisten, die vor allem aus Friluftsliv-Enthusiasten bestand. Um ihre Unzufriedenheit mit den damaligen „Umweltschutzbürokraten" zum Ausdruck zu bringen, wurden sie aktiv. Sie versuchten, den geplanten Ausbau des Mardøla-Flusses[17] zur Energiegewinnung zu verhindern. Gestützt auf eine naturwissenschaftliche Argumentation, die sich auf den Umweltschutz und die philosophische Inspiration der Gewaltlosigkeit von Ghandi bezog, gelang es, von einem großen Zeltlager am riesengroßen Wasserfall von Mardøla aus die Aufmerksamkeit der Medien so lange auf sich zu ziehen, dass die „Aktion Mardøla!" eine „grüne" politische Welle in Norwegen auslöste (Faarlund, 2007a, 17f.). Faarlund schreibt der damaligen Mardøla-Aktion eine tiefgreifende und

---

16 Der Biozentrismus ist ein ethisches Modell, bei dem allen Lebewesen ein eigenständiger Wert zugestanden wird. Der Lebensdrang wird als zentraler Wert angesehen. Ursprünglich von Ludwig Klages als Gegensatz zum Logozentrismus (Dorsch, 1963, 55) eingeführt, wird der Begriff im Sinne der Tiefenökologie von Arne Næss (2005) als Gegensatz zum Anthropozentrismus gebraucht. Stellt dieser den Menschen als übergeordnet allen anderen Lebewesen heraus, hat im biozentrischen Verständnis jedes Lebewesen prinzipiell das gleiche Recht auf Achtung seiner Bedürfnisse zum Überleben und zur Entfaltung. Ein grundsätzlicher Vorrang menschlicher Interessen wird nicht anerkannt (siehe auch Næss, 1972; Schweitzer, 1991; Guattari, 2000).

17 Mardøla ist ein Fluss im Eikesdal in West-Norwegen, der aus einem 705m hohen Wasserfall (*Mardalsfossen*) entspringt.

Abb. 8: Die ‚Alta Aktion' (Foto: Alta Museum)

nachhaltige Bedeutung zu, die sich auch auf die Europapolitik Norwegens ausgewirkt habe.

> „Als Norwegen 1972 über eine eventuelle Mitgliedschaft in der europäischen Union durch ein Referendum Stellung nehmen sollte, ist es nach einem zweijährigen politischen Prozess gelungen, ein umweltpolitisches Denken so weit zu verbreiten, dass die Mehrzahl der Norweger sich gegen eine geschäftsmäßig eingerichtete EU und für eine naturfreundliche Politik in einem unabhängigen Norwegen entschied" (Faarlund, 2007a, 18).

2.2.6 „La elva leve" – „Lass den Fluss leben": Aktion Alta

Eine weitere umweltpolitische Protestaktion, die vom Friluftsliv-Gedanken mitgetragen worden ist und die Norwegen Ende der 1970er und Anfang der 1980er Jahre über Monate in Atem hielt, war die sogenannte „Alta-Aktion" in der Finnmark. Dies war ein gewaltfreier Widerstand gegen die Aufdämmung des Alta-Flusses und die Errichtung eines Wasserkraftwerkes, wodurch ein komplettes samisches Dorf in einem Stausee verschwunden wäre. Dieses konnte zwar durch die Protestaktionen verhindert werden, doch wurde der Stausee, in geringerem Umfang und an anderer Stelle, dennoch errichtet.

Wenn auch die beiden angeführten Aktionen letztendlich nicht hundertprozentig den gewünschten Erfolg hatten, so konnten die geplanten Maßnahmen doch lediglich in einem wesentlich reduzierteren Maße von der Regierung durchgeführt werden.

Dies sind Beispiele für das umweltpolitische Gedankengut der Friluftsliv-Anhänger. Relativ früh schon erwachte das Bewusstsein für die verwundbaren und nicht beliebig erneuerbaren Ressourcen und Möglichkeiten der Natur. Seit den 1970er Jahren haben das Umweltbewusstsein und ein ganzheitliches Naturverständnis zunehmend an Bedeutung gewonnen. Heute ist diese zu einem zentralen Aspekt im Friluftsliv-Unterricht und in der Friluftsliv-Pädagogik geworden.

2.2.7 Friluftsliv und Geschlecht

Die Frage, ob Friluftsliv als geschlechtsneutral angesehen werden kann oder aber die damit verbundenen Aktivitäten Präferenzen für das eine oder andere Geschlecht aufweisen, wurde lange Zeit nicht gestellt. Gemäß den traditionellen Wurzeln führten Männer oft mehrtägige Touren durch, während Frauen, in der Regel mit den Kindern, kürzere Ausflüge in die nähere Natur machten. Dies wurde u.a. von Pedersen (1999) bestätigt, die in ihrer Forschungsarbeit zu dem Ergebnis kommt, dass Friluftsliv in Abhängigkeit vom Geschlecht unterschiedlich betrieben und auch subjektiv unterschiedlich erlebt werde. Pedersen unterscheidet als zentrale Akteure im Friluftsliv Sammler, Wanderer und Spezialisten und setzt diese unterschiedlichen Aktivitätsformen in einen geschlechtsspezifischen Kontext. Dabei kann sie in allen Gruppen eine Differenzierung bei der Ausübung von Friluftsliv Aktivitäten bezogen auf das Geschlecht aufzeigen für die sie unterschiedliche Motivationen bzw. Eigenschaften anführt: sozialer Status bei den Sammlern, körperliche Voraussetzung bei den Wanderern und Risikobereitschaft bei den Spezialisten (siehe Pedersen, 1999; vgl. auch Kap. 1.2).

Darüber hinaus gibt es, abgesehen von regelmäßigen statistischen Beschreibungen (Odden, 2008; Breivik & Vaagbø, 1999; Breivik, 2013), wenig Forschung, die sich auf geschlechtsspezifische Motive, Interessen, Aktivitäten bezieht (Ødegårdstuen, 1994; Humberstone & Pedersen, 2001; Pedersen, 2001; Singsaas, 2004; Rones, 2009; Bischoff, 2012).

Im Zuge des Friluftsliv-Booms und der Ausweitung der Friluftsliv-Aktivitäten zeigt sich allerdings in den letzten Jahren eine Geschlechterannäherung. Die neuen, modernen Friluftsliv-Aktivitäten stehen allen offen und werden geschlechtsunabhängig betrieben und weiterentwickelt. Auch sind heutzutage Männer und Frauen sehr oft gemeinsam auf Tour. Daher lässt sich durchaus sagen, dass die Gemeinsamkeiten beim Friluftsliv mittlerweile wohl grösser sind als die Unterschiede (vgl. auch Emmelin, Fredman & Sandell, 2005; Bentsen, Andkjaer & Ejbye-Ernst, 2009).

Ein Grund hierfür ist sicherlich, dass für die jüngeren Generationen Friluftsliv in erster Linie ein individuelles Projekt zur Persönlichkeits- und Identitätsfindung ist. Die Natur wird aufgesucht, um mit Herausforderungen und Spannung konfrontiert zu sein und durch diese sich selbst zu erleben und zu erfahren. In diesem Zusammenhang lässt sich Friluftsliv heute kennzeichnen durch (Fisker, 2005):

- Eine zunehmende Vielfalt; dazu gehören nicht nur neue Aktivitäten, sondern auch eine Differenzierung und Spezialisierung der traditionellen Aktivitäten.
- Einen Wechsel der Motive, Interessen und Absichten; Traditionen werden zunehmend von Entscheidungsfreiheit abgelöst.
- Eine zunehmende Individualisierung; Friluftsliv scheint ein sehr gutes Feld zur Selbsterfahrung, Selbstbestätigung und Identifikation zu sein, nicht zuletzt, weil Friluftsliv-Aktivitäten im Prinzip keine geschlechtsgebundenen Grenzen haben.

Sind Frauen und Männer gemeinsam unterwegs, kann diese Tour durchaus unterschiedlich erlebt werden, bzw. unterschiedliche Bedeutungen für die Teilnehmenden haben. Nach Pedersen (1999) kann zum Beispiel eine Person eine bestimmte Landschaft als geeignetes Gelände für alpines Skifahren sehen, eine andere sieht darin eine Kulturlandschaft und für eine dritte ist besonders die Schönheit der Natur von Bedeutung. Diese Unterschiede sind aber nicht unbedingt auf das Geschlecht zurückzuführen, sondern eher individuumsspezifisch.

2.2.8 Friluftsliv in der Rehabilitation

Dem Aufenthalt in der Natur wird, vor allem bei einer stressfreien Umsetzung, generell eine Steigerung der Lebensqualität und damit eine positive Auswirkung auf die Gesundheit zugeschrieben. Dass der Naturaufenthalt auch für rehabilitative Zwecke genutzt wird, ist nicht neu. Neben der Hahn'schen Erlebnistherapie (siehe Kap. 4.1.1) oder auch der im englischsprachigen Ausland zu findenden *Adventure Therapy* (siehe z.B. Williams, 2000) wird Friluftsliv durchaus als eine therapeutische Maßnahme angesehen und angeboten – auch wenn dies von den traditionell orientierten Vertretern anders gesehen wird.

Der in Deutschland arbeitende norwegische Sportmediziner Lagerstrøm sieht die „Natur als Ressource für die eigene ‚Gesundheitskarriere'" (2007, 175). Zunehmend gibt es in Norwegen, aber auch in Deutschland, Ansätze, Natur- und Friluftsliv-Aktivitäten in die Prävention und Rehabilitation sowohl psychischer wie auch physischer Krankheitsbilder einzubeziehen. Dabei geht es vor allem um die Vermittlung eines gesunden Lebensstils durch körperliche Aktivitäten in der Natur. Man geht auch davon aus, dass viele Patienten durch einen intensiven und bewussten Naturaufenthalt ausgeglichener werden und nach den psychischen Belastungen, die eine Erkrankung mit sich bringt, wieder zu sich finden und neuen Lebensmut und Kraft tanken. Entsprechend unterstreicht Lagerstrøm deutlich, dass es im Friluftsliv nicht in erster Linie um eine Verbesserung der Fitness und um Erhaltung der Gesundheit geht, sondern, wie bislang auch in diesem Buch deutlich zu machen versucht wird, um den Aufenthalt in der Natur (Lagerstrøm, 2007, 169). Eben dieser kann sich durch seine entspannenden Elemente positiv auf das Wohlbefinden des Menschen auswirken. Zudem kann es durch die körperlichen Aktivitäten, die beim Friluftsliv durchgeführt werden, als Begleiterscheinung zu positiven Effekten auf die Motorik und Kondition kommen, die wiederum Bewegungsmangelerscheinungen entgegenwirken können (Lagerstrøm & Liedtke, 2004). Diese Wechselwirkung von Belastung und Erholung spielt eine zentrale Rolle für Fitness, Gesundheit und Wohlbefinden (Lagerstrøm, 2007). Insbesondere sieht Lagerstrøm in den Friluftsliv-Aktivitäten auch einen sanften

> „Einstieg und das behutsame (Wieder-)Erlernen der grundlegenden Fortbewegungsform (Gehen und Laufen) sowie das für Gesundheitseffekte richtige Körpergefühl [...]" (Lagerstrøm, 2007, 175).

An zahlreichen norwegischen Rehazentren gibt es Friluftsliv bezogene Angebote für Patienten und Patientinnen, die vor allem unter Adipositas, rheumatischen Erkrankungen, orthopädischen Problemen und Koronarerkrankungen leiden. Allerdings fehlt es nach wie vor an breiter angelegten medizinischen Studien, die die physischen und psychischen Auswirkungen dieser Aktivitäten auf die Patienten untersuchen (Gunnarsson, 2008, 64). An der Deutschen Sporthochschule in Köln wurde 2007 ein Programm für krebserkrankte Frauen initiiert, die im Winter für zwei Wochen nach Norwegen fahren, um dort eine Friluftsliv-Exkursion durchzuführen, die in erster Linie der

> „Sensibilisierung für die Natur, dem Spüren und Nachspüren körperlicher Belastungen im Winter, der Entspannung mit der Natur und der Verbalisierung physischer und seelischer Empfindungen" (Baumann, 2009, 81)

dienen soll.

Ein weiteres Kölner Projekt untersuchte die Auswirkungen von Friluftsliv auf adipöse Kinder. Während eines mehrwöchigen Programms konnten diese Kinder einmal wöchentlich ein Sportangebot in der Halle und ein weiteres Mal Bewegungsaktivitäten in der Natur in der Umgebung der Sporthochschule Köln durchführen. Es zeigte sich, dass Friluftsliv eine Möglichkeit darstellt, um mehr Aktivität in das Leben übergewichtiger Kinder zu bringen, und es damit einen positiven Beitrag zu einem aktiven Bewegungsverhalten und zu einem aktiven Lebensstil leisten kann (Kamp, 2008).

Dies sind einige Beispiele für eine Instrumentalisierung von Friluftsliv, die ähnlich gesehen werden können wie Erlebnistouren zur sozialen oder Verhaltens-Rehabilitation oder das Outdoor-Manager-Training zur Entwicklung von Führungs- und Kommunikationsfähigkeiten. In all diesen Maßnahmen zeigen Friluftsliv, Outdoor Education und Erlebnispädagogik viele Gemeinsamkeiten in der intendierten Zielsetzung und in der Durchführung.

Für viele „Traditionalisten" im norwegischen Friluftsliv sind derartige Konzepte allerdings nicht immer konsensfähig. Für sie verliert Friluftsliv seine ursprüngliche „Reinheit", da grundsätzlich dem Friluftsliv ein eigener Wert zugesprochen wird.

3 Friluftsliv – pädagogische Positionen

In diesem Kapitel geht es um die pädagogische Bedeutung des Friluftslivs, wie sie sich besonders im letzten Vierteljahrhundert entwickelt hat. Auch diese ist nicht eindeutig zu bestimmen und zu erklären, denn, entsprechend der Mehrperspektivität des Friluftslivs, weist auch die Friluftsliv-Pädagogik ein weites Spektrum von Deutungen und Zielperspektiven auf.

Wie im Kapitel über die Ursprünge bereits beschrieben, wurde Friluftsliv zunächst ohne jegliche pädagogische Absicht betrieben; erst allmählich, mit zunehmendem Verständnis von Friluftsliv als Lebensstil, kamen auch pädagogische und didaktische Positionen und Zielvorstellungen ins Spiel. Zwar gab es bereits zu Beginn des 20. Jahrhunderts gewisse pädagogische Annäherungen (Haslestad, 2000; 2002) bzw. Vereinnahmungen (vgl. Naturfreunde, Lebensphilosophie etc.), doch kann von einer wirklich pädagogischen Positionierung des Friluftslivs erst seit den 1980er Jahren gesprochen werden.

Dann allerdings hat die Friluftsliv-Pädagogik rasch an Bedeutung gewonnen und unterschiedliche Ausprägungen wurden entwickelt. Ein wichtiger Schwerpunkt wurde und wird auf die Möglichkeiten zur persönlichen Entwicklung gelegt. Durch vielfältige Bewegungsaktivitäten und eine einfache, aber dennoch bereichernde Lebensweise in und mit der Natur sollen viele persönliche und soziale Erfahrungen gemacht werden. Durch ein reichhaltiges Leben basierend auf einem einfachen, „natürlichen" Lebensstil kann eine Lebensqualität angestrebt werden, die unabhängig ist vom Lebensstandard. Da sich die Lebens- und Umweltbedingungen heutzutage enorm verändert haben, ist es mehr und mehr auch eine gesellschaftspolitische und pädagogische Aufgabe geworden, der jungen Generation diese Sichtweise und Form von Lebensqualität zu vermitteln. Damit kann auch die besondere Bedeutung des Friluftslivs innerhalb der schulischen Erziehung herausgestellt und unterstrichen werden.

Auch innerhalb des schulischen Kontextes ist Friluftsliv nicht eindeutig bestimmt und beschrieben. Sowohl in öffentlichen Statements wie auch in der didaktischen Literatur lassen sich unterschiedliche Deutungen und Auffassungen finden. Neben dem Entwicklungs*ziel* Friluftsliv als Lebensstil nennt Haslestad (2000; 2002) noch weitere gängige pädagogische Bezugs- und Deutungsformen von Friluftsliv. Zunächst einmal ist Friluftsliv ein bestimmter *Inhalt*, und dies sowohl im generellen Fächerkanon als auch innerhalb der Leibeserziehung. Konkret kann dieser Inhalt dann eine *Aktivität*, eine *Arbeitsform* oder aber einer *pädagogische Methode* sein.

Des Weiteren kann mit Friluftsliv-Pädagogik eine besondere Form von Pädagogik gemeint sein, in gewisser Weise ähnlich der in Deutschland in den letzten Jahren verstärkt aufgekommenen „Erlebnispädagogik"; oder aber Friluftsliv-Pädagogik meint die pädagogische, genauer gesagt: didaktische Aufbereitung und Darbietung des Inhaltes Friluftsliv. Der in Norwegen tätige schwedische Pädagoge Tordsson (2006) unterscheidet hier zwischen Friluftsliv *als* Pädagogik und Pädagogik *im* Friluftsliv.

In diesem Kapitel wird versucht, die Vielfalt aufzuzeigen und die unterschiedlichen Perspektiven deutlich zu machen. Friluftsliv *als* Pädagogik wird hauptsächlich im theoretischen Teil behandelt, während in Kapitel 4 die didaktische Aufbereitung von Aktivitäten im Friluftsliv im Mittelpunkt steht. Grundsätzlich soll hier jedoch nochmals deutlich darauf hingewiesen werden, dass in der norwegischen Tradition Friluftsliv nicht als eine besondere Pädagogik angesehen wird, sondern mit Pädagogik *im* Friluftsliv gemeint ist, die pädagogischen Möglichkeiten zu reflektieren, die im, über und durch Friluftsliv angestrebt und erreicht werden können.

3.1 Traditionen, Vorläufer und Richtungen

Lerntheoretisch und erziehungsphilosophisch lassen sich Gemeinsamkeiten der Friluftsliv-Pädagogik mit der Pädagogik Johann Heinrich Pestalozzis,[18] dem lebensphilosophischen Denken und Leben des amerikanischen Schriftstellers und Philosophen Henry David Thoreau[19] sowie den reformpädagogischen Ansätzen[20] zu Beginn des vorigen Jahrhunderts erkennen. Dies besonders, wenn man den ganzheitlichen Ansatz des Lernens mit „Kopf, Herz und Hand" (Pestalozzi) herausstellt. Aber auch die Reggio-Pädagogik (Lingenauber, 2009) und die Montessori-Pädagogik (Haberl & Hammerer, 2004) lassen sich in diesem Zusammenhang nennen.

---

18 Der Schweizer Johann Heinrich Pestalozzi (1746–1827) gilt als Vordenker der Anschauungspädagogik, der schon früh einen anschaulich-ganzheitlichen Ansatz in der Elementarbildung vertrat, die in der Erziehung mit „Kopf, Herz und Hand" angestrebt wird.

19 Henry David Thoreau (1817–1862) lebte von März 1845 bis September 1847 an einem Teich, dem Walden Pond, am Rande der Ortschaft Concord in Massachusetts. Hier errichtete er sich eine Hütte und wollte Erfahrungen eines „einfachen Lebens" und eines naturnahen Lebens sammeln. Seine Erfahrungen hat er in seinem Buch *Walden or Life in the Woods* (1854/1929) beschrieben.

20 Zu nennen sind hier z.B. Ansätze Georg Kerschensteiners (1854–1932), die Landschulheimerziehung nach Hermann Lietz (1868–1919) und Paul Geheeb (1870–1961), der Arbeitsschulgedanke William Heard Kilpatricks (1871–1965) und John Deweys (1859–1952), aber auch die Erlebnistherapie und Outward-Bound-Bewegung nach Kurt Hahn (1886–1974) (siehe auch Oelkers, 2005; Knoll, 2011; Hahn, 1998).

Auch wenn Friluftsliv-Pädagogik heute in Norwegen ein gängiger Begriff sowohl in der Schule als auch in der Lehrerausbildung ist, ist das damit verbundene pädagogische und didaktische Gedankengut in Norwegen relativ neu. Tatsächlich wurde Friluftsliv jahrzehntelang nahezu ohne bewusst reflektierten pädagogischen Hintergrund oder direkte pädagogische Absichten betrieben. Friluftsliv war einfach eine Lebensnotwendigkeit oder ein inneres Bedürfnis, worüber nicht weiter nachgedacht werden musste. Erste Ansätze einer grundlegenden theoriebasierenden pädagogischen Konzeption wurden in den 1970er Jahren entwickelt, nachdem Forderungen nach einer Grundlagenausbildung in Friluftsliv laut geworden waren. Diese gingen in erster Linie von der 1967 von Nils Faarlund gegründeten Hochgebirgsschule aus. Aus heutiger Sicht kann man dies als Ausgangspunkt für die akademisch-pädagogische Friluftsliv-Ausbildung in Norwegen ansehen.

Im Unterschied zu den zahlreichen Broschüren, praktischen Handreichungen und Tourenbeschreibungen gibt es in Norwegen wenige Veröffentlichungen mit pädagogischen Reflexionen über und didaktischen Begründungen des Friluftslivs. Darin spiegelt sich auch die Unterschiedlichkeit – manchmal auch Unvereinbarkeit – im kulturellen und begrifflichen Verständnis von Friluftsliv wider. Friluftsliv wurde – und wird in großen Teilen noch heute – erlebnis- und erfahrungsorientiert betrieben und vermittelt, etwa nach dem Prinzip „The nature speaks for itself" oder „Das Naturerlebnis steht für praktische Erfahrung". So mangelt es nach wie vor an einer allgemein anerkannten und konsensfähigen pädagogischen Konzeption.[21]

3.2 Friluftsliv in der Schule

Über den Erlebnischarakter des Aufenthalts in der Natur hinaus – pädagogisch gesprochen: des sozialen und emotional-affektiven Lernaspekts – lernte man zweifellos immer auch etwas im Friluftsliv, häufig informell und unbewusst. Man macht etwa Erfahrungen, wie man sich dem Wetter entsprechend richtig kleidet, oder wie man sich angemessen in der Natur bewegt und orientiert. Andere Erfahrungen können kognitiver und motorischer Natur sein:

---

21 Wesentlich mehr pädagogisch-theoretische Veröffentlichungen finden sich hingegen in schwedischer und dänischer Sprache. Beispielsweise können hier die schwedischen Sport- und Erziehungswissenschaftler Klas Sandell (siehe z.B. Sandell u.a., 2011) und Britta Brügge (siehe z.B. Brügge u.a., 1999; 2011) oder die dänischen Pädagogen Søren Andkjær (siehe z.B. Andkjær, 2005; Bentsen u.a., 2009) und Jakob Haahr (siehe z.B. Haahr & Andkjær, 2011) genannt werden, die sich um die pädagogische Aufarbeitung und Bearbeitung des Friluftslivs verdient gemacht haben.

Lernmomente wie etwa grundlegendes Wissen über die Natur, über das Sammeln und Weiterverarbeiten von Naturfrüchten oder den Nutzen von Naturschätzen.

Die generelle Bedeutung von Friluftsliv für die physische und psychische Gesundheit des Einzelnen und für die Volksgesundheit insgesamt wurde früh erkannt, sodass Friluftsliv auch relativ schnell Eingang in den norwegischen Schulkanon fand. Bereits 1939 taucht der Begriff Friluftsliv erstmals im Lehrplan auf. Allerdings war die Formulierung der Lernziele und Inhalte noch sehr allgemein gehalten. So hieß unter anderem, dass natürliche Friluftsliv-Aktivitäten zum obligatorischen Bestandteil des Schullebens gehören sollten (KUD, 1939). Da ohnehin der Schulweg und die Pausenaktivitäten „verpflichtende" Aktivitäten im Freien waren, war diese Forderung allerdings für nahezu alle Schulkinder immer schon erfüllt. Bei der versprengten Besiedelung und der Weitläufigkeit Norwegens war es bis in die 1970er Jahre für die meisten Schulkinder normal, auch relativ lange Schulwege zu Fuß, mit dem Fahrrad oder auf Ski zurückzulegen. Deshalb wurde es zunächst auch nicht für notwendig erachtet, Friluftsliv weiter zu thematisieren.

Mit Zunahme der modernen Mobilität, der Technisierung des Alltags und des organisierten Ausflugtourismus einerseits und einer zunehmend sedentären Lebensweise andererseits nahm hingegen auch in der norwegischen Bevölkerung seit den 1970er Jahren die Bedeutung von Friluftsliv zu, sowohl in volksgesundheitlicher als auch in freizeit- und umweltpolitischer Hinsicht. Diese Bedeutung und Wertschätzung schlug sich explizit auch in den damaligen Schullehrplänen nieder. In den Lehrplänen von 1974 wurde Friluftsliv erstmals als eigener Inhalt – innerhalb des Faches Leibesübungen[22] – aufgenommen. In Abgrenzung von den sportlichen Aspekten der Leibesübungen sollten – so die pädagogische Intention – die körperlichen Herausforderungen des Friluftslivs sowohl zu körperlich-motorischer Entwicklung als auch zu individuellem Wohlbefinden und zur allgemeinen Persönlichkeitsentwicklung des Einzelnen beitragen (KUD, 1974).

Seit dieser Zeit konnte Friluftsliv seinen Stellenwert als Bestandteil des Faches Leibesübungen quantitativ stetig erweitern und die damit verbundenen Inhalte und Zielsetzungen wurden qualitativ verbessert. Die folgende Tabelle gibt einen Überblick über die Kernbereiche des Faches Leibesübungen im derzeit geltenden norwegischen Lehrplan von 2006 *(Kunnskapsløftet)* (KD, 2006). Der zeitliche Umfang für Friluftsliv macht den Stellenwert und die Bedeutung

---

22 In Norwegen heißt das Fach Sport nach wie vor *kroppsøving* (Leibesübungen oder Körperübungen).

dieser Aktivität in den verschiedenen Schulstufen in der norwegischen Einheits-Grundschule, die die Klassen 1 bis 10 umfassen, deutlich.

Tab. 2: Kernbereiche der Leibesübungen im aktuellen norwegischen Lehrplan von 2006 (KD, 2006, revision 2012, 5)

	Kernbereiche der Leibesübungen *(kroppsøving)*		
1.-4.	Aktivitäten in verschiedenen Bewegungsbereichen		
5.-7.	Sportaktivitäten	Friluftsliv	
8.-10.	Sportaktivitäten	Friluftsliv	Training und Lebensstil

Durchgängig für die Leibesübungen in der Grundschulzeit gilt, dass Körper- und Bewegungserlebnisse im Vordergrund stehen, um vielfältige Grundlagen und eine Grundeinstellung des Schülers für einen aktiven und gesunden Lebensstil zu schaffen. Hierbei kann und soll Friluftsliv eine prägende Rolle spielen. In den ersten vier Schuljahren ist Friluftsliv kein eigenständiger Inhalt, sondern eingebunden in ein vielseitiges Bewegungsangebot, welches nach Möglichkeit im Freien stattfinden soll. Später, in den höheren Jahrgängen, macht Friluftsliv die Hälfte bzw. ein Drittel der Aktivitäten des Faches *kroppsøving* aus. Da die Lehr- und Stundenplangestaltung zudem äußerst flexibel angewendet werden kann, finden sich in der Schullandschaft vielfältige Möglichkeiten, wie die einzelnen Schulen ihren Friluftsliv-Unterricht anbieten. Dies variiert von normalen Einzel- oder Doppelstunden über Tagestouren bis hin zu mehrtägigen Übernachtungstouren in der näheren, aber auch weiteren Umgebung.

Zusammenfassend kann gesagt werden, dass im Unterrichtsfach Friluftsliv Ganzheitlichkeit, Naturverbundenheit und die individuelle Förderung (Individualität) der Schüler und Schülerinnen in Verbindung mit der norwegischen Kultur und Lebensart im Vordergrund stehen. In den Zielperspektiven des Faches aus dem Jahr 2006 heißt es z.B:

„Die Schüler und Schülerinnen sollen gute positive Erlebnisse in der Natur haben und sich Wissen über das Zusammenspiel von Mensch und Natur, gestern und heute, aneignen. Sie sollen sich Fertigkeiten aneignen, sich selbst in der Natur wie auch die Natur selbst wertzuschätzen" (UFD, 2006, 270).

3.3 Didaktische Überlegungen zum Friluftsliv

„Lernen durch sinnliches Erleben", so lässt sich die pädagogische Zielsetzung von Friluftsliv in der Schule kurz und prägnant ausdrücken. Das Fach Friluftsliv kann durchaus als eine Einführung in eine naturbezogene Lebensphilosophie angesehen werden, wobei das pädagogisch-methodische Prinzip vom „Weg als Ziel" seine besondere Bedeutung erhält. Friluftsliv ist zwar einerseits ein bestimmter, genau beschriebener Lernbereich, damit also Ziel von Unterricht, andererseits aber auch ein methodisches Prinzip. Friluftsliv-Aktivitäten werden häufig in Verbindung mit fächerübergreifendem Unterricht in der Schule eingesetzt. In besonders ausgeprägter Form findet man dies in der sogenannten „Schule im Freien" *(utskole),* wo der Unterricht – im Sinne von Erfahrungen aus erster Hand, lebensnahem Lernen und konkretem, anwendungsbezogenem Lernen – überwiegend außerhalb des Klassenzimmers angeboten wird. Mit „außerhalb des Klassenzimmers" ist in erster Linie die Natur als Erlebnis- und Lernbereich gemeint. Mit ihrer Vielfalt und Beständigkeit und trotzdem stetiger Veränderlichkeit bietet sie nahezu unbegrenzte Möglichkeiten für ein anschauliches und erlebnisbezogenes, das heißt alle Sinne einbeziehendes Lernen.

Der Lehrplan nennt mit „die Natur kennenlernen", „von der Natur lernen", „mit der Natur lernen" und „über die Natur lernen" unterschiedliche, aber auch miteinander verwobene Lernperspektiven. In den letzten Jahren hat zudem die Perspektive „Umweltbewusstsein und Umweltschutz" eine immer größer werdende Bedeutung erhalten. Wenn man die pädagogischen Herangehensweisen und die didaktische Bearbeitung des Friluftslivs in den letzten Jahren näher betrachtet, lassen sich eine Reihe allgemeiner Lernperspektiven nennen, die im Friluftsliv bearbeitet werden sollen (vgl. auch Tordsson, 2009, 10f.):

- Vielfältige Erlebnisse als Lebensbereicherung
- Allseitige und ganzheitliche Persönlichkeits- und Identitätsentwicklung
- Handlungskompetenz, Kreativität und Lösungsstrategien
- Ganzheitliches Erkennen, Erfahren und Verstehen
- Naturverstehen und Naturverständnis durch Identifikation
- Soziales Lernen und soziale Verhaltensweisen
- Kulturelle Identität, Wissen um das und Weiterführung des kulturellen Erbes
- Norm- und Werteentwicklung, Lebensstilentwicklung

Das deutsch-norwegische Autorenteam Buschmann und Lagerstrøm (siehe KNA, 1999a, 8f.) entnimmt der norwegischen Literatur die folgenden neun Hauptzielsetzungen:

- Abbau der Langeweile
- Erlernen von Dauerhaftigkeit und Kontinuität
- Kritische Überprüfung des Konsumverhaltens und der Einstellung zu Natur und Umwelt
- Entwicklung handwerklicher, technischer und motorischer Fähigkeiten und Fertigkeiten
- Förderung von Phantasie und Kreativität
- Übernahme von Verantwortung
- Öffnung der Persönlichkeit
- Entwicklung von Konfliktlösungsstrategien
- Erlernen sozialer Verhaltensweisen

Zusammengefasst heißen demnach die pädagogischen Zielsetzungen des Friluftslivs:

> „Im Einklang mit der Natur zu leben, und diese zum Zweck des persönlichen Wohlbefindens und zum Erfahrungslernen aufzusuchen" (KNA, 1999a, 9).

In der modernen Sprache der (Erlebnis-)Pädagogik sieht man diese Zielsetzungen übersetzt in erfahrungsbezogene Lernziele wie etwa

- erweiterte Handlungsfähigkeit,
- erweiterte Bewegungserfahrung,
- verbesserte Wahrnehmung und Teamfähigkeit,
- individuelle Sinnfindung und gesteigertes Gesundheitsbewusstsein (vgl. hierzu etwa Reiners, 1995; Buschmann, Michels & Wassong, 2007; Bittner 2009).

Einige der angeführten Lernziele lassen sich konkret angehen und vermitteln, andere sind eher implizit zu verstehen. Durch die Teilnahme an Friluftsliv-Aktivitäten, speziell mehrtägigen Touren, wird versucht, langfristig positive Effekte zu erreichen, um sich somit den obigen Lernzielen anzunähern. Allein schon der Aufenthalt im Freien, sprich in der Natur, wie es bei den Friluftsliv-Aktivitäten der Fall ist, eröffnet eine Vielzahl von Bewegungs-, Spiel- und Lernaktivitäten. Diese wiederum ermöglichen, in Abhängigkeit vom individuellen Interesse, den Vorerfahrungen und nicht zuletzt vom Alter, vielfältige Möglichkeiten des Entdeckens, Erforschens, Erfahrens und Erkennens.

3.4 Entwurf einer Friluftsliv-Pädagogik

Wie bereits beschrieben, kann erst seit etwa den letzten beiden Jahrzehnten von einer bewussten pädagogischen Bearbeitung und einer didaktischen Konzeptionierung des Friluftslivs gesprochen werden. Allerdings steht eine umfassend ausgearbeitete und publizierte Friluftsliv-Pädagogik in Norwegen nach wie vor aus. Ansätze einer reflektierten pädagogischen Aufarbeitung der Erlebnis- und Erfahrungssituationen im Friluftsliv sowie einer didaktischen Aufbereitung derselbigen hat der schwedische Friluftsliv-Pädagoge Bjørn Tordsson erarbeitet, der seit vielen Jahren an der Hochschule im südnorwegischen Bø in Telemark arbeitet. Die von ihm erarbeiteten sieben Komponenten einer Friluftsliv-Pädagogik (siehe Abb. 9) werden in diesem Buch als pädagogische Grundlagenkonzeption übernommen und im Folgenden näher erläutert (vgl. Tordsson, 1995; 2006; 2009).

Eine wichtige Perspektive der Friluftsliv-Pädagogik ist, dass Lernen nicht nur durch Aneignung von Inhalten geschieht, sondern auch – oder besser gesagt: vielmehr – durch die Art und Weise, wie man sich etwas aneignet. Man kann sogar sagen, dass die Form des Lernens, also der Lernprozess, das Wesentliche ist. Die Art der Begegnung, des Erprobens und der Beschäftigung ist entscheidender und wirkungsvoller als das einzelne Wissens- oder Fertigkeitsprodukt. Im, oftmals unbewusst, ablaufenden Aneignungsprozess werden

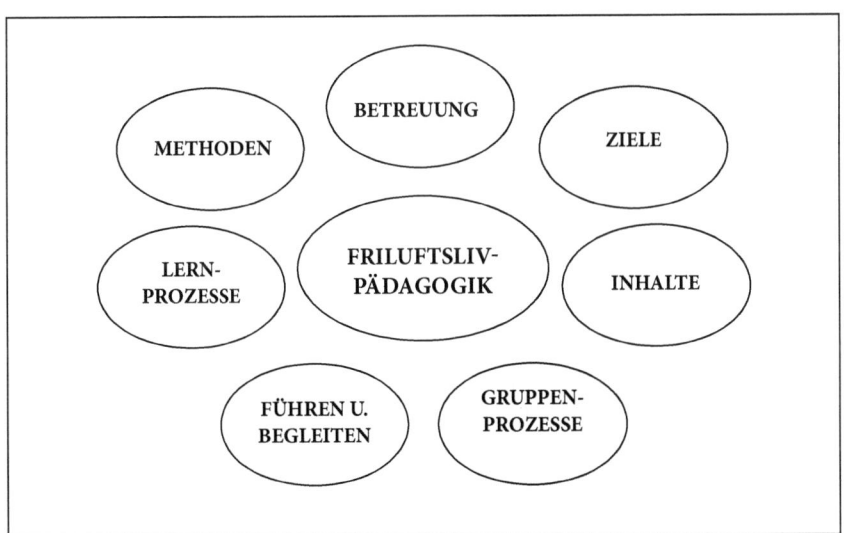

Abb. 9: Komponenten der Friluftsliv-Pädagogik (nach Tordsson, 1995)

zugleich Veranlagungen, Vorannahmen oder Wertvorstellungen übernommen, die das Verhalten, das Denken und die Entwicklung des Menschen beeinflussen und mitbestimmen. In leichter Abwandlung der vor fast hundert Jahren von Bernfeld formulierten These „Die Schule – als Institution – erzieht" (Bernfeld, 1971, 28), lässt sich diese Sichtweise auch beschreiben als: *Die Natur – als Lebensraum – erzieht.* Zinnecker (1975) prägte für dieses Phänomen den vom englischen Ausdruck „hidden curriculum" entlehnten deutschsprachigen Begriff „heimlicher Lehrplan". Auf den pädagogischen Ansatz im Friluftsliv bezogen heißt das, auf Grundlage eines solchen heimlichen Lehrplans latente Möglichkeiten bewusst zu nutzen, die in der Natur als solcher liegen. Tordsson (2006) spricht in diesem Zusammenhang von einer der Natur, dem Friluftsliv und den Friluftsliv-Aktivitäten inhärenten Pädagogik. In diesem Verständnis sollen die in Abb. 9 genannten didaktischen Komponenten gesehen und erklärt werden.

Auch müssen die Komponenten als sich überlappend und gegenseitig beeinflussend verstanden werden. Desgleichen stehen sie in keiner bestimmten Reihenfolge oder Hierarchie. Alle sind gleich wichtig, können jedoch je nach Aktivität, Situation und Gruppe unterschiedliche Gewichtung erhalten.

Betreuung

Betreuung ist eine der Aufgaben des Lehrers, die im heutigen Schulalltag von zunehmender Bedeutung ist (Zoglowek, 2009a). Im pädagogischen Friluftsliv wurde diese immer schon als grundlegend und wegweisend für Friluftsliv-Aktivitäten angesehen, geht es doch um die individuelle Entwicklung, die persönliche Lebensqualität und Lebenssinn-Entwicklung eines jeden Einzelnen. Die pädagogische Frage bzw. Aufgabe richtet sich also auf die vertrauensvolle Betreuung im Friluftsliv, und zwar sowohl beim sozialen Miteinander, aber auch im Verhältnis des Menschen zur Natur. In didaktischer Perspektive kann man auch von der Lehrer-Schüler-Beziehung bzw. der Beziehung zwischen Friluftsliv-Leiter und den einzelnen Teilnehmern einer Gruppe sowie der Gruppe als solcher sprechen.

Friluftsliv findet in der Regel in einer Gemeinschaft, also in und mit einer Gruppe statt. Dies bedeutet, dass Planung, Durchführung, Wünsche, Vorgehensweisen immer auch mit allen Gruppenmitgliedern besprochen und abgestimmt werden müssen. Ein grundlegendes Prinzip im Friluftsliv ist hier: Die schwächste Person einer Gruppe bestimmt Schwierigkeitsgrad, Tempo und Länge einer Tour oder einer Aktivität. Erst mit dem Wissen über die Gruppe können die Lehrkräfte oder die Tourleiter die gemeinsamen Ziele vorschlagen und bestimmen, den Weg, d.h. die Methoden auswählen und insgesamt zum Wohle aller verantwortungsvoll handeln.

Bereits 1973 hat Faarlund seine pädagogischen Reflexionen bezüglich der Betreuung, die man durchaus auch als Form der Fürsorge bezeichnen kann, als didaktischem Aspekt im Friluftsliv formuliert:

> „Jeder Teilnehmer in der Gruppe hat seine persönlichen Wünsche und Bedürfnisse. An erster Stelle und mit höchster Priorität ist hier die Sicherheit zu nennen. Auch Essen, Kleidung, Schutz und Wärme sind fundamentale Grundbedürfnisse, die der Einzelne im eigenen Interesse zu erfüllen lernen muss oder angeregt werden muss, sich entsprechend zu verhalten. Die Teilnehmer sollen eine Anleitung bekommen, wie sie für ihr Wohlbefinden sorgen können. Dies sind etwa Verhaltensregeln, die sie können müssen, um Missbefinden zu überwinden und in Wohlbefinden umzuwandeln [...]. Die Teilnehmer sollen die Gemeinschaft der Gruppe spüren und entwickeln, dazu gehört, dass sie ihre persönlichen Bedürfnisse nicht auf Kosten anderer ausleben" (Faarlund, 1973, 93).

Im Grunde geht es also um ganz elementare Dinge der alltäglichen Lebensführung, die aber eine große Bedeutung für das Gelingen einer Friluftsliv-Tour und damit für die Entwicklungsmöglichkeiten des Einzelnen haben. Im Begriff der Betreuung kommen auch die spezielle Beziehung und die Verantwortung der leitenden Person zu ihrer Gruppe zum Ausdruck. Nur in Übereinstimmung mit den Voraussetzungen, den Wünschen, den Vorstellungen und den Bedürfnissen aller kann der Gruppenleiter oder die -leiterin eine Friluftsliv-Tour planen und durchführen.

Friluftsliv-Pädagogik wird in Norwegen oftmals auch als (Gruppen-)Führungspädagogik *(Veiledningspedagogikk)* bezeichnet. Nicht zuletzt von den Führungs- und sozialen Kompetenzen des Gruppenleiters ist es nämlich abhängig, ob eine Friluftsliv-Tour oder eine Aktivität auch zu einem tieferen Erlebnis führt, und damit eine pädagogische Wirkung hat oder nicht.

Von Beginn an wurde die Gruppenführung, also die Anleitung zu und die Leitung von Aktivitäten in der Natur, als die vorherrschende Methode in der Vermittlung von Friluftsliv angesehen. Das bedeutet, dass eine erfahrene Person auf die speziellen Bedingungen aufmerksam macht, auf die besonderen Herausforderungen vorbereitet und die erforderlichen Fertigkeiten demonstriert und lehrt. So werden, fast beiläufig, aber doch bestimmt und auf eine „natürliche" und angemessene Weise, Fertigkeiten gelernt und übernommen, die für Friluftsliv benötigt werden.

Gruppenprozesse

Neben dem Naturerlebnis sind das Gruppenerlebnis und die damit verbundenen sozialen Entwicklungsaspekte wichtige Erfahrungen. Zunächst einmal hat im Friluftsliv das Arbeiten in der Gruppe rein pragmatische Gründe, denn in der Regel ist eine Zusammenarbeit notwendig, um den Herausforderungen der Natur begegnen zu können. Dadurch werden Zusammenhalt und soziale Kompetenzen innerhalb der Gruppe gefördert. Solche Kompetenzen können zum Beispiel Empathie oder das Ausprägen der eigenen Identität sein, aber auch das Zurückstellen eigener Wünsche und Ansprüche. Besonders in extremen Situationen sind Absprachen und gegenseitiges Vertrauen unabdingbar und manchmal überlebensnotwendig. Hier wird deutlich, dass Gruppenarbeit nicht nur eine Methode im Friluftsliv ist, sondern zugleich auch eine Arbeitsform und ein pädagogisches Mittel. Jeder Einzelne ist abhängig von der Gruppe und umgekehrt.

Pädagogisch gesehen ist diese Form der Gruppenarbeit nicht nur eine notwendige Arbeitsform, sondern es liegen in ihr auch wertvolle Möglichkeiten für die individuelle Entwicklung eines jeden Einzelnen. Auch Weinholz unterstreicht die Gruppenerfahrung im Friluftsliv als besonders relevant:

> „Die sich auf Tour ergebende Erfahrung des Zusammenlebens, der Zusammenarbeit und Kooperationsbereitschaft inklusive der Aufgabenverteilung im Hinblick auf ein Teamwork mit anderen Teilnehmern führt schnell zu einer ganz neuen Erfahrung eines ‚Wir'-Gefühls, das weit über den Zusammenhalt einer gewöhnlichen Gruppe/ Clique hinausgeht" (Weinholz, 1989, 48).

Allerdings können beschwerliche Touren, unvorhersehbare extreme Belastungen, oder manchmal bereits kleinere Unbehaglichkeiten zu Missstimmungen oder Missverständnissen bis hin zu Gruppenkonflikten führen. Solche Situationen fordern die Gruppe dann in besonderem Maße. Auf einer mehrtägigen Tour ist das Ausweichen oder Entfliehen aus einer derartigen Situation nicht möglich, sodass spezielle Kompetenzen der leitenden Person, im Prinzip aber aller Teilnehmenden erforderlich sind. Die Art des Miteinander-Umgehens und die Formen der Kommunikation spielen eine entscheidende Rolle. Nahezu alle Friluftsliv-Aktivitäten bieten hier beispielhafte Situationen für eine diesbezügliche sozialpädagogische Arbeit.

> „Friluftsliv beinhaltet nicht nur Naturerlebnisse und persönliche Herausforderungen. Wenn mehrere zusammen auf Tour gehen, gilt es zu kommunizieren, damit die Gruppe funktioniert und es zu einer Zusammenarbeit anstatt zu einem Wettkampf kommt" (Bursell, 2004, 236).

Führen und Begleiten

Aufgrund der besonderen Stellung der Gruppe und der Gruppenarbeit kommt auch der Struktur und der Führung einer Gruppe eine besondere Bedeutung zu. Zunächst einmal gilt es, eine Gruppe bei ihren Aktivitäten in der Natur zu betreuen und dabei die Kontrolle über das aktuelle Geschehen, aber auch über das, was geschehen ist und höchstwahrscheinlich noch geschehen wird, zu behalten. Die Natur ist zwar bis zu einem gewissen Grad vorhersehbar, aber auch immer wieder unvorhersehbar. Daher verlangt es

> „die pädagogische Verantwortung [...], sich zu kümmern, um was sich gekümmert werden kann (z.B. vor einer Tour den Wetterbericht abzurufen, das Material zu planen, die Wolkenentwicklung zu beobachten und potentielle Gruppenprozesse abzuschätzen" (Kraus & Schwiersch, 2005, 48).

Das Ideal der Gruppenführung ist, eine Gruppe bestimmt (an-)zuleiten, ohne zu dominieren; sich gleichzeitig aber zurückzunehmen und ein Teil der Gruppe zu sein; wenn notwendig, jederzeit bereit zu sein, bestimmt und deutlich die Führung zu übernehmen. Das Gleiche gilt für die Verantwortung. Der Leiter oder die Leiterin ist einerseits für die Gruppe insgesamt verantwortlich, sollte aber auch der Gruppe Verantwortung überlassen bzw. den Gruppenmitgliedern die Chance geben, Verantwortung zu übernehmen und einzuüben.

Nach Faarlund bzw. dem Konzept seiner Hochgebirgsschule sollte der Friluftsliv-Leiter folgende besondere Kompetenzen und Qualifikationen haben (1973, 97f.):

* Wissen über Zielsetzung, Vorerfahrung und Kenntnisstand der zu leitenden Gruppe,
* gute Fertigkeiten in Friluftsliv und grundlegendes Fachwissen bezogen auf die Aktivitäten,
* eine offene und integrierende Haltung gegenüber anderen, Verantwortungsgefühl, aber auch die Fähigkeit, Verantwortung zu teilen und Vertrauen in kleinere Gruppen zu haben,
* Beobachtungs-, Beurteilungs- und Rückmeldungsfähigkeit,
* kritisch-konstruktive Motivationsfähigkeit,
* Sicherheitsbewusstsein und Sicherheitsverantwortung.

Tordsson (2006) unterstreicht zudem die Bedeutung der eigenen Erfahrung als Gruppenleiter oder -leiterin. Man müsse sich auf Situationen einlassen und sich diesen stellen, um in diesen und durch diese zu lernen. Er hebt insbesondere drei Fähigkeiten hervor, die der gute Gruppenführer entwickeln müsse:

1. Die Fähigkeit, zu erkennen und zu berücksichtigen, dass bestimmte Situationen einzigartig sind: Was ist das Charakteristische der gegenwärtigen Situation? Was ist mit den Einzelnen, mit der Gruppe? Was geschieht um uns herum? Wohin gehen wir, wo sind wir jetzt, und was könnte als Nächstes kommen? Wo sind wir in Bezug auf das, was gewünscht oder geplant war? Was kann und sollte getan werden?
2. Die Fähigkeit, ähnliche oder gleiche Situationen wiederzuerkennen.
3. Die Fähigkeit, vorauszusehen, welche Konsequenzen unterschiedliche Entscheidungen und Wahlalternativen haben können, und auf dieser Grundlage Entscheidungen zu treffen (Tordsson, 2009, 107).

In der angelsächsischen „Outdoor Adventure Leader"-Ausbildung nach Priest und Gass (1997, XVII) spricht man auch von *hard, soft* und *meta skills* des Friluftsliv-Leiters. Bei den *hard skills* handelt es sich um die technische, die Sicherheits- und Umweltkompetenz, bei den *soft skills* um die Vermittlungs- und Organisationskompetenz, und bei den *meta skills* um die Fähigkeiten, zwischen den erstgenannten *skills* zu vermitteln, also etwa Kommunikationsfähigkeit, flexibler Führungsstil, Konfliktbewältigungsstrategien, aber auch gesunder Menschenverstand. Gemeint sind mit anderen Worten die individuellen menschlichen Fähigkeiten, die in der Persönlichkeit zum Ausdruck kommen, die pädagogisch-psychologische Kompetenz.

Inhalte

Das Inhaltsspektrum der Friluftsliv-Aktivitäten ist ebenso vielfältig und umfangreich wie es das Zielspektrum ist. Einige Aktivitäten können durchaus auch als sportliche Aktivitäten angesehen werden, wobei allerdings der dem Sport zugrunde liegende Konkurrenzgedanke sich im Friluftsliv ausschließt. Es liegt letztlich in der Zielsetzung und der Art der Ausführung, ob etwa Kanufahren oder Skilanglauf als Friluftsliv oder als Sportart betrieben wird. Will man sich mit dem Kanu oder den Ski in der Natur bewegen, oder will man diese Aktivitäten konkurrenzorientiert ausführen? Ist die Aktivität eine Tätigkeit, um sich angemessen in der Natur zu bewegen, oder ist die Natur eine Arena für diese sportliche Tätigkeit?

Friluftsliv heißt lediglich, sich in der Natur zu bewegen und aufzuhalten. Doch braucht man auch für das einfache Leben in der Natur einige grundlegende Fertigkeiten und Kenntnisse, die notwendig sind oder dazu beitragen, Friluftsliv genießen zu können. Diese notwendigen Fertigkeiten und Kenntnisse eignet man sich am besten an, indem man Friluftsliv ausübt und dabei viele Erfahrungen macht, wie es durch „Learning by doing" ausgedrückt wird.

Der zweite Teil dieses Buches widmet sich ausführlich den folgenden Inhalten, sprich Friluftsliv-Aktivitäten:

- Touren und Aktivitäten im Sommer: im Wald, im Gebirge und auf der Hochebene (Wanderungen, Klettern, Angeln, Jagen, Sammeln, Zelten, Errichtung von Sommerlagerplätzen etc.);
- Touren und Aktivitäten im Winter: auf Schnee und Eis (Skifahren, Schlittenhundefahren, Eisangeln, Jagen, Errichtung von Schneehöhlen/Iglus/Winterlagerplätzen etc.);
- Touren und Aktivitäten an der Küste: am und auf dem Wasser (Schwimmen und Baden, Kanu- und Kajaktouren, Rudern, Segeln, Angeln und Fischen, Errichtung von Lagerplätzen am Wasser etc.).

Mit diesen in der Natur ausgeübten Aktivitäten sollen vielfältige und tiefgehende Erlebnisse und Erfahrungen ermöglicht werden, und das mit den verschiedensten Naturmaterialien, in verschiedenen Naturzuständen, unter verschiedenen Naturbedingungen zu unterschiedlichen Jahreszeiten mit entsprechenden Wetterbedingungen.

Ziele

Neben den bereits genannten Zielsetzungen, wie sie als Kompetenzziele im Lehrplan formuliert sind, können eine Fülle weiterer Ziele aufgelistet werden, ohne jedoch eine Vollständigkeit zu erreichen. Das Zielspektrum ist in seiner Ganzheitlichkeit äußerst vielfältig und vielseitig. Die meisten Aktivitäten sind nicht als Mittel zum Zweck gedacht, sondern haben in erster Linie ihren Wert in sich selbst und können als integrative Komponenten für eine umfassende Persönlichkeitsentwicklung angesehen werden.

Die vielfältig anregende Natur dient als Bewegungsanlass, die Bewegung selbst wird gewissermaßen zum Lebensprinzip erhoben, und damit wird Friluftsliv zum Lebensstil. Insofern ist es auch nicht ganz korrekt, davon zu sprechen, dass Friluftsliv betrieben wird, sondern richtigerweise müsste es heißen: es wird *gelebt*. Weitere Zielsetzungen wie physisches, psychisches und soziales Wohlbefinden, oder auch (Reflexionen über) Umwelt- und Naturschutz, werden implizit erstrebt, d.h., sie werden weniger bewusst gelernt als eher sozialisiert, durch die aktive Teilnahme gewonnen und übernommen. Einzelne spezielle Fertigkeiten wie etwa einen Rucksack packen, ein Lagerfeuer errichten, ein Kanu paddeln und steuern oder sicher auf Ski gehen und gleiten zu können, um nur einige zu nennen, müssen natürlich auch erlernt werden. Diese Basisfertigkeiten können als erweiterte Handlungskompetenz in und im Umgang mit der Natur bezeichnet werden. Tordsson bezeichnet die Ziele auch als pädagogische Qualitäten des Friluftslivs. In erster Linie sind dies folgende Qualitäten:

- Erlebnisfülle, -tiefe und -intensität,
- vielseitige und ganzheitliche persönliche Entwicklung,
- Handlungskompetenz,
- ganzheitliches und zusammenhängendes Erkennen und Verstehen,
- individuelles personenbezogenes Verständnis für die Natur, soziale Erfahrungen,
- Erfahren einer kulturellen Identität und Weiterführen des kulturellen Erbes,
- naturbezogenes Werteerleben und Werteverständnis (Tordsson, 2009, 10).

Methoden

Friluftsliv als Methode wurde bereits mehrfach angesprochen und auch erläutert, daher hier nur einige Ergänzungen. In den norwegischen Schulen wird Friluftsliv als Methode oftmals im fächerübergreifenden Unterricht angewendet, indem man etwa übergreifende Themen, speziell wenn sie naturbezogen sind, im Freien unterrichtet. Die eigentlichen Friluftsliv-Aktivitäten haben dann eine wichtige Motivierungsfunktion, wobei, wie immer wieder herausgestellt wird, besonders dem Erlebnis eine große Bedeutung für den Lernprozess zugeschrieben wird.

Neben dem *veiledning* kann man das von John Dewey[23] propagierte Prinzip des „Learning by doing" als eine zentrale Methode des Friluftslivs bezeichnen. Es bedeutet,

> „dass durch selbstständiges Handeln und durch unmittelbare Anwendung gelernt wird. Wer selbst ausprobiert, Fehler erkannt und korrigiert hat, der kann aus diesen Erfahrungen nachhaltiger lernen und der Transfer wird erleichtert" (Bittner, 2009, 85).

Es kann also gesagt werden, dass situatives, induktives und ganzheitliches Lernen die zentralen Perspektiven von Friluftsliv als Methode sind.

Lernprozesse

Das gute, positive Erlebnis wird einerseits als Auslöser für Lern- und Entwicklungsprozesse, andererseits als Motivator zur Reflexion und weiteren Beschäftigung angesehen. Die dem Erlebnis bereits vor über hundert Jahren von

---

23 Siehe auch Fußnote 20.

dem deutschen Philosophen und Pädagogen Wilhelm Dilthey[24] zugesproche-
ne Bedeutung in der Erziehung und Entwicklung lässt sich im Friluftsliv sehr
gut nachvollziehen. Das Erlebnis ist jedoch auch etwas Subjektives, sodass es,
bzw. seine Wirkung, nicht mit Sicherheit geplant werden kann. Was ein Erlebnis ist, kann bei jedem Menschen etwas anderes sein. Insofern kann das Erlebnis auch nicht wirklich das *Ziel* von Friluftsliv sein, sondern es ist vielmehr
der Ausgangspunkt eines bewussten didaktisch-methodischen Vorgehens. Das
Naturerlebnis als Ausgangspunkt für Erfahrungen, die wiederum zu neuen Er-
kenntnissen oder zu neuen Fertigkeiten führen.

> „Es ist schwierig, das Erlebnis zu beschreiben. Man kann das Erleb-
> nis als den spontanen, unreflektierten Strom von Gefühlen, Gedan-
> ken und vielfältigen Sinneseindrücken bezeichnen. Indem das Erleb-
> nis bewusst wird, kann man es Erfahrung nennen. Das bedeutet, dass
> man Erlebnisse in verschiedene Kategorien ordnen kann, die deutlich
> gemacht, in ein Begriffssystem eingeordnet und somit kommuniziert
> werden können. Erlebnisse werden in einen Zusammenhang mit frü-
> heren Erfahrungen gebracht und man bekommt somit ein Bewusst-
> sein über das, was man erlebt hat. Wenn man über seine Erfahrungen
> spricht, muss man sich vorher bewusst gemacht haben, was man erlebt
> hat" (Jensen, 1999, 117).

Mit dem von Dilthey beschriebenen Entwicklungsdreischritt „Erlebnis – Ausdruck – Verstehen" (vgl. auch Neubert, 1990) lassen sich Lernprozesse im Friluftsliv gut beschreiben und nachvollziehen. Auf der Grundlage von Madsen
(1988) haben Zoglowek und Rolland (2009) diesen Lernprozess veranschau-
licht (s. Abb. 10).

Das oft spontane, manchmal auch zufällige Erlebnis bei einer Friluftsliv-
Aktivität führt zu einer erhöhten Wahrnehmung und Aufmerksamkeit, einem
tieferen Interesse an einer Sache. Durch eine gezielte und bewusste Be- und
Verarbeitung wird aus dem Erlebnis eine Erfahrung, die wiederum zu neu-
em Wissen, der Erweiterung der Fertigkeiten und einem tieferen Verständnis führt.

Es muss aber nochmals deutlich unterstrichen werden, dass der Ausgang
bzw. die Bedeutsamkeit eines Erlebnisses immer offen ist, dies im Hinblick auf
den Lerneffekt wie auch auf die mögliche prägende Wirkung. Ein und dasselbe Erlebnis kann sich auf den Einzelnen positiv oder negativ auswirken. Pädagogisch betrachtet ist dies letztlich jedoch zweitrangig, da auch die Bewäl-

---

24 Wilhelm Dilthey (1833–1911), deutscher Theologe und Philosoph, der den Bewusst-
seinsbegriff als zentrale Instanz des Erlebens entwickelte.

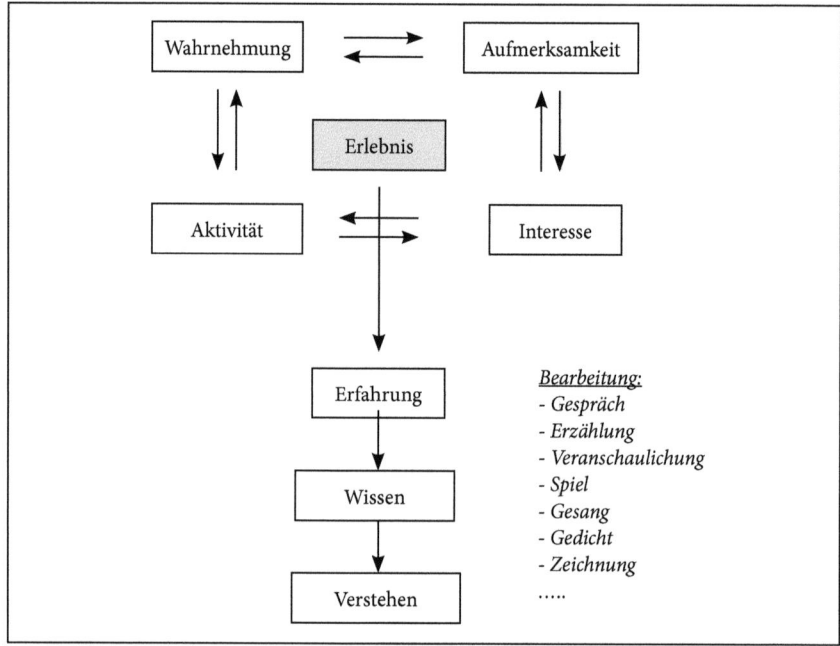

Abb. 10: Lernen auf der Grundlage eines Erlebnisses (Zoglowek & Rolland, 2009)

tigung eines negativen Erlebnisses für die Persönlichkeitsentwicklung wichtig sein kann.

3.5 Abschließende Bemerkungen aus erlebnispädagogischer Perspektive

Das Spektrum, aber auch das Verständnis von Friluftsliv hat sich auch in Norwegen in den letzten beiden Jahrzehnten sehr verändert bzw. erweitert. Vieles ist allerdings noch in einem Erprobungs- und Entwicklungsstadium, und die z.T. zugeschriebenen oder erwarteten Ansprüche und Auswirkungen bedürfen noch genauerer wissenschaftlicher Untersuchungen. Fest steht jedoch, dass neben dem Erlebnis das Abenteuer *(adventure)* derzeit in westlichen Kulturkreisen „in" ist. In diesem Zusammenhang wird dem Friluftsliv manchmal die Möglichkeit zugesprochen, verborgene, individuelle Fähigkeiten und Möglichkeiten aus einer Person hervorzulocken, diese zu stimulieren und zu entwickeln. Diese liegen vor allem im physischen und psychischen Bereich, da

Friluftsliv Situationen bietet, die ein gewisses Risiko und eine Unsicherheit beinhalten können, sodass ein bestimmter, für manchen hoher, Einsatz verlangt wird, um die Situation zu bewältigen. Hiermit sind genau Charakteristika angesprochen, die von Ewert (1989) als kennzeichnend für Abenteuererlebnisse genannt werden. Um diese erreichen und erleben zu können, gilt es, sich in unterschiedlichen Zonen zu bewegen.

Abb. 11 zeigt die unterschiedlichen Aktivitätszonen, mit denen man bei der Ausübung von Friluftsliv-Aktivitäten konfrontiert sein kann.

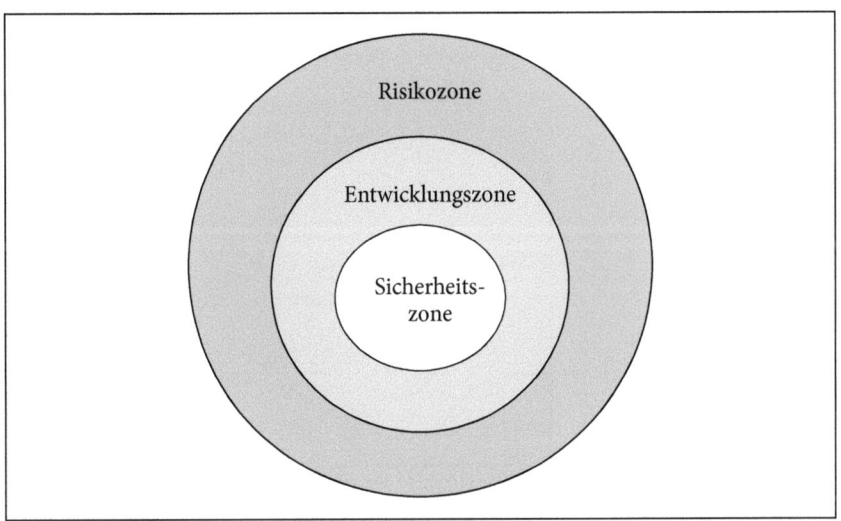

Abb. 11: Emotionelle Zustandszonen in Abhängigkeit von der Friluftsliv-Aktivität (Bentsen u.a., 2009, 69)

In der Sicherheitszone sind die Herausforderungen in der Regel bekannt und lassen sich mehr oder weniger beherrschen, was dann zu Unterforderung und Langeweile führen kann. In der Entwicklungszone hingegen sind die Herausforderungen zwar angemessen, manchmal verlangen sie aber auch eine gewisse Risikobereitschaft; sie eröffnen Möglichkeiten, etwas zu versuchen, sich zu bewähren und damit weiterzuentwickeln. Über diese Zone hinaus lässt sich eine Risikozone ausmachen, wo die Herausforderungen zu hoch sind und ein großes Risiko beinhalten. Aktivitäten in dieser Zone können Angst und Blockierungen hervorrufen, sodass dann auch keine Weiterentwicklung mehr möglich ist (Bentsen u.a., 2009, 68ff.). Gesunde individuelle Weiterentwicklung im und durch Friluftsliv ist eben nur dann möglich, wenn man sich einerseits aus der Komfortzone (Sicherheitszone), aus dem Bekannten und

Überschaubaren herauswagt, andererseits aber auch um seine Grenzen weiß und sich nicht dem vollen Risiko hingibt.

Erlebnisse und Abenteuer in der Natur stehen in dem mehrfach polaren Spektrum von Spannungssuche und Wunsch nach Entspannung, von hoher Aktivität und ruhiger Betrachtung und Einkehr (Kontemplation), von aktivem Suchen von Erlebnissen und dem Sich-Ergreifen-Lassen von einem Erlebnismoment. Was letzten Endes ein Erlebnis als solches ausmacht, wird immer individuell empfunden und entsprechend definiert.

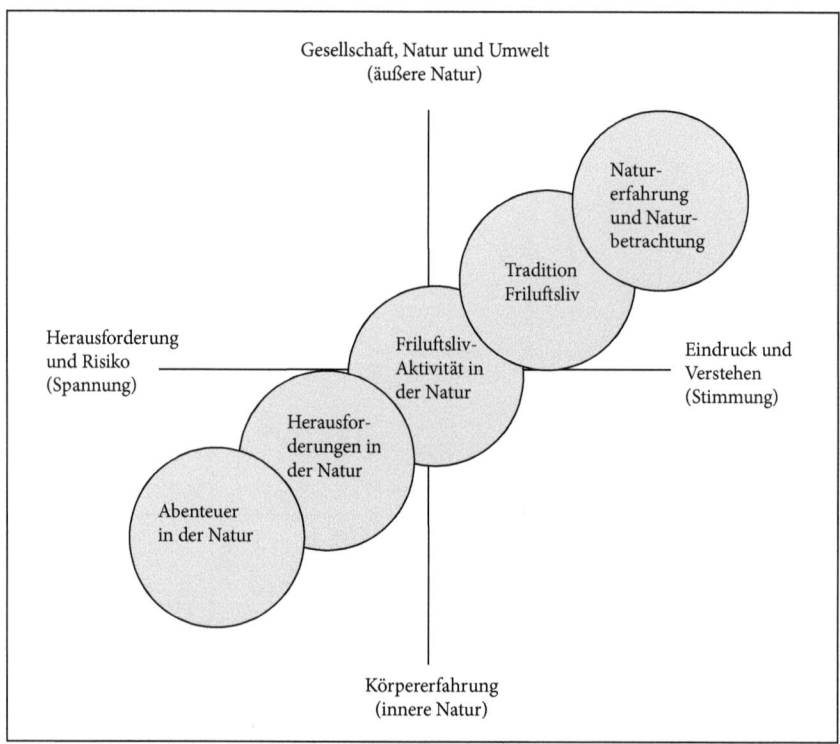

Abb. 12: Das heutige Spektrum von Friluftsliv-Aktivitäten (Andkjær, 2005, 75; Zoglowek & Aleksandrovich, 2014, 343)

Abb. 12 ist mit leichter Überarbeitung aus der dänischen Friluftsliv-Pädagogik übernommen (Andkjær, 2005). Sie zeigt die unterschiedlichen Perspektiven (Erlebnisräume) des Friluftslivs und platziert diese in die aufgeführten Spannungsfelder.

Innerhalb dieses Spektrums liegend bzw. mit diesen Perspektiven verbunden soll das heutige Friluftsliv auch in diesem Buch verstanden werden.

4 Friluftsliv vs. Erlebnispädagogik

Friluftsliv, Erlebnispädagogik und Outdoor Education sind drei pädagogische Konzepte, die in verschiedener Weise Eingang in die Schulen im skandinavischen, im englischen und im deutschen Sprachraum gefunden haben. Trotz gewisser Gemeinsamkeiten können sie nicht gleichgesetzt werden, doch finden sich Anknüpfungspunkte, die einen Vergleich rechtfertigen.

Wie bereits an anderer Stelle erwähnt, werden im Deutschen häufig bei der Erklärung des Begriffs Friluftsliv die Erlebnispädagogik und deren Inhalte herangezogen. Je nach Ansatz finden sich auch Parallelitäten zwischen beiden Phänomenen oder auch Konzepten bewegungsbezogener Lern- und Bildungsangebote.

Wie beim Friluftsliv spielen Aktivitäten in der Natur häufig eine wichtige Rolle in der Erlebnispädagogik. Deshalb ist es gerechtfertigt, in einem Buch über Friluftsliv auch Bezüge zur Erlebnispädagogik herzustellen, wobei darauf hingewiesen werden muss, dass es auch in der Erlebnispädagogik unterschiedliche Ansätze und Definitionen gibt.

Die Inhalte von Friluftsliv und deren pädagogische Bedeutung wurden in den vorangegangenen Kapiteln erläutert bzw. werden im nachfolgenden Kapitel noch genauer beschrieben. Im Folgenden soll nur am Rande darauf Bezug genommen bzw. darauf verwiesen werden. Dieses Kapitel soll auch keine vertiefte Darstellung der Erlebnispädagogik sein, dies kann in der entsprechenden Literatur nachgelesen werden.[25] Es soll hier nur ein knapper Einblick in erlebnispädagogische Konzepte gegeben werden, um dann Unterschiede zum Friluftsliv herauszustellen.

4.1 Erlebnispädagogik

Wie der Begriff Erlebnispädagogik schon ausdrückt, steht in ihrem Mittelpunkt das Erlebnis. Das *Lexikon Erlebnispädagogik* bezeichnet ein Erlebnis als einen

> „ganzheitlichen Akt, der Körper, Seele, Bewusstsein und Emotionen anspricht. Ein Erlebnis zeichnet sich als besonders intensive Erfahrung mit hohem affektiven Gehalt aus. Ebenfalls groß ist die persönliche Relevanz, ein Erlebnis ist, ,ich-wirksam'. Im Spannungsmoment eines

---

25 Zu verweisen ist z.B. auf die Grundlagenwerke von Ziegenspeck (1992), Heckmair & Michl (2004), Zuffellato & Kreszmeier (2007) und Paffrath (2012).

Erlebnisses zeigt sich etwas Neues, etwas für die Person bisher Fremdes oder Überraschendes" (Zuffellato & Kreszmeier, 2007, 44).

Dies bedeutet auch, dass nicht alle Personen die gleiche Situation als ein Erlebnis empfinden. Hier gibt es individuelle Unterschiede.

Wie aus dem Begriff an sich hervorgeht, will die Erlebnispädagogik Erlebnisse in einem pädagogischen Sinne nutzen. Zentral ist dabei, dass Erfahrungen aus erster Hand gemacht werden, sogenannte Primärerfahrungen. Lernen am Projekt, „Learning by doing", sprich handlungsorientierte Ansätze, sind wesentlicher Bestandteil dieser Pädagogik. Ähnlich der Situation im Friluftsliv gibt es auch zur Erlebnispädagogik unterschiedliche Interpretationen und wissenschaftliche Ansätze, sodass man sich auch hier auf keine einheitliche Definition beziehen kann (siehe hierzu ausführlich Fischer & Lehmann, 2009, Kap. 3.4).

Derzeit steht die Erlebnispädagogik in Deutschland hoch im Trend. Nicht nur haben Unternehmen, soziale Einrichtungen, Schulen und viele andere (Erziehungs-)Institutionen umfangreiche erlebnispädagogische Angebote für Menschen aller Altersstufen, die neben dem Erlebnis oder Abenteuer vor allem auf Teambildung setzen, sondern auch zahlreiche kommerzielle Freizeitangebote, vor allem aus der Tourismusbranche, werden mit diesem Begriff beworben (Heckmair & Michl, 2004; Lange, 2005).[26] Bei Schulze (1995) wird versucht, dieses Phänomen soziologisch-gesellschaftswissenschaftlich, bei Frank (2011) psychologisch zu beschreiben und zu deuten.

Der Soziologe Gerhard Schulze (1995) beschreibt in seinem umfangreichen Werk *Die Erlebnisgesellschaft*, dass als Charakteristikum der Postmoderne alles ein Erlebnis sei bzw. sein müsse, angefangen von der Nutzung eines bestimmten Dusch-Shampoos über das 5-Gänge-Menü, den Kinobesuch, die Autofahrt bis zum Hotelzimmer und natürlich dem Urlaub.

Dieses Erlebnisbedürfnis hat sich nach Schulze in der Nachkriegszeit bis zur Gegenwart herausgebildet und ist ein Resultat von Urbanisierung, zunehmender Freizeit und dem Drang nach Individualisierung. In der Erlebnisgesellschaft siegen „intrinsische Motive [...] über extrinsische, Innenorientierung über Außenorientierung" (Schulze, 1995), d.h., es entwickelt sich eine innenorientierte Lebensauffassung, in der das schöne und subjektiv als interessant oder auch als spannend empfundene Leben mit positiven Erlebnissen im Vordergrund steht.

---

26 Ebenso umfangreich ist die Literatur, die sich mit Erlebnispädagogik auseinandersetzt.

Das Leben kann folglich als ein „Erlebnisprojekt" beschrieben werden, das dem Individuum täglich verschiedene Alternativen offeriert, wie Freizeitangebote, das Warenangebot in den Läden und viele andere Dinge. Diese Angebote beinhalten besondere Formen des Erlebens, die mit besonderen Erfahrungen, häufig auch mit Spannung verbunden sind. So kommt es, dass nach diesen Erlebnissen gesucht wird und man von einer Erlebnisorientierung sprechen kann. Diese sorgt für Spannung, was wiederum auch in einer Form der Zufriedenheit bzw. des Spaß-Habens resultieren kann – wenn auch meistens nur für eine kurze Zeit. Dies entspricht auch den Ansprüchen der derzeitigen „Spaßgesellschaft". Lange (2005, 6) spricht in diesem Zusammenhang von einem „Verzweckungsinteresse" der Erlebnisangebote.

Ähnlich wie im Friluftsliv werden als Wegbereiter der Erlebnispädagogik Jean-Jacques Rousseau, Henry David Thoreau oder John Dewey gesehen (siehe z.B. Heckmair & Michl, 2004). Bei ihnen stehen das Naturerlebnis und die damit verbundenen sinnlichen Primärerfahrungen im Vordergrund (vgl. auch Kap. 3.1).

Bei den Primärerfahrungen sollen „Kopf, Herz und Hand" (Pestalozzi, 1996) angesprochen werden (Böhnke, 2010). Es geht um ein Sammeln von verschiedenen Erfahrungen, die zur Bildung einer Person beitragen. Erfahrungen sammelt man in neuen Situationen (Erlebnissen), die neue Herausforderungen an eine Person stellen. Dies kann z.B. der Aufenthalt in der Natur sein, in Situationen, bei denen man „angeblich" immer wieder etwas aufs Spiel setzen muss (Lange, 2005). Einfache Beispiele hierfür sind, einen Berg zu besteigen, eine Nacht ohne Zelt im Freien zu verbringen, eine Feuerstelle herzurichten oder auf einem Baumstamm über einen Bach zu balancieren. Hierbei trifft man auf externe und auch interne Schwierigkeiten oder Widerstände, mit denen man sich auseinandersetzen muss. Bei der Bewältigung derselbigen macht eine Person neue, eigene Erfahrungen.

Jörg Ziegenspeck (1992) hat unter Bezugnahme auf das Konzept des „Kopf-Herz-Hand-Lernens" von Pestalozzi ein Modell des menschlichen Erfahrungszirkels erarbeitet, bei dem eben genau „Herz, Hand und Verstand" die zentralen Komponenten sind. Verstand, Gefühl und aktive Arbeit und damit verbunden das Sich-Bewegen gehen eine Symbiose ein und vereinen sich. Dabei bilden die individuellen Vorerfahrungen und die soziokulturellen Gegebenheiten die jeweils individuellen Rahmenbedingungen.

Tab. 3: Der menschliche Erfahrungszirkel (Ziegenspeck, 1992, aus: Fischer & Lehmann, 2009, 134)

Individuelle Ebene		
Sein	**Werden**	**Wollen**
Neugier	Mut	Interesse
Freude	Kreativität	Verantwortung
Lieben	Leisten	Lenken
Selbstwahrnehmung	Selbstständigkeit	Emanzipation
Identität	Bewältigung	Integration
Herz	**Hand**	**Verstand**
Emotionalität	**Psychomotorik**	**Kognition**
Seele	**Körper**	**Geist**
Leben	Handeln	Lernen
Beziehung	Arbeit	Bildung
Humanität	Individualität	Aufklärung
Sein	**Werden**	**Sollen**
Soziokulturelle Ebene		

4.1.1 Von der Erlebnistherapie zu Outward Bound

In Deutschland wird als eine zentrale Wurzel der Erlebnispädagogik das von Kurt Hahn (1886–1974) entwickelte Konzept der Erlebnistherapie gesehen. Obwohl Hahn kein studierter Pädagoge war, hat er sich früh für (sozial-)pädagogische Fragestellungen interessiert. Zusammen mit Prinz Max von Baden gründete er 1920 das Internat „Schloss Salem" am Bodensee, dessen erster Rektor er war. Hier entwickelte und verwirklichte Hahn seine erlebnispädagogischen Ansätze (Häusler, 2006). Durch die internationale Verbreitung seiner später gegründeten Outward-Bound-Schulen wurde Hahn weltweit bekannt.[27]

Hahns pädagogischer Ansatz fundierte auf seinen Beobachtungen über den (moralisch-sittlichen) Zustand der damaligen Jugendlichen. Hierauf basierte seine „Gesellschaftsdiagnose". Für ihn gab es vor allem vier elementare gesellschaftliche „Verfallserscheinungen", denen wiederum sein Erziehungskonzept, die „Erlebnistherapie", entgegenwirken sollte. Die Verfallserscheinungen manifestierten sich seiner Ansicht nach in einem „Mangel an menschlicher Anteilnahme", einem „Mangel an Sorgsamkeit", dem „Verfall der

27 Lausberg (2007, 8) stellt in seinem einleitenden Kapitel die Rezeption von Hahns Veröffentlichungen dar, die, obwohl sein pädagogisches Konzept in der Praxis großen Anklang fand, dennoch relativ spärlich sei; er schreibt von einem „Schattendasein in der pädagogischen Forschungslandschaft". Lausberg vermutet, dass dies auch darin begründet sein kann, dass Hahn nie ein wirklich umfassendes Werk über seine Pädagogik verfasst hat.

körperlichen Tauglichkeit" und einem „Mangel an Initiative und Spontanität"
(Hahn, 1956; 1958; vgl. auch Heckmair & Michl, 2004, 38). Zudem bemängel-
te Hahn, dass die Familien keine schützenden und erziehenden Funktionen
mehr ausübten.

Tab. 4: Erlebnistherapie von Kurt Hahn (aus: Fischer & Ziegenspeck, 2008, 241)

Neigungen und Anlagen	Psychische und physische Erscheinungen im zweiten Gestaltwandel	Kultur-kritische Argumentation	Erlebnistherapie
Körperlicher Betätigungsdrang und Spieltrieb	Geschlechtstrieb	Verfall der körperlichen Tauglichkeit	Sportliche Betätigung
Forschungsdrang	Denkunlust	Verfall der Sorgsamkeit	Projekt
Spontaneität und Wissbegierde	Interessenlosigkeit	Verfall der persönlichen Initiative	Expedition
Abenteuerlust und menschliche Anteilnahme	Unausgelebte Emotionen und schwache soziale Bindungen	Krise der Demokratie und Verfall der Selbst-beherrschung	Rettungsdienst

Die Hahn'sche Erlebnistherapie, in der naturbezogene sportliche Aktivitäten einen herausragenden Platz einnahmen, bestand aus vier Elementen: dem
körperlichen Training, bestehend aus leichtathletischen Übungen und den
den geografischen Gegebenheiten angepassten natursportlichen Aktivitäten,
der Expedition, einer selbst zu planenden und vorzubereitenden mehrtätigen
Übernachtungstour mit natursportlichen Herausforderungen, dem sogenannten „Projekt". Letzteres besteht aus handwerklich-technischen oder künstleri-
schen Herausforderungen oder dem Dienst am Nächsten (in der Regel Ers-
te-Hilfe-Tätigkeit, Engagement in der Küstenwache oder bei der Berg- oder
Seenotrettung).

Hahn wanderte 1933 nach Großbritannien aus, wo er schon vorher zu Stu-
dienzwecken gewesen war und auch unterrichtet hatte (Lausberg, 2007). Hier
gründete er die *British Salem School*. Ab 1941 bot er in Aberdovey, Wales,
„kurzzeitpädagogische Kurse" an. Sie wurden nach dem englischen Seefahrts-
begriff „Outward Bound" benannt (Heckmayr & Michl, 2004; Häusler, 2006).
Dieses Konzept der „Kurzschulen" konnte sich international verbreiten. Heute gibt es weltweit Zentren mit erlebnispädagogischen Angeboten und geschul-
tem Personal, die unter dem Begriff *Outward Bound (Plus)* betrieben werden.[28]

---

28 Zur genauen Aufarbeitung von Hahns Gedankengut und Biografie siehe Lausberg
(2007).

Im Konzept der Erlebnistherapie werden die Aktivitäten und Herausforderungen in der Natur nicht als Wert an sich angesehen, sondern als ein Mittel zur Herstellung von bedeutsamen Erlebnissen, durch deren Reflexion pädagogische Ziele erreicht werden sollen. Seit Hahn hat sich die Reflexion des Erlebten zunehmend weiterentwickelt. Es soll nach erlebnispädagogischen Veranstaltungen nicht nur eine innere und individuelle Reflexion im Sinne der Metapher „The mountain speaks for itself" stattfinden, bei der man das Erlebte auf sich wirken lässt, sondern eine von einem „Teamer", also dem Gruppenleiter oder der -leiterin, gesteuerte Aufarbeitung des Erlebten.

4.1.2 Erlebnis, Wagnis, Risiko und Abenteuer

In der Erlebnispädagogik wird sehr oft auch mit den Begriffen Erlebnis, Wagnis, Risiko und manchmal auch Abenteuer gearbeitet. Da Bewegung oder gar sportliche Aktivitäten oft zentrale Inhalte sind, wird nicht selten ein Bezug zum Sport hergestellt. So beschreibt z.B. Böhnke die Zielsetzung des Abenteuer- und Erlebnissports:

> „[…] er soll den Menschen durch außergewöhnliche, abenteuerliche und risikoreiche Situationen ermöglichen, das alltägliche Leben auszugestalten, Sinngehalte zu setzen, Bedürfnisse zu befriedigen, Gemeinschaft zu erfahren und die Einheit von Kopf, Herz und Hand zu erleben" (Böhnke, 2010, 5f.).

Hieraus wird ersichtlich, dass sehr viele Aspekte für das Wirken der Erlebnispädagogik eine Bedeutung haben. Erlebnisse, die mit einem Wagnis verbunden sind, werden oft sehr intensiv wahrgenommen. Bei einem Wagnis verlässt ein Individuum seinen „Komfortbereich", also das ihm Bekannte (Zuffellato & Kreszmeier, 2007, 168). Das bedeutet auch, dass eine Aktivität misslingen kann. Die erfolgreiche Bewältigung einer Handlungssituation ist ungewiss und man ist unter Umständen auf die Unterstützung anderer angewiesen (Neumann, 2008). Hier kann man auch noch den Begriff der Spannung bzw. des Spannungserlebens hinzufügen.

Wichtig ist dabei aber immer, dass das Individuum selbst entscheidet, wann es etwas macht oder nicht, es darf nicht zu etwas gezwungen werden. Zudem muss das Wagnis für Lehrkräfte oder Gruppenleiter/-innen überschaubar und kontrollierbar sein. Mit einer Schulklasse und Kinder- und Jugendgruppen darf kein unkontrolliertes Risiko eingegangen werden, denn Risiko bedeutet auch Gefahr, die aus pädagogischer Perspektive zu vermeiden ist. Neumann weist darauf hin, dass im schulischen Rahmen die „angebotenen Wagnisse" auch tatsächlich einen Kompetenzbezug aufweisen und nicht von Glück, Zufall oder dem Handeln Dritter bestimmt werden (2008, 197).

Egal, ob Erlebnis- oder Abenteuerpädagogik, beide Begriffe sind sehr subjektiv. Die durch Spannung und Wagnis hervorgerufenen emotionalen Zustände können bei jedem einzelnen Teilnehmer positiv oder negativ ausfallen.

Es soll an dieser Stelle nicht nochmals auf die pädagogisch-didaktische Diskussion über den Erlebnisbegriff eingegangen werden.[29] Lediglich zwei kurze Resümees sind zu ziehen. Erlebnisse sind stets an eine Begebenheit gebunden, in sich abgeschlossen und zeitlich eingegrenzt. Die meisten Erlebnisse sind eher einmalige „Events", sie haben keine Kontinuität, werden oft schnell wieder vergessen. Das wohl Entscheidende ist, dass sie in der Regel wenig Bezug oder Einwirkung auf das alltägliche Leben haben. Aber dennoch erwartet man von erlebnispädagogischen Angeboten eine nachhaltige Wirkung auf das alltägliche Leben und damit für die persönliche Entwicklung. Ob ein Erlebnis dieses Potenzial hat, lässt sich wiederum aufgrund der Subjektivität des Erlebniseindrucks nicht voraussehen oder gar planen. Das heißt, ob erlebnispädagogische

> „Maßnahmen wirklich zu einem eindrucksvollen und bleibenden Erlebnis geworden sind, sollte dann nur noch einzig und allein dem persönlichen und subjektiven Empfinden eines jeden Teilnehmers selbst überlassen werden" (Weinholz, 1989, 29).

Von Beginn an stand die Erlebnispädagogik, bezogen auf die pädagogischen und therapeutischen Zielsetzungen, unter hohem Erwartungsdruck. Intendierte Ziele wie allseitige Persönlichkeitsentwicklung, Erlebnisempathie oder, besonders bei therapeutischen Ansätzen, die Verbesserung von alltagsbezogenen Interaktions- und Handlungskompetenzen werden nach wie vor kritisch gesehen, und die Erlebnispädagogik hat es bislang nicht überzeugend verstanden, die Verwirklichung ihrer Ziele überprüfen und nachweisen zu können. Grundlegend bleibt die Frage offen, ob Erlebnisse aufgrund ihrer individuellen Ausgeprägtheit geeignet und in der Lage sind, pädagogisch wohlgemeinte Ziele angehen und letztlich erreichen zu können (siehe z.B. Oelkers, 1992; Thiele, 1998).

---

29 Siehe dazu Hiim & Hippe, 2006; Neubert, 1990; Oelkers, 1995, Reiners, 1995; Thiele, 1998; Zoglowek, 2009b; Zoglowek & Rolland, 2006; 2007a; 2007b; 2010.

4.2 Gegensätze und Gemeinsamkeiten von Friluftsliv und Erlebnispädagogik

Wenn auch relativ viele Ähnlichkeiten und Übereinstimmungen in den Konzepten von Friluftsliv und Erlebnispädagogik ausgemacht werden können, so muss nochmals unterstrichen werden, dass die Wurzeln bzw. Ausgangspunkte sehr unterschiedlich sind. Obwohl sich viele der derzeitigen erlebnispädagogischen Angebote und Vorgehensweisen auf unterschiedliche Ansätze berufen, so lassen sich die meisten auf die Ideen der Erlebnistherapie von Kurt Hahn zurückführen (Liedtke, 2003). Das heißt, die Aktivitäten sind von sozialpädagogischen und therapeutischen Überlegungen bestimmt, was bedeutet, dass die Aktivitäten in der Natur keinen Wert an sich haben, sondern lediglich Mittel zur Erreichung anderer pädagogischer Ziele sind.

Mit Friluftsliv hingegen wird von seinen Ursprüngen her jeglicher Naturaufenthalt bezeichnet, der die fünf zu Beginn von Kap. 2 aufgeführten Prämissen beinhaltet. Erst später wurden dem Friluftsliv, als zunächst bewegungskulturelles Phänomen, pädagogische, entwicklungspsychologische, gesundheitspolitische und umweltbezogene Ziele bzw. Werte zugeordnet.

Einen guten zusammenfassenden Überblick über Gemeinsamkeiten und Unterschiede gibt die folgende Gegenüberstellung (Tab. 5), die von Bittner (2009, 115-117) mit leichten sprachlichen Veränderungen übernommen wurde.

Tab. 5: Überblick über Unterschiede von Friluftsliv und Erlebnispädagogik

Friluftsliv	Erlebnispädagogik
Ursprung	
Im Friluftsliv bilden Natur und Mensch eigenständige Werte. Der philosophische Hintergrund und die entsprechende Geisteshaltung führen dazu, dass Friluftsliv nicht nur auf einen pädagogischen Ansatz reduziert werden kann. Es handelt sich um einen Lebensstil, der die Natur einbezieht, und eine Lebensphilosophie, mit der sich die Norweger identifizieren.	Die Erlebnispädagogik entstand aus der Reformpädagogik und richtete sich gegen einen autoritären Lebensstil, Lebensfremdheit und Verstädterung. Bedeutsam wurden stattdessen soziale Gemeinschaften und lebendiges Lernen unter Naturbezug.
Ursprünglich hatte Friluftsliv keinen gesundheitsfördernden oder auch pädagogischen Anspruch, der Sinn lag im Leben oder im Aufenthalt in der Natur. Aktivitäten werden gemeinsam von allen teilnehmenden Personen vorbereitet und anschließend die Spuren in der Natur gemeinsam wieder beseitigt.	In der Erlebnispädagogik werden Naturaktivitäten zur Erreichung von pädagogischen Zielsetzungen genutzt. Häufig werden die durchgeführten Aktivitäten nicht von den teilnehmenden Personen vorbereitet oder geplant, sondern nur durchgeführt.

Ziele	
Die ökologische Zielsetzung bildet im Friluftsliv einen zentralen Bestandteil.	In der Erlebnispädagogik wird die Natur als Erlebnis- und Erfahrungsraum genutzt. Die Reflexion über ökologische Probleme ist kein zentraler Inhalt.
Das Übernachten im Freien hat im Friluftsliv einen hohen Stellenwert und ist durch das „Allmannsretten" auch an fast allen Orten möglich.	In der Erlebnispädagogik ist das Übernachten im Freien oder in Zelten nicht zentral. Hier geht es dagegen um Begriffe wie Erleben und Wagen.

Erlebnisraum	
Den Erlebnisraum im Friluftsliv stellt ausschließlich die Natur dar.	In der Erlebnispädagogik ist die Natur zwar der traditionelle Ort für alle Aktivitäten, aber es werden z.T. auch Innenräume genutzt, wie zum Beispiel Schulräume, Turn- und Sporthallen oder Kletterhallen.

Leitungsformen	
Das *Veileidning* stellt im Friluftsliv eine Besonderheit dar.	Laut Bittner braucht die Leitungsperson in der Erlebnispädagogik folgendes Kompetenzprofil: – *Hard Skills*: Fachsportliche Kompetenz, Wissen um Sicherheitsstandards, Kenntnis umweltbezogener Faktoren – *Soft Skills*: Organisatorische Fähigkeiten, pädagogische Fähigkeiten (Betreuung/ Anleitung), eigene „Helfer"-Qualitäten – *Meta Skills*: flexibler Führungsstil, Problem-/ Konfliktbewältigungsstrategien, ethisches Denken, gesunder Menschenverstand

Einsatz	
Friluftsliv unterliegt nicht der gleichen Instrumentalisierung wie die Erlebnispädagogik. Bisher wird es kaum in sozialpädagogischen Kontext, wie zum Beispiel im Strafvollzug oder bei Drogenabhängigen eingesetzt. Zudem wehren sich die Traditionalisten auch gegen den Einsatz im gesundheitsfördernden Bereich.	Die Erlebnispädagogik wird häufig instrumentalisiert und als „Therapie" bei zahlreichen Gruppen, besonders unter sonderpädagogischen Zielsetzungen, eingesetzt.

Während das Konzept der Erlebnispädagogik aus einem dezifitorientierten Ansatz entwickelt worden ist, entstand Friluftsliv eher aus einer Lebensphilosophie, deren Wurzeln unter anderem im alltäglichen Leben und dem Umgang in und mit der Natur zu finden sind. Erst durch die erweiterte Sichtweise der Erlebnispädagogik in den letzten etwa zwei bis drei Jahrzehnten sowie einer pädagogisch-reflexiven Bearbeitung des Friluftslivs in etwa dem gleichen Zeitraum lassen nun auch Gemeinsamkeiten dieser beiden Konzepte aufzeigen und diskutieren.

Friluftsliv weist, vor allem seit es in den 1970er Jahren an den norwegischen Schulen Eingang gefunden hat, heute neue Zielsetzungen auf. Das „moderne" Friluftsliv hat, abgesehen von den Traditionalisten, viele Befürworter eines mehrperspektivischen Ansatzes, wie er auch in der Erlebnispädagogik verfolgt wird. Damit lässt sich allerdings auch eine stärkere Instrumentalisierung ausmachen. Dies zeigt sich nicht zuletzt daran, dass Friluftsliv-Aktivitäten heute ein lukratives Touristikangebot in Norwegen sind, bei dem Erlebnisse aller Art und Intensität versprochen und kommerziell angeboten werden. In pädagogischer Hinsicht sollen die Friluftsliv-Angebote, wie eben auch in der Erlebnispädagogik, außer zur Persönlichkeitsbildung und der Erweiterung der Handlungsfähigkeit auch zur Gewaltprävention, Stärkung der Gruppendynamik und des sozialen Handelns, zur Förderung integrativer Prozesse und zur Umwelt- und Gesundheitserziehung beitragen.

4.3 Zusammenfassender Ausblick

In dem Verständnis von und dem Verhältnis zur Natur liegt der Hauptunterschied zwischen Friluftsliv und Erlebnispädagogik. Die Natur ist nicht lediglich Austragungsort? für natursportliche Aktivitäten, sondern sie ist Lebensraum. Die körperliche Betätigung und das Verhalten in der Natur implizieren auch eine kritische „Auseinandersetzung mit eigenen und gesellschaftlichen Verhaltensweisen im Umgang mit der Natur" (Liedtke, 2003, 186). Diese Perspektive hat sich der Erlebnispädagogik in dieser Form bislang noch nicht eröffnet. Friluftsliv als gelegentliches, einfaches und uneigennütziges Zusammenspiel mit der Natur versteht sich als „Freundschaft und Verantwortung gegenüber der Natur". Das heißt, dass Friluftsliv

> „nicht nur eine Freizeitaktivität bzw. ein Hobby ist, denn Freiluftleben fordert geradezu heraus, einen Lebensstil und eine Lebensphilosophie zu suchen, die von einer Harmonie zwischen Natur und Menschen geprägt ist. Da der Mensch hierbei als Teil der Natur und Schöpfung verstanden wird, beinhaltet Freiluftleben gleichzeitig aber auch die Suche nach einer Harmonie im Zusammenleben mit anderen Menschen (Weinholz, 1989, 31).

In der Betonung des sozialen Aspekts, des Zusammenseins mit anderen Menschen, aber auch mit der Natur und den natürlichen Gegebenheiten, lassen sich wieder mehr Gemeinsamkeiten von Friluftsliv und Erlebnispädagogik sehen. Die Aktivitäten und noch mehr die Herausforderungen im Friluftsliv lassen sich am ehesten und besten in der Gemeinschaft meistern. Die Gemeinschaft wird in der Natur intensiver erlebt, man erfährt, dass man voneinander, aber auch von der Natur abhängig ist. Der Mensch kann sich in bestimmten Situationen dabei als relativ kleinen Teil einer großen Gemeinschaft und Gesamtheit, von der er prinzipiell abhängig ist, selbst erfahren. Dies ist für sein Leben bedeutsam. Dieser Aspekt wird auch in den meisten erlebnispädagogischen Aktivitäten herausgestellt und therapeutisch zu vermitteln versucht. Auch die norwegischen Schulen sehen in diesem Aspekt des Friluftslivs in erster Linie ihren pädagogischen Auftrag.

Die pädagogische bzw. therapeutische Herangehensweise und die Zielfindung sind denn auch relativ ähnlich. Eine wichtige Komponente in dem didaktischen Ansatz ist die Bearbeitung des in der Natur Erlebten. Zentral ist dabei die im Anschluss an die Aktivität gekoppelte Reflexionsphase, bei der das Erlebnis, das Erfahrene, die Gefühle und Empfindungen in einer Diskussion zum Ausdruck gebracht werden sollen. Im ursprünglichen, „nicht pädagogisierten" Friluftsliv ist dies allerdings nicht unbedingt notwendig, da die individuellen Eindrücke subjektiv bewegen und der Erlebnisgehalt innerlich reflektiert wird. Natürlich kann die innere Bewegung und Anteilnahme auch artikuliert werden, häufig kommt sie jedoch schon im Verhalten und durch eine gute Stimmung zum Ausdruck.

Zusammenfassend kann festgehalten werden, dass Friluftsliv und Erlebnispädagogik in ihren pädagogischen Intentionen vieles gemeinsam haben und sich von daher auch in der didaktischen Aufbereitung und Durchführung sehr stark ähneln. Mit der Intention, positiv auf die Persönlichkeitsentwicklung des Menschen einzuwirken, haben beide Ansätze ihre Berechtigung. Problematisch bleibt die Erlebnispädagogik solange, wie sie als eine pädagogische Maßnahme bzw. als Therapie durchgeführt wird, deren Erfolg nur schwerlich bzw. eigentlich gar nicht überprüft werden kann. Auf die Problematik der Übertragbarkeit, und damit eines möglichen Effekts, der besonderen Erlebnispädagogik-Situationen auf die Situationen des täglichen Lebens soll hier nicht näher eingegangen werden.[30] Von daher haben erlebnispädagogische Angebote häufig noch den Charakter von besonderen, meistens sportlichen „Events" von eher kurzzeitigem Charakter. Friluftsliv hingegen wird als Lebensstil oder gar Lebensphilosophie in einer wesentlichen nachhaltigeren, lebenslangen Perspektive verstanden. Das Problem der Übertragbarkeit stellt sich daher auch nicht für Friluftsliv, da Friluftsliv ein Teil des alltäglichen Lebens ist.

---

30 Siehe hierzu Gass, 1985; 1995; Gass & Priest, 1999; Koring, 1997; Oelkers, 1995; Thiele, 1998; Witte, 2002.

5 Friluftsliv-Aktivitäten: Voraussetzungen, Erwartungen, Zielsetzungen

„Ich kann mich an eine Zeit erinnern, als ich sehr jung war, und es schien mir damals, als ob eine Schachtel Streichhölzer und eine Angel so ungefähr die einzige Ausrüstung waren, die ein Mann benötigte, um einige Wochen im Wald und in den Bergen zu verbringen" (Fridtjof Nansen in: Sørensen, 1942)

In diesem zweiten Teil, der sich mit der Friluftsliv-Praxis beschäftigt, werden sowohl die für die unterschiedlichen Jahreszeiten geeigneten Aktivitäten als auch das für manche Aktivitäten notwendige Material, die geeignetste Ausrüstung und gegebenenfalls Sicherheitsaspekte näher beschrieben. Hierzu einige Vorbemerkungen:

Erstens soll, als Ergebnis der historischen und theoretischen Betrachtung des Friluftslivs in Norwegen, Friluftsliv als Lebensphilosophie und damit als ein Lebensstil verstanden werden. Daher wird im Folgenden vor allem beschrieben, wie mit einfachen Mitteln verschiedene Friluftsliv-Aktivitäten in der Natur – im Sommer und im Winter – geplant und ausgeübt werden können. Dadurch wird in gewisser Weise einem Friluftsliv-Ideal gefolgt, nämlich auf einen – zumindest zeitweisen – Lebensstil zu setzen, der das „natürliche Leben", ein Leben im Einklang mit der Natur, propagiert. Dies entspricht auch der Auffassung des norwegischen Philosophen Arne Næss, dass durch ein reiches Leben in der Natur, bei dem nur einfache Hilfsmittel gebraucht werden und eine respektvolle Beziehung zur Natur entwickelt wird, zugleich der Ausbeutung und Zerstörung der Natur entgegengewirkt werden kann. In anderen Worten ausgedrückt: eine schöpferische und aktive Lebensführung anstelle eines Lebens, das durch passiven Konsum geprägt ist.

Zweitens werden die hier beispielhaft vorgestellten Aktivitäten zum Teil recht ausführlich beschrieben, um ein ganzheitliches Verständnis anzuregen. Friluftsliv ist mehr als nur der Naturaufenthalt. Friluftsliv-Aktivitäten beginnen mit der Planung zu Hause oder in der Schule und mit der gemeinsamen Vorbereitung. Zur Durchführung gehört nicht nur die eigentliche Aktivität, sondern hierzu zählen auch das Wie, das Miteinander, das gemeinsame Erleben und Genießen, welches schließlich abgerundet und beendet wird mit einer gemeinsamen kritischen Nachbetrachtung, die zugleich die Vorfreude auf die nächste Tour auslösen soll.

Soll es auf eine gemeinsame Friluftsliv-Tour gehen, so sollte zunächst eine Vorbesprechung durchgeführt werden, bei der die Ziele sowie die Erwartungen aller Teilnehmenden zur Sprache kommen sollten. Für eine erfolg- und erlebnisreiche Tour ist es wichtig, dass alle ihre Vorstellungen mit in die Planung einbringen können.

Hierzu ist es auch wichtig, die körperlichen Voraussetzungen der einzelnen Gruppenteilnehmer und -teilnehmerinnen zu erfragen, um sicherzugehen, dass alle die Anforderungen der geplanten Tour, auch in Anhängigkeit von Wetter, Gelände, Jahreszeit und vorgesehenen Aktivitäten, bewältigen können. Die Teilnehmenden sollten sich bewusst sein, mit welchen Fähigkeiten, Fertigkeiten und Erfahrungen jeder und jede Einzelne zu einer erfolgreichen gemeinsamen Tour beitragen können.

Bei dieser Besprechung sollte auch angesprochen werden, wo eventuelle Schwierigkeiten in der Tour liegen können und was schiefgehen könnte. Abschließend ist für die ganze Gruppe abzuwägen, ob unter den gegebenen Umständen die Tour tatsächlich so durchgeführt werden kann oder ob wesentliche Änderungen vorgenommen werden müssen.

Ein letzter Punkt bezieht sich auf die Auswahl der Inhalte und die Art der Darstellung. Wie bereits in der Einleitung dargestellt, beziehen sich die Beispiele der Friluftsliv-Aktivitäten überwiegend auf die norwegischen Begebenheiten und hier insbesondere auf die Finnmark im Norden Norwegens. Das norwegische Naturerholungsgesetz *(friluftsloven)* sowie das Jedermannsrecht *(allmannsretten)* (siehe Kap. 2.2.1 und 2.2.2) eröffnen hier den Norwegern und Norwegerinnen, aber auch ausländischen Friluftsliv-Anhängern Möglichkeiten der Naturnutzung, die man in anderen Ländern so nicht kennt. Von daher können nicht alle Aktivitäten in der hier beschriebenen Form auf andere Länder übertragen werden. Es bleibt den Lesern und den Leserinnen überlassen, entweder dem durch die Lektüre dieses Buches eventuell entstandenen Wunsch zu folgen, die norwegische Natur kennenzulernen, oder aber die beschriebenen Aktivitäten den Gegebenheiten und Vorschriften anderer Regionen anzupassen. An entsprechenden Stellen finden sich Literaturhinweise im Text, die entweder auf norwegische Kollegen und Kolleginnen und deren langjährige Erfahrungen im Friluftsliv verweisen, oder auf deutsche Veröffentlichungen, in denen Bezüge zu den beschriebenen Friluftsliv-Aktivitäten zu finden sind.

5.1 Planung und Vorbereitung von Friluftsliv-Aktivitäten und -Touren

Eine umfassende Planung ist die Voraussetzung für eine erfolgreiche Tour. Dabei sind vor allem die Aspekte Sicherheit und Erlebnis zu beachten. Dafür ist ein schriftlicher Tourenplan zu erstellen, in dem die geplanten Aktivitäten ausgearbeitet werden. Solch ein Tourenplan besteht in der Regel aus drei Teilen (vgl. auch Mytting & Bischoff, 2008).

Plan A besteht darin, ein geeignetes Tourengebiet für die vorgesehenen Aktivitäten zu finden, z.B., indem man ein Gebiet auswählt, das einen besonderen Erlebnisreichtum bietet, d.h., das unter den Gesichtspunkten Natur und Kultur von Interesse ist. Dann muss ein dem Gelände angepasster Routenplan erstellt werden, für den u.a. Entfernungen und Zeitaufwand berechnet werden. Hierzu gehören Startort und Zielort, eine exakte Routenbeschreibung sowie geplante Übernachtungsquartiere mit Kartenkoordinaten (siehe auch Kap. 5.3 zur Orientierung).

Zudem sollte die Routenbeschreibung alternative Strecken mit Bezug auf Gelände und Fahrwasser, Länge, Steigungen, Zeitaufwand, normale Wind- und Strömungsverhältnisse, Sicherheit (Wetter, Wind, Strömung, Lawinengefahr und Ähnliches) enthalten.

Für den Zeitaufwand bei Touren mit Rucksack zu Fuß oder auf Ski gilt als Faustregel, dass man für eine Strecke von vier Kilometern etwa eine Stunde rechnen sollte. Bei Steigungen werden jeweils pro 100 Meter Höhendifferenz 20 Minuten hinzuaddiert. Bei Kanutouren auf Gewässern ohne Strömung und Wellengang kann man mit einer Durchschnittsgeschwindigkeit von vier bis acht Kilometern pro Stunde rechnen, mit Kajaks geht es etwas schneller.

Der Tourenplan sollte auch einen ungefähren Zeitplan enthalten, der berücksichtigt, wann man wo sein will oder wann man was machen möchte. Außerdem kann er Angaben zur Verteilung der Aufgaben und der Zuständigkeiten enthalten, sowohl auf die gesamte Gruppe als auch auf den Einzelnen bezogen.

Ein ganz wichtiger Aspekt des Tourenplans ist die Abwägung von Risiken und möglichen Folgen: Was gewährleistet Sicherheit? Wie werden Entscheidungen gefällt? Und was ist zu tun, wenn ein Unglück bzw. Unfall geschehen ist?

Im pädagogischen Kontext ist die Planung auch unter dem Aspekt zu sehen, dass die Tour und damit auch der Tourenplan einen Bezug zu dem haben müssen, was gelernt werden soll. So dürfen beispielsweise die geplanten

Etappen nicht zu lang sein, da sonst aufgrund der (Über-)Anstrengung diese Lernmomente von der Gruppe nicht realisiert werden können. Aus pädagogischer Sicht kann eine Tour somit „nie zu kurz sein".

Plan B beinhaltet Überlegungen, welche Änderungen gegebenenfalls in Erwägung gezogen werden müssen und welche Lösungen dafür zur Verfügung stehen. Gibt es eventuell alternative Übernachtungs- und Endpunkte? Welche Rückkehrmöglichkeiten gibt es, sollte die Tour vorzeitig abgebrochen werden müssen? Hierfür sollte man Hütten, Häfen/Anlegeplätze, windgeschützte Stellen, Transportmöglichkeiten und Ähnliches kennen und im Plan notieren. Dies sind nützliche, unter Umständen sogar lebensnotwendige Angaben für den Fall, dass sich jemand verletzt oder das Wetter plötzlich umschlägt. Dieser Teil des Plans beinhaltet also mögliche Änderungen oder Anpassungen, sollte zum Beispiel die Versorgung mit Nahrung nicht gewährleistet sein oder man aufgrund des Wetters festsitzen etc.

Plan C stellt quasi eine Weiterführung des Planes B dar, bei dem Krisenlagen Berücksichtigung finden wie ein Unfall oder ein anderes kritisches Ereignis. In diesen Plan sollte aufgenommen werden, auf welchem Weg man schnellstmöglich das Wandergebiet verlassen oder wieder an Land kommen kann, wo es das nächste Telefon, die nächsten Anlaufstationen wie Hütten und Ähnliches gibt. Heutzutage ist es auch die Regel, dass zumindest die Gruppenleitung ein Handy mit sich führt. Damit dieses in Notfällen auch zum Einsatz kommen kann, ist zu überprüfen, ob man in dem Tourengebiet auch Funkkontakt hat. Bei längeren Touren muss auch die Kapazität der Batterien berücksichtigt und entsprechend vorgesorgt werden. Grundsätzlich sollten die Teilnehmer und Teilnehmerinnen auf einer Friluftsliv-Tour zwar auf ihr Handy verzichten, aus Sicherheitsgründen sollten jedoch ein oder zwei Handys für den Notfall im Gepäck sein. Darüber hinaus gehören zu einem Krisenplan eindeutige Absprachen darüber, was in einer kritischen Situation zu tun ist. Wer bestimmt, was die Gruppe und was jeder Einzelne machen soll? Zudem sollte man auch wissen, wo man am schnellsten externe bzw. medizinische Hilfe im Falle von Verletzungen und Erkrankungen erhält.

Die Überlegungen zu Plan C sind sehr wichtig und sollten nicht auf die leichte Schulter genommen werden. Auch bei Übernachtungstouren, die in einem bekannten Gebiet unternommen werden, können durchaus ungeplante und unvorhersehbare Dinge passieren.

Abb. 13: Planung in einer Gruppe (Foto: Sigmund Andersen)

5.2   Ausrüstung und Bekleidung

Soll eine Tour gelingen und Spaß machen, müssen auf jeden Fall immer die menschlichen Grundbedürfnisse erfüllt sein, das heißt, man sollte genügend zu essen und zu trinken haben und es sollten häufige und angemessene Ruhepausen eingelegt werden. Ebenso wichtig ist es, sich möglichst lange warm und trocken zu halten. Kleidung ist ein nicht zu unterschätzender Faktor für den Erfolg einer Tour. Welche Kleidung man anhat bzw. mitnimmt, hängt u.a. von der Jahreszeit sowie der Art und Dauer der geplanten Aktivitäten ab.

Es gibt einige allgemeine Grundsätze in puncto Bekleidung und Ausrüstung, worauf im Folgenden näher eingegangen werden soll. Dabei wird auch spezifische Bekleidung und Ausrüstung für bestimmte Friluftsliv-Aktivitäten vorgestellt.

Zunächst einmal ist jeder der Teilnehmenden selbst für seine persönliche Ausrüstung verantwortlich. Das bedeutet, dass jeder oder jede individuell für sich überprüfen muss, ob die eigene Ausrüstung in Ordnung ist und ihren Zweck erfüllt. Dies gilt insbesondere für die Erste-Hilfe-Ausstattung und das Reparaturkit. Eventuell müssen gebrauchte, beschädigte, abgelaufene und nicht mehr vorhandene Ausrüstungsgegenstände ersetzt werden.

Was die gemeinsame Ausrüstung betrifft, sollten Zelte zur Übung und auch zur Überprüfung ihres Zustands vor der Tour einmal gemeinsam aufgebaut und kontrolliert werden. Das Gleiche gilt im Prinzip auch für Sicherheitswesten, Taue, Kocher und Ähnliches.

Es empfiehlt sich, eine individuelle und eine gemeinsame Ausstattungsliste zu erstellen. So kann man beim Packen abhaken, ob alles vorhanden ist. Die folgende Übersicht ist eine Grundausrüstungsliste mit Zusatzausrüstung, die für unterschiedliche Friluftsliv-Touren und Jahreszeiten gilt.

Tab. 6:   Übersicht über die Grundausstattung des Gepäcks

Tagestour:	Übernachtungstour:
Isomatte	Schlafsack
Reparaturkit	Zusätzliche Kleidung
Windsack oder Biwaksack	Kocher mit Werkzeug und Ersatzteilen
Essen, Trinken und Notproviant	Brennstoff
Sonnenbrille	Töpfe, Deckel, Griffzange und Bratpfanne
Kleidung zum Wechseln	Zelt mit Stangen, Heringen und Repara-
Taschenlampe, Kerze und Streichhölzer	turkit
Messer	Kulturbeutel (Toilettenartikel)
Toilettenpapier	
Karte und Kompass	
Sonnencreme	
Extras im Winter:	**Extras im Winter:**
Schneeschaufel	Schneesäge
Lawinensonde	Schneeheringe für das Zelt
Daunenjacke oder -weste	Zusätzliche warme Bekleidung
Winddichte Fäustlinge	Gesichtsmaske gegen Winde und Kälte
Zusätzliche Mütze und Buff (Schlauchschal)	Kälteschutzcreme
Schneebrille	
	Reparaturmaterial:
Erste-Hilfe-Material:	Sicherheitsnadeln
Mund-zu-Mund-Beatmungstuch	Nähsachen
Schere	Multifunktionswerkzeug
Pinzette	Seil, Bindfaden
Desinfektionsmittel für Wunden	Duct Tape („Panzertape")
Sterile Kompressen	Reserveteile für den Primus, das Zelt, die
Verschiedene Pflaster (u.a. Wund-, Klam-	Ski u.a.
mer- und Blasenpflaster)	Plastikklemmen
Stützende Bandage	Karabiner
Schmerzstillende Tabletten	
Sport-Tape	
Rettungsfolie	

Bekleidung im 3-Schichten-Prinzip

Bezüglich der Bekleidung gibt es einen Grundsatz, der für fast alle Touren und überhaupt für die meisten Aktivitäten unter freiem Himmel gilt: Immer drei Schichten Kleidung übereinander anziehen. Dieses Prinzip wählte schon Nansen bei seiner Grönland-Durchquerung 1888. Die innere Kleidungsschicht muss aus einem Stoff bestehen, der die Feuchtigkeit vom Körper wegtransportiert und gleichzeitig einen wärmeisolierenden Effekt hat. Es muss sich also um ein Material handeln, in dem die Körperwärme so gut wie möglich bewahrt wird, auch wenn die Kleidung feucht wird. Das mit Abstand beste Material für die innere, Feuchtigkeit transportierende Schicht ist Wolle. Als unterste Schicht sollte daher ein relativ dünnes Kleidungsstück aus Wolle getragen werden: Wollunterhemd, Wollunterhose/-boxershorts, lange wollene Unterhose und Wollsocken. Es gibt mittlerweile gute Wollqualitäten, die auch bei empfindlicher Haut kein Jucken verursachen. Die sogenannte Funktionsunterwäsche aus synthetischem Material transportiert ebenfalls Feuchtigkeit vom Körper weg, hat aber nicht den gleichen isolierenden Effekt, wenn sie nass geworden ist. Zudem ist Wolle flammhemmend und schwer entzündbar im Gegensatz zu synthetischem Material. Zudem riecht sie, wenn man sie lange trägt, nicht so unangenehm.

Die Zwischenschicht sollte isolierend sein. Auch hier wird gerne Wolle benutzt – allerdings ein etwas dickeres Kleidungsstück als die körpernahe Schicht. Auch Fleece-Kleidung ist hier gut geeignet. Diese Isolierschicht dient dazu, die Temperatur zu regulieren. Bei intensiver Aktivität und/oder höheren Außentemperaturen erweist sich eine Zwischenschicht manchmal als unnötig, anders bei tiefen Temperaturen und bei wenig oder keiner Aktivität. Bei Letzterem sind Ober- und Unterkörper durch weitere isolierende Kleidungsstücke warm zu halten. Wenn Wind und Wetter sich ändern, ist es wichtig, diese Zwischenschicht anpassen zu können, um die Temperatur als so angenehm wie möglich zu empfinden.

Die dritte, äußere Schicht wird oftmals als Oberschicht oder Witterungsschutz bezeichnet. Diese Schicht funktioniert wie eine „Schale" *(skallbekledning)* zwischen Wind und Wetter auf der einen und der isolierenden Kleidung auf der Haut auf der anderen Seite. Diese Oberschicht sollte daher winddicht, wasserabweisend und dabei atmungsaktiv sein, um überschüssige Wärme nach außen abgeben zu können. Um all diese Anforderungen zu erfüllen, haben die Hersteller von Outdoor-Bekleidung viele verschiedene synthetische Stoffe entwickelt, die allesamt ihren Zweck erfüllen, deren Leistungsfähigkeit jedoch auch begrenzt ist. Bei kaltem, relativ trockenem Winterwetter kann dicht gewebte Baumwolle sehr gut als Oberschicht benutzt werden. Wenn mit

Wind und/oder Niederschlag gerechnet wird, sollte man für den ganzen Körper winddichte und möglichst wasserabweisende Kleidungsstücke zum Überziehen dabeihaben.

Auch Handschuhe oder Fäustlinge sollten aus den gleichen Gründen aus Wolle sein, ebenso die wärmende Kopf- und Halsbedeckung. Wenn man weder Mütze noch Schal/Buff (Schlauchschal) trägt, ist der Wärmeverlust vom Hals ab nach oben sehr groß. Was Mützen betrifft, gibt es mittlerweile eine große Auswahl, die eine winddichte äußere mit einer isolierenden inneren Schicht aus synthetischem Material kombinieren, zum Teil auch mit integrierten Ohrenbedeckungen. Bei extremer Kälte und Wind sollte auch das Gesicht geschützt sein.

Abb. 14: Gesichtsmaske bei Temperaturen um die −30° C (Foto: Annette R. Hofmann)

Kleidung wechseln und trocknen

Der Grundsatz der drei Schichten ist wichtig, um die Bekleidung den jeweils vorherrschenden Bedingungen anpassen zu können. An sehr kalten Tagen muss man unter Umständen eine sehr dicke Schicht oder sogar zwei Schichten mit isolierender Kleidung zwischen der Oberschicht und der inneren, Feuchtigkeit transportierenden Schicht aus Wolle tragen, an anderen Tagen, wenn es windstill und das Aktivitätsniveau bei einem steilen Berganstieg sehr hoch ist, kommt man sehr gut ohne diese Oberschicht oder ohne Isolierschicht aus. Man geht dann nur im Wollhemd. Die Kunst besteht darin, die Körpertemperatur zu regulieren, indem man Kleidungsstücke aus- oder anzieht. Dies ist wie vieles andere im Friluftsliv eine Frage der Erfahrung. Wenn man es versteht, die Temperatur optimal zu regulieren und dabei nicht zu großen Mengen von Niederschlag ausgesetzt ist, der durch die Oberschicht dringt, gilt als gute Regel, feuchte Kleidungsstücke, die man am Körper trägt, auch am Körper zu trocknen. Bei ruhigeren Aktivitäten wie beispielsweise dem Einrichten eines Lagers erzeugt man in der Regel gerade genug Wärme, dass die Kleidungsstücke langsam, aber sicher am Körper trocknen.

Wie die Ausrüstungsliste in Tab. 6 zeigt, sollte man bei einer Friluftsliv-Tour eine Garnitur trockener Kleidung zum Wechseln im Rucksack haben. Manchmal kommt es vor, dass man derart durchgeschwitzt oder vom Regen durchnässt ist, dass es nur eine Möglichkeit gibt, sich relativ warm zu halten – trockene Kleidung anziehen. Dies ist wichtig, um eine Auskühlung zu verhindern. Wenn abzusehen ist, dass die Kleidung nicht am Körper trocknet, sollte man diese wechseln. Die feuchten Kleidungsstücke können über einem Lagerfeuer oder dem Kocher getrocknet werden. Hier muss man aber aufpassen, dass diese nicht Feuer fangen. Außerdem ist es üblich, Kleidungsstücke, die nur leicht feucht sind, während der Nacht in den Schlafsack zu legen. Die Körperwärme sorgt dann dafür, dass die Kleidung noch weiter trocknet. Dies sollte man natürlich nicht machen, wenn die Kleidungsstücke sehr nass sind oder wenn man selbst so kalt ist, dass die zur Trocknung der Kleidung nötige Energie so viel Körperwärme entzieht, dass man friert. Sollten die Kleidungsstücke bis zum nächsten Morgen nicht trocknen, kann man zur Not auch die feuchte Kleidung wieder anziehen. Durch körperliche Bewegung kommt die Wärme mit der Zeit wieder zurück, auch wenn man den Tag in feuchter Kleidung begonnen hat.

Bei Übernachtungstouren sollte man zudem überlegen, ob man ein zusätzliches Paar Schuhe mitnimmt. Oftmals ist es sehr angenehm, am Ende des Tages die Schuhe wechseln zu können, da diese durch die Aktivitäten feucht oder nass geworden sind. Im Sommer kann es reichen, in leichte Joggingschuhe, Sandalen oder Ähnliches zu wechseln. Im Winter dagegen kann es, wenn man nach einem Tagesmarsch sein Lager aufschlägt, notwendig sein, ein trockenes Paar Schuhe anzuziehen. Solide Überziehstiefel mit Filzinnenstiefeln und dicke Wollsocken direkt an den Füßen sind eine gern genutzte Kombination. Diese Fußbekleidung beansprucht zwar viel Platz, ist aber relativ leicht, sehr warm und angenehm zu tragen. Wenn man auf dem Eis fischen möchte, können die Überziehstiefel über die Stiefel gezogen werden – man hat dann sozusagen zwei Paar Schuhe an.

Eine Methode, mit der man trockene Füße behält, auch wenn man während der gesamten Tour die gleichen Schuhe benutzt, ist das sogenannte „Dampfsperrenprinzip". Wenn man zwischen zwei Paar Socken eine Plastiktüte legt, dringt der Fußschweiß nicht in das äußere Paar ein. Man kann dann das innere Paar Socken wechseln und die äußere Socken weiterhin benutzen, auch wenn sie etwas feucht geworden sind. Dieses Prinzip ist auch bei Wassertouren sehr hilfreich. Wenn man etwa auf einem Fluss paddelt und an den Füßen nicht nass werden möchte, kann man Plastiktüten in die Schuhe stecken und sie über den Knöcheln eng anliegend mit Klebeband umwickeln.

Rucksack

Es gibt eine große Auswahl an Rucksäcken in verschiedenen Größen und Formen. Die Größe sollte nach dem geplanten Verwendungszweck ausgewählt werden. Das bedeutet, je länger und anspruchsvoller die Tour oder Aktivität sein soll, desto größer muss auch der Rucksack sein. Zumeist bekommt man schon beim Einkauf in einem Fachgeschäft wichtige Ratschläge zur richtigen Größe und Einstellung des Rucksacks. Zu beachten ist, dass der Rucksack eine Rückenlänge hat, die zum Körperbau passt, und dass Hüftgurt, Brustgurt, Schulterriemen und Riemen einstellbar sind, um den Rucksack an den Körper ziehen zu können. Es empfiehlt sich auch einen Rucksack mit Außentaschen zu wählen, damit man rasch selbst an seine Trinkflasche und Snacks kommt.

Für Übernachtungstouren benötigt man einen Rucksack mit einem Volumen von 70 bis 100 Litern, für Winter- und mehrtägige Touren einen noch größeren. Ein zu kleiner Rucksack ist deshalb nicht zweckmäßig, weil man dann möglicherweise einen Teil der Ausrüstung an ihn anhängen muss. Bei Niederschlag wird diese Ausrüstung schnell nass, bei Touren im Wald und Dickicht bleibt man häufig mit diesen „Anhängseln" hängen, was das Gehen erschwert. Zudem lösen sich die angehängten Gegenstände gerne oder sind vom Gewicht her ungleich am Rucksack angebracht, sodass man u.U. mit dem Gleichgewicht Probleme bekommt.

Beim Packen des Rucksacks gilt grundsätzlich, dass die schwersten Teile der Ausrüstung unten und in Rückennähe gelegt werden. Der Schwerpunkt des Rucksacks kommt dadurch dem Schwerpunkt des Körpers am nächsten. Schafft man es, den Schwerpunkt dorthin zu verlagern, ist dies die beste Voraussetzung, um sich auf Ski oder zu Fuß bequem bewegen zu können. Von außen betrachtet sollte der Rucksack ohne Ausbeulungen sein und glatt und

Abb. 15: Mit gepacktem Rucksack bereit für die Tour (Foto: Annette R. Hofmann)

gleichmäßig gepackt aussehen. Um das Volumen des Rucksacks auszunutzen, sollte man alles, was zusammengedrückt werden kann – wie Schlafsack und Kleidung – auch zusammendrücken. Brennstoffflaschen sollten zusätzlich in Plastikbeuteln und möglichst getrennt von den anderen Dingen im Rucksack verpackt werden, um die Folgen bei eventuellem Lecks oder durch Auslaufen zu begrenzen. Am besten eignen sich dafür die Seitentaschen. Sinnvollerweise sollte man die Dinge, die man im Laufe des Tages benötigt – beispielsweise Extra-Kleidung, Mütze, Überziehhandschuhe, Regenzeug o.Ä. – im Rucksack greifbar haben. Wichtig ist auch, dass die Erste-Hilfe- und die Sicherheitsausrüstung leicht zugänglich sind. Dies sind Gegenstände, die im Rucksackdeckel oder in den Seitentaschen verstaut werden sollten. Dies gilt ebenso für leichten Proviant wie Müsliriegel oder Nüsse, Taschenmesser und Papiertaschentücher.

Wenn man zu einer gemeinsamen Tour oder Aktivität aufbricht, benötigt man neben der persönlichen Ausrüstung einige Gegenstände (z.B. Kocher, Töpfe und Brennstoff), die alle benutzen. Man muss daher bei der Planung diese gemeinsame Ausrüstung auf die Gruppe verteilen. Dies muss als gerecht empfunden werden, während gleichzeitig zu berücksichtigen ist, dass manche mehr tragen können als andere. Manche Gegenstände können auch in Einzelteile zerlegt verteilt werden.

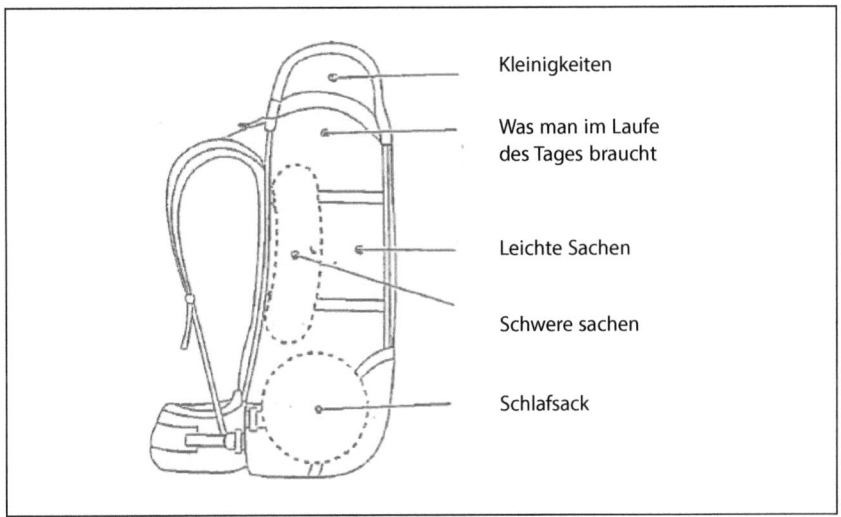

Abb. 16: Packen eines Rucksacks

Schlafsack

Der wichtigste Grundsatz für die Wahl des Schlafsacks ist, dass er warm genug ist. Das Wärmeempfinden der Menschen ist sehr unterschiedlich. Deshalb ist es wichtig, dass man selbst die notwendigen Erfahrungen sammelt. Wer nachts friert, wird schnell den Spaß an der Tour oder an einer Aktivität verlieren.

Es gibt Schlafsäcke in allen Varianten und Preisklassen. Schlafsäcke aus leichtem und platzsparendem Material sind sehr teuer. Natürlich kann es ein Vorteil sein, dass der Schlafsack so leicht wie möglich ist, doch bei der Wahl des Schlafsacks muss der Preis auch im Verhältnis zur Isolierleistung, zu Gewicht, Volumen und Material gesehen werden. Zudem sollte der Schlafsack der Größe der Person angepasst sein.

Manchmal hilft es auch, zusätzlich noch in einen dünnen seidenen Hüttenschlafsack zu schlüpfen. Zudem ist es bei Unterkünften, bei denen der Schlafsack einer gewissen Feuchtigkeit ausgesetzt ist, wie es z.B. in Schneehöhlen der Fall ist, ratsam, einen wasserabweisenden Überzug über den

Schlafsack zu ziehen, damit dieser nicht so feucht wird. Dies gilt insbesondere dann, wenn man am nächsten Tag keine Möglichkeit hat, den Schlafsack zu trocknen und gleich weiterzieht.

Weitere Ausrüstungsgegenstände

Auch bei den Isomatten kann man zwischen verschiedenen Varianten wählen. Zum einen gibt es aufblasbare Matten mit und ohne Extra-Füllung aus Daunen oder synthetischen Materialien, die leicht und bequem sind und gut isolieren. Sie sind allerdings teuer und müssen mit Reparaturkit gekauft werden, denn wenn diese Matten ein Loch haben, verlieren sie sämtliche Eigenschaften. Zum anderen erfüllen auch leichte, preisgünstige und gut isolierende Matten aus synthetischem Material ihren Zweck. In Nordnorwegen ist es eine alte Tradition, auf Rentierfellen zu liegen. Dies ist eine ebenso bequeme wie warme Lösung. Ideal ist es, im Winter auf eine Isomatte aus synthetischem Material ein Rentierfell zu legen – egal, ob man im Zelt oder in einer Schneehöhle übernachtet. Diese wärmeisolierenden Felle sind allerdings schwer und teuer, falls man sich eines selbst anschaffen möchte. Zudem muss man sich auch an den Geruch gewöhnen. Werden diese Felle nass, sollte man sie sachgemäß trocknen, da sie sonst schnell kaputtgehen.

Bei der Wahl des Zeltes wird generell empfohlen, ein relativ leichtes, aber gleichzeitig windstabiles Tunnel- oder Kuppelzelt zu wählen. Für Übernachtungen im Winter werden zudem ein größeres Vorzelt und umlaufende Sturmmatten benötigt.

Für die Zubereitung der Mahlzeiten wird für den Winter ein Kocher mit flüssigem Brennstoff empfohlen, während im Sommer ein Gaskocher praktischer sein kann. Zu beachten ist, dass für Zelt und Kocher Ersatzteile eingepackt werden sollten, um die Ausrüstung instand halten und eventuell reparieren zu können. Für die Essenszubereitung dürfen Töpfe mit Deckeln und Griffzange, eventuell eine Bratpfanne, ein Windschutz und eine Holzplatte als Unterlage nicht vergessen werden.

Es ist wichtig, dass sich alle Teilnehmerinnen und Teilnehmer an der Planung der gemeinsamen Mahlzeiten und am Einkauf und Transport des Proviants beteiligen. Es muss abgesprochen werden, für welche Mahlzeiten gemeinsamer Proviant mitgenommen wird und was man von Tag zu Tag essen will. Dazu sollte man einen Speiseplan und eine Einkaufsliste erstellen. Schon vor Beginn der Tour muss feststehen, wer verantwortlich dafür ist, dass genug Essen vorhanden ist und wer an welchen Tagen für die Zubereitung sorgt. So wird die Verteilung der Aufgaben in der Gruppe gewährleistet, und alle lernen etwas mehr über die Zubereitung von Mahlzeiten im Freien.

Die konkrete Ausstattung ist von verschiedenen Faktoren abhängig. Bei Touren mit dem Kanu oder Kajak auf einem See oder Fluss ist es leichter, auch mehr Gepäck mitzunehmen, weil man nicht alles selbst tragen muss. Es empfiehlt sich, dass sich die Teilnehmenden individuell anhand der Ausrüstungsliste am Anfang dieses Kapitels eine eigene, persönliche Liste für das jeweilige Friluftsliv-Vorhaben zusammenstellen.

Man sollte es auch zur Regel machen, am Ende der Tour oder Aktivität die Erfahrungen zu besprechen, sodass man weiß, was man beim nächsten Mal verbessern kann. Die Ausrüstungsliste wird dann entsprechend abgeändert oder ergänzt.

5.3 Orientierung im Gelände mit Karte und Kompass

Viele der mit Friluftsliv verbundenen Aktivitäten werden in der unmittelbaren Umgebung des Wohn- oder Aufenthaltsortes ausgeübt. Es handelt sich um Aktivitäten wie Wanderungen zu Fuß oder mit dem Rad, Bootsfahrten auf einem See oder einem Fluss oder Skilaufen im Winter. In der Regel ist hier die Umgebung bekannt und vertraut, eine Orientierung in der Natur findet intuitiv statt. Oftmals folgt man bekannten und gekennzeichneten Wanderwegen und Loipen.

Zu wissen, wo man sich befindet und auf welchem Weg man sein Ziel erreicht, wird allerdings schwieriger, sobald man sich in ein weniger vertrautes oder gar unbekanntes Gelände begibt. Dann wird die Fähigkeit, sich in der Natur orientieren zu können, wichtig. Es dauert eine Zeit, diese Fähigkeit zu entwickeln, was in erster Linie bedeutet, Erfahrungen zu sammeln. Allerdings kann das Sich-Orientieren-Können auch erlernt werden, und einige grundlegende Denk- und Arbeitsweisen, die für die Entwicklung der Orientierungsfähigkeit wichtig sind, sollten bekannt sein.

Orientierungsfähigkeit zu entwickeln setzt bewusste Sinneswahrnehmung und kontinuierliches Anwenden bzw. Üben voraus, z.B., das Gelände zu beobachten und ständig die Wanderkarte mit dem Gelände zu vergleichen. Auf diese Weise wachsen das Verständnis und die Vorstellung dahingehend, dass bzw. wie die Karte eine gedruckte verkleinerte, aber detailgetreue Wiedergabe der wirklichen Umgebung darstellt. Die Wiedergabe des Geländes auf der Karte zu verstehen, bezeichnet man als „die Karte lesen können".

Es ist immer ratsam und sinnvoll, zum erweiterten Lesen der Wanderkarte einen Kompass mit sich zu führen. Dieser ermöglicht es, jederzeit die verschiedenen Himmelsrichtungen zu bestimmen und den Kompasskurs festzustellen, d.h., festzulegen, in welche Richtung man sich bewegen soll. Die Karte sollte unbedingt in einer wasserdichten durchsichtigen Kartentasche aufbewahrt werden, damit sie nicht feucht oder auf andere Weise beschädigt wird.

Landkarte und Gelände

Bei der Orientierung in unbekanntem Gelände ist die Landkarte das wichtigste Werkzeug. Indem man ständig die Karte „liest", hat man die ganze Zeit ein Bild vor seinem inneren Auge, wie das Gelände aussehen sollte, in dem man sich bewegt, und wie das Gelände dort aussehen wird, wo man sich hinbewegt.

Hierzu muss man das Verhältnis zum Maßstab der Landkarte verstehen. Mit Maßstab wird das Verhältnis zwischen den Entfernungen auf der Karte und denen im Gelände bezeichnet. Der übliche Maßstab in den norwegischen Wanderkarten der sogenannten M711-Serie ist 1:50.000. Das bedeutet, dass 1 cm auf der Karte 50.000 cm bzw. 500 m im Gelände entspricht. Es gibt aber auch andere Kartenserien mit anderen Maßstäben. Der Maßstab ist immer auf der Legende der Karte angegeben, wie auch all die anderen Symbole und Arten von Linien, die abgedruckt sind, erläutert werden.

Außer mit dem Maßstab muss man mit dem Begriff Äquidistanz vertraut sein, um Entfernungen und Zeitaufwand bestimmen zu können. Und wie der Maßstab ist auch die Äquidistanz auf der Legende jeder Karte angegeben. In der norwegischen M711-Kartenserie zum Beispiel beträgt die Äquidistanz 20 Meter. Es handelt sich hierbei um Höhenlinien, die in jeder topografischen Karte die Gestalt der Landschaft anzeigen. Äquidistanz bezeichnet und zeigt den Höhenunterschied zwischen zwei Höhenlinien. Mithilfe der Äquidistanzangabe, dem (waagerechten) Abstand zwischen den Höhenlinien auf der Karte, kann man sich ein gutes Bild davon machen, wie steil das Gelände ist. Je kleiner der Abstand zwischen den Höhenlinien, desto steiler ist das Gelände, und je größer der Abstand, desto flacher ist der Anstieg. In der M711-Kartenserie ist jede fünfte Höhenlinie in etwas dunklerem Braun eingezeichnet. So ist es leichter, jeden 100. Höhenmeter zu erkennen.

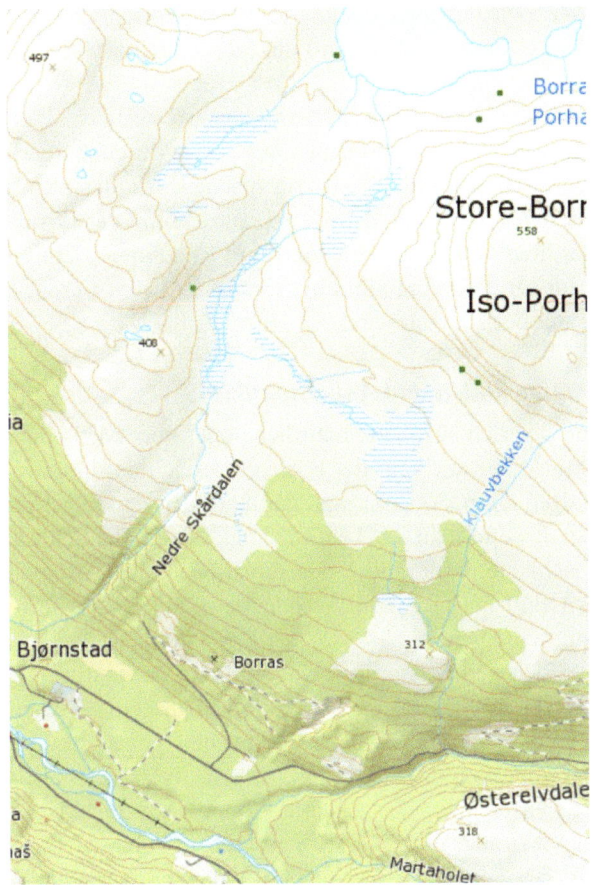

Abb. 17: Eine typische Landkarte[31] (Kartverket)

Im Laufe einer Wanderung, besonders aber zu Beginn und am Ende einer Tour, ist es sinnvoll, zum Einüben der Orientierung im Gelände sich selbst oder auch den anderen Teilnehmern Fragen zum Lesen und Verständnis der Karte zu stellen, um auf diese Weise die Sinne zu schärfen und das Verständnis zu kontrollieren. Einige Beispiele:

- Welche Anhöhe haben wir vor uns?
- Wie steil ist der direkte Weg dorthin nach der Karte?
- Können wir auch flachere Partien ausmachen?

---

31 Die grünen Farben auf der Karte bedeuten Vegetation, wie Wald und Wiesen, grau ist die Farbe für die Regionen über der Baumgrenze und blau steht für Gewässer. Die Höhenkurven geben Informationen über den Steilheitsgrad des Geländes wieder.

- Wo befinden wir uns im Verhältnis zu diesen Partien?
- Wie weit ist es bis zum höchsten Punkt der Anhöhe?

Mit solchen Fragen können alle herausfinden, wo sich der aktuelle Standort befindet und etwas über die Beschaffenheit des zu durchquerenden Geländes erfahren. Man kann sich ein Bild davon machen, wie der nächste Streckenabschnitt aussehen wird. Wenn dann das Erwartete mit der Wirklichkeit übereinstimmt, hat man sich richtig orientiert und ist auf dem richtigen Weg. Diese Fähigkeit zur Orientierung muss immer wieder geübt werden, indem man ständig aktiv mit der Karte arbeitet.

Leitlinien, Auffanglinien und Anhaltspunkte

Leitlinien sind deutlich sichtbare, natürliche oder vom Menschen geschaffene Geländemerkmale, die auch auf der Karte eingezeichnet sind und denen man problemlos folgen kann. So kann man dann auf der Karte nachverfolgen, wohin man gelangt, wenn man der Leitlinie folgt. Natürliche Leitlinien sind Hügel, Flüsse, Bachläufe, Waldränder oder auch Seen. Vom Menschen geschaffene Leitlinien sind beispielsweise Wanderwege, Straßen, Bahnstrecken oder Hochspannungsleitungen.

Wenn man sich vergewissern möchte, ob man ein bestimmtes Gebiet auf der Karte erreicht hat, kann man sich an sogenannten Auffanglinien orientieren. Dies sind im Prinzip ebenfalls die eben genannten Leitlinien, die nun aber quer zur eigenen Laufrichtung liegen, sodass sich an ihnen erkennen lässt, wie weit man auf der geplanten Route gekommen ist oder wie weit man noch zu gehen hat. Hat man etwa geplant, in einem Gebiet Rast zu machen und das Zelt aufzuschlagen, an dem ein Bach vorbeifließt, weiß man, dass man weit genug gegangen ist, wenn man auf den Bach (als Auffanglinie) stößt. Dann kann man dem Bach (als Leitlinie) folgen, um genau zu dem gewünschten Rast- oder Lagerplatz zu gelangen.

Vergleicht man das, was man im aktuellen Wandergelände sieht, mit der Karte, sollte man sich vor allem an leicht zu erkennenden Gegebenheiten im Gelände orientieren, also Gipfel oder Höhenzüge, steile Hänge, Seen, Bäche, Flüsse oder Ähnliches. Anhand solcher Kontrollpunkte können wir unseren genauen Standort bestimmen und überprüfen. Sie werden auch als Anhaltspunkte für unsere Orientierung bezeichnet.

Hat man einen freien Blick auf bekannte Geländeformationen, kann man die Karte so ausrichten, dass die Richtungen auf der Karte mit den wirklichen Richtungen übereinstimmen. Sieht man beispielsweise einen Gipfel, kann man die Karte so drehen, dass der Gipfel auf der Karte in derselben Richtung liegt wie der Gipfel, den man in der Landschaft tatsächlich sieht. Dann ist die Karte korrekt ausgerichtet und man weiß auch, in welchen Richtungen andere auf der Karte zu sehende Geländeformationen liegen. Vielleicht sieht man auch bereits das Ziel vor sich.

Orientierung mithilfe der Kartenkoordinaten

Zur Kontrolle und zur Angabe der genauen Position sind Kartenkoordinaten sehr sinnvoll. Diese sind eine sechsstellige Zahl, mit der die östliche und die nördliche Lage angegeben werden. Auf der Kartenserie M711 (siehe z.B. Abb. 17) ist das UTM-Gitternetz (Universal Transverse Mercator) in 100-km-Quadrate eingeteilt, die mit zwei Buchstaben bezeichnet werden. In der folgenden Abb. 18 sind die Quadrate EC und FC markiert. Jedes dieser Quadrate ist also in der Realität 100 Kilometer breit (Ost-West-Richtung) und 100 Kilometer lang (Nord-Süd-Richtung). Jedes 100-km-Quadrat ist in ein blaues Gitternetz mit kleineren Quadraten eingeteilt, die einer Breite und Länge von je einem Kilometer in der Realität entsprechen. Jedes Kilometerquadrat kann wiederum in Zehntel unterteilt werden. Dieses Zehntelkilometer-Gitternetz ist auf der Karte allerdings nicht eingezeichnet, doch kann man es sich gedanklich vorstellen, um die richtige Position zu finden. Zur Bestimmung der Kartenkoordinaten müssen also die Zahl der Kilometer und Zehntelkilometer nach Osten und die Zahl der Kilometer und Zehntelkilometer nach Norden angegeben werden. Diese Position ist dann auf 100 Meter genau. Man beginnt immer mit der östlichen Kartenkoordinate, also der senkrechten Kilometerlinie (zwei Ziffern), die dem aktuellen Standort links am nächsten liegt. Anschließend bestimmt man, wie viele Zehntelkilometer man sich rechts von der Gitterlinie befindet. Diese Zahl ist die letzte Ziffer der östlichen Kartenkoordinate. Dieser Vorgang muss nun nochmals in Bezug auf die nördliche Kartenkoordinate wiederholt werden. Zunächst die waagerechte Kilometerlinie unterhalb des Standortes finden und schätzen, wie viele Zehntelkilometer man sich oberhalb dieser Linie befindet. Damit sind alle sechs Ziffern der aktuellen Kartenkoordinate gefunden. Zu den kompletten Kartenkoordinaten gehören darüber hinaus das Zonenfeld (z.B. 32W) und die Buchstaben für das 100-km-Quadrat, wie in Abb. 18 zu erkennen.

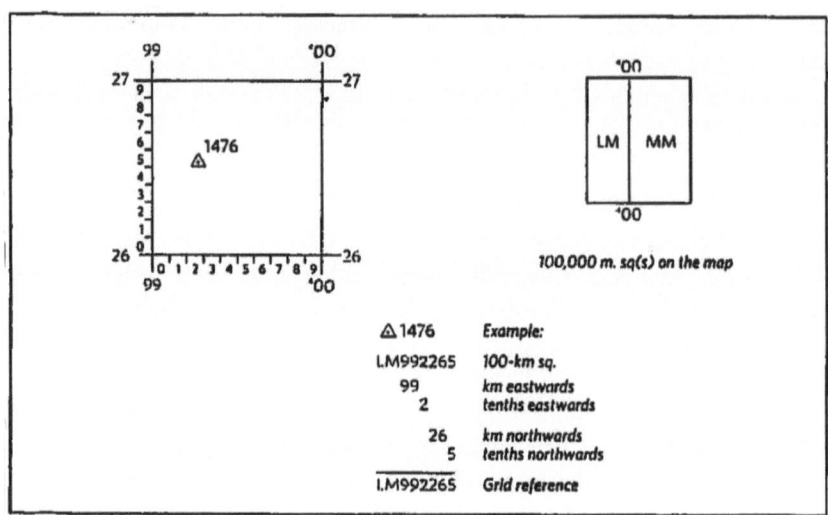

Abb. 18: Das UTM-Routennetz in der M711 Kartenserie

Samische Ortsnamen

Bei einer Tour in Nordnorwegen muss man auch darauf eingestellt sein, dass man auf den Landkarten häufig geografische Namen in samischer Sprache findet. Um das Lesen der Karte zu erleichtern, sollte man sich eine Liste der meist vorkommenden und üblichsten Begriffe besorgen. So ist es beispielsweise gut zu wissen, dass *várri* Berg bedeutet. Dann weiß man, dass es sich bei allen Namen, die diese Endung haben, um eine Gebirgsformation handelt. Im Folgenden ist eine Auflistung der geläufigsten samischen Bezeichnungen in norwegischen Landkarten samt Übersetzungen ins Norwegische und Deutsche wiedergegeben (siehe auch Johnsen, 2012). Samische Ortsnamen beziehen sich in der Regel auf Geländeformationen.

Tab. 7: Samische, norwegische und deutsche Bezeichnungen

Samisch	Norwegisch	Deutsch
Ája	Bekk	Bach
Boazoáidi	Reingjerde	Rentierzaun
Leahki	Dal	Tal
Johka	Elv	Fluss
Vuotna	Fjord	Fjord
Gorsa	Kløft	Schlucht
Jávri	Vann	kleiner See; Gewässer
Oaivi	Avrundet fjelltopp	abgerundete Bergspitze
Čorru	Haug	Haufen, Anhäufung
Rassa	Steinet fjellområde	felsiges Gebiet
Geađgi	Stein	Stein
Skáidi	Landtunge mellom elver	Landzunge zwischen Flüssen/Gewässern
Várri	Fjell	Berg, Gebirge
Giellas	Åsrygg	Gebirgsgrat
Vuopmi	Skogdal	Waldtal
Láddo	Tjern	Teich

Wanderung mit dem Kompass

Wenn die Sicht schlechter wird und es nicht mehr möglich ist, Anhaltspunkte und Leitlinien mit dem bloßen Auge zu erkennen, um die Karte danach auszurichten, wird der Kompass zu einem wichtigen Hilfsmittel. Mit diesem kann man einerseits die Karte ausrichten, um zu wissen, in welcher Richtung die verschiedenen Abschnitte des Geländes liegen, und andererseits den Kompasskurs bestimmen, der zum geplanten Ziel führen soll. [32]

Der Wanderkompass (mit „N" auf dem Kompassgehäuse in Richtung des Laufrichtungspfeils auf der Grundplatte) wird parallel zum Nord-Süd-Meridian im Koordinatennetz auf die Karte gelegt. Die Karte wird dann so gedreht, dass der Nordpfeil der Kompassnadel mit der Nordrichtung der Karte übereinstimmt. Will man den *Kompasskurs* bestimmen, geht man wie folgt vor:

- Man legt den Kompass so auf die ausgerichtete Karte, dass die Anlegekante des Kompasses durch den aktuellen Standort und das Ziel verläuft.

---

32 Für einen Einblick in den Umgang mit Karte, Kompass und GPS siehe auch das Outdoor-Handbuch von Kummer (2014).

- In dieser Position des Kompasses wird das Kompassgehäuse so gedreht, dass die Striche am Boden des Kompassgehäuses parallel zum Koordinatennetz auf der Karte liegen.
- Jetzt den Kompass von der Karte aufnehmen, dabei aber dafür sorgen, dass er waagerecht gehalten wird.
- Dann wird der Kompass gedreht, bis die Kompassnadel parallel zum Laufrichtungspfeil auf der Grundplatte steht.
- Der Kompasskurs in Graden ist die Zahl, auf die der Nordpfeil der Kompassnadel zeigt.

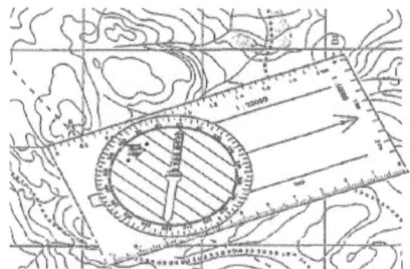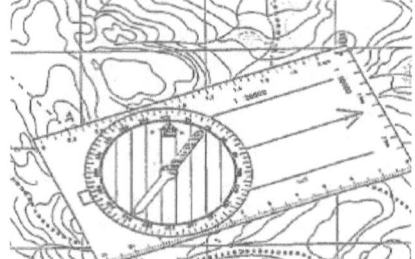

Abb. 19: Landkarte und Kompass

Bevor man mit der Kompasswanderung beginnt, muss die sogenannte Missweisung korrigiert werden. Es handelt sich hierbei um die Abweichung zwischen geografischem und magnetischem Nordpol. Bis etwa 1950 bewegte sich der magnetische Nordpol um jährlich etwa zehn Kilometer, während er sich heute um etwa 60 Kilometer pro Jahr bewegt. Auf den norwegischen Karten der Serie M711 sind sowohl die Missweisung für das Kartengebiet in dem angegebenen Jahr als auch die Veränderung derselbigen pro Jahr vermerkt. Wenn die Missweisung nach Westen geht, wird sie dem Kompasskurs zugerechnet, wenn sie nach Osten geht, wird sie abgezogen.

Folgt man einem Kompasskurs, sollte die Person, die vorne mit dem Kompass geht, die ganze Zeit einen sichtbaren Punkt im Gelände anpeilen. Diese Anhaltspunkte sind für die Einhaltung des Kompasskurses wichtig. Dies kann allerdings insbesondere im Winter sehr schwierig sein, wenn die ganze Landschaft von Schnee bedeckt ist und es keine deutlichen Geländeformationen gibt, auf die man den Blick richten kann. Eine Möglichkeit kann dann das Anvisieren von Formationen im Schnee sein, eine andere die Überprüfung des Kurses durch die dritte oder vierte Person in der Wanderreihe mit einem eigenem Kompass. So kann der Kurs bei Bedarf korrigiert werden. Eine dritte Möglichkeit ist das Vorausschicken eines Teilnehmers zu einem bestimmten Punkt in der richtigen Richtung, sodass man diese Person sehen und auf sie zugehen kann. Im Winter gibt es immer eine klare Grenze dafür, wie schlecht die Sicht sein darf, bevor ein sicheres Weiterwandern nicht mehr möglich ist. Eine reine Kompasswanderung ist schwierig, da relativ schnell kleinere oder größere Fehler gemacht werden können, was unter Umständen auch ernste Folgen haben kann. Es empfiehlt sich daher, die Bestimmung des Kompasskurses sowie eine Kompasswanderung erst einmal unter vertrauten Bedingungen zu üben, bevor man sich in unbekanntes Terrain begibt.

GPS

GPS ist die Abkürzung für „Global Positioning System". Ein GPS-Empfänger ist ein elektronisches Instrument, das mithilfe einer Satellitenverbindung angeben kann, auf welcher Position man sich befindet. Für die Angabe der Position eines Ortes gibt es unterschiedliche Formate, die vor Gebrauch des GPS-Geräts eingestellt werden müssen. Dieses Hilfsmittel sollte immer zusammen mit einer Wanderkarte eingesetzt werden, und das eingestellte GPS-Format sollte mit der Wanderkarte übereinstimmen. Auf den norwegischen M711-Wanderkarten gibt es ein blaues UTM-Gitternetz, das auf das Bezugssystem EUREF89/WGS84 verweist. Damit die Koordinaten, die auf dem GPS angezeigt werden, auf der Karte abgelesen werden können, muss also der GPS-Empfänger auf WGS84 eingestellt sein. Die vom GPS angezeigten Koordinaten sind oft bis auf zehn Meter oder sogar einen Meter genau, haben also mehr Stellen als eigentlich auf der Karte abzulesen ist. Die auf der Karte ablesbaren sechsstelligen Koordinaten geben Kilometer und Zehntelkilometer in östlicher und nördlicher Richtung an. Man muss hier also von den Hundertstel- und Tausendstelkilometern der GPS-Angaben absehen. Auf dem GPS kann man sich die Position auch in einem anderen Bezugssystem wie beispielsweise Längen- und Breitengrade, Minuten und Sekunden anzeigen lassen. Im GPS lassen sich ferner Positionen, sogenannte Wegpunkte, und komplette abgeschlossene Wandertouren speichern. Mithilfe eines Computers können Wanderrouten aus dem Internet auf das GPS-Gerät übertragen werden.

Trotz dieser Genauigkeit und der technischen Möglichkeiten sollte man sich nicht allein auf das GPS verlassen, denn wie alle elektronischen Hilfsmittel ist auch ein GPS-Gerät empfindlich und anfällig – die Elektronik kann versagen oder die Batterien sich entladen. Für Wanderungen in unbekanntem Gelände sind Grundkenntnisse im Umgang mit Karte und Kompass unabdingbar, während ein GPS-Empfänger lediglich als hilfreiche Ergänzung angesehen werden sollte.

5.4 Lagerleben

Die folgenden Ausführungen beziehen sich auf mehrtägige Touren, bei denen man sich einen festen Aufenthaltsort einrichtet und den Tagesablauf in der Natur plant.

5.4.1 Zeltlager aufbauen

Bevor man ein Lager aufschlägt, sollte man wissen, was einen guten Lagerplatz ausmacht. Wichtige Punkte sind zum Beispiel:

- Ist der Platz windgeschützt?
- Kann ein Lagerfeuer angelegt werden?
- Ist der Untergrund gut, d.h., liegen hier keine harten Gegenstände wie Steine, Hölzer oder Wurzeln?
- Ist der Untergrund flach?
- Woher kann man Wasser bekommen?

Ist so ein Platz gefunden, werden die Zeltplätze verteilt, und jede Gruppe beginnt, ihr „Zuhause" zu errichten und einzurichten. Danach geht es an die Gemeinschaftsaufgaben, die Errichtung von Plätzen, die von allen genutzt werden, wie etwa Lagerfeuer, Brennholzdepot, Kochstelle, Waschstelle, Abfalllöcher und Toilette.[33] Je nach Gegebenheiten müssen geeignete Stellen gefunden werden, manche nahe an den Zelten, andere weiter weg. Diese Aufgaben lassen sich gut so verteilen, dass jede Zeltgruppe für einen Gemeinschaftsplatz verantwortlich ist.

---

33 Hierzu ist anzumerken, dass es im Winter natürlich einfacher ist eine Toilette zu bauen. Man legt eine Stelle etwas außerhalb des Lagerplatzes fest. Mit einer Schaufel gräbt man ein Loch in den Schnee zur Verrichtung der Notdurft. Diese ist danach wieder mit Schnee zu bedecken und evtl. zu markieren, damit niemand hineintritt.

Abb. 20: Lavvos und Zelt (Foto: Carsten Rolland)

5.4.2 Lagerfeuer und Kocher

Ein Streichholz zu entflammen ist einfach, aber es ist eine Kunst, bei Regenwetter ein Lagerfeuer zu entfachen. In der Finnmark ist das Feuermachen immer schon eine wichtige Tätigkeit der nomadisierenden samischen Rentierzüchter gewesen – egal, ob es sich dabei um ein Feuer im Spitzzelt *(lavvo)* oder an einer Feuerstelle unter freiem Himmel handelt. Die Samen beherrschen die Kunst, bei allen Wetterverhältnissen und zu jeder Jahreszeit ein Feuer zu entfachen, perfekt. Einige Tipps sollen hier weitergegeben werden.

Um im Lavvo oder Zelt genügend Luftzug für ein Lagerfeuer zu haben, wird das Zelt vorzugsweise auf einer Anhöhe im Gelände aufgebaut. Um das

Feuer rasch und wirkungsvoll entzünden zu können, haben die Samen immer einen Beutel mit Birkenrinde dabei. Birkenrinde von lebenden Bäumen ist grundsätzlich trocken. Man sucht einen Birkenstamm, wo sich die Rinde eingedreht hat, zieht diese mit den Fingern streifenweise ab und sammelt sie in einem Beutel. Mit Streichhölzern und einem Beutel mit Birkenrinde im Rucksack sind bereits die wichtigsten Voraussetzungen zum Feuermachen erfüllt.

Bei starkem Wind kann man die Rinde in einer kleinen Plastiktüte entzünden. Wenn die Birkenrinde zu brennen beginnt, bündelt man dünne und trockene Birkenzweige, die in der Regel um die Stämme herum liegen. Diese werden mit anderen kleinen Zweigen zusammengebunden und dann auf die angezündete Rinde gelegt. Die Bündelung kann man schon vor der Entfachung der Rinde vornehmen.

Beginnt das Feuer zu lodern, legt man nach und nach immer grössere Zweige darauf. Wenn das Feuer schließlich eine gewisse Zeit brennt und die Glut groß genug ist, kann man auch nicht ganz trockene Holzscheite oder frisch geschlagenes Holz auflegen.

Winterlagerfeuer

Wird ein Lagerfeuer auf Schnee errichtet, sollte man zunächst den Schnee festtreten und darauf grobe Holzstücke legen, auf diese wird schichtweise immer trockeneres und dünneres Holz gelegt. Ganz oben macht man mit Rinde und dünnen Zweigen ein kleines Feuer. Das Lagerfeuer wird jetzt von allein brennen. Man sollte die Schichten mit Zweigen immer quer zueinander legen, da das Feuer von oben nach unten brennt, bekommt es so immer ausreichend Sauerstoff (Mytting & Bischoff, 2008).

Legt man zusätzlich eine dicke Zeitung zwischen den Schnee und das Lagerfeuer, verzögert sich das Absinken des Lagerfeuers in den Schnee.

Birkenrinde
Trockenes Birkenreisig
Trockene Holzspäne
Dünnes, trockenes Reisig
Dünne, trockene Zweige
Dicke Äste

(Foto: Annette R. Hofmann)

Abb. 21: Beispiel für ein Lagerfeuer

Kochausrüstung

Es gibt Kochausrüstungen, die sich für alle Jahreszeiten eignen. Am häufigsten und einfachsten sind Kocher mit rotem Brennspiritus (Sturmkocher). Sturmkochgeschirr besteht zumeist aus zwei Töpfen, Kaffeekessel, Bratpfanne mit Deckel, Windschutz, Brenner und Griffzange. Der Spirituskocher ist relativ einfach und sicher in seiner Nutzung und kann das ganze Jahr über bei Aktivitäten in der Natur eingesetzt werden. Der Brenner sollte bis knapp über die Hälfte aufgefüllt werden. Wenn der Spiritus erhitzt wird, strömt er gasförmig durch die kleinen Löcher am Rand des Brenners. Dieses Gas sorgt für die Kochleistung. Sollten die Löcher einmal verstopft sein, können sie mit einer Nadel wieder geöffnet werden.

Wird es kalt, nimmt die Wärmeleistung des Kochers ab, das bedeutet unter Umständen, dass es im Winter passieren kann, dass der Sturmkocher so schwach brennt, dass man kein Wasser zum Kochen bringen kann. Bei Wintertouren eignen sich deshalb eher Kocher, die mit Petroleum oder Benzin brennen. Beim Kauf ist darauf zu achten, dass die Düse des Kochers für Benzin oder Petroleum ausgelegt ist, ob also der Brennstoff zur Düse passt. Am Brennstoffbehälter befindet sich eine Pumpe, die etwa 15 Mal betätigt werden muss, bis der Druck hoch genug ist. Für beide Brennstoffe muss die Düse vorgewärmt werden, bevor die Brennstoffzufuhr geöffnet wird.

Wer im Winter im Zelt übernachtet und den Kocher im Zelt benutzen will, muss für eine solide Unterlage sorgen. Der Schnee unter dem Kocher schmilzt, was dazu führen kann, dass der Kocher umkippt. Ein Kocher mit

97

Abb. 22: Der Primuskocher (Foto: Bård Atle Løvehaug)

Petroleum oder Benzin als Brennstoff sollte unter freiem Himmel angezündet werden. Zu beachten ist, dass der Kocher im Windschatten aufgestellt wird und dass der Brenner wenig Luftzug ausgesetzt ist. Ansonsten ist es am besten, im Außenzelt zu kochen, wobei man den Kocher auf eine Holz- oder Metallplatte stellt. Nach dem Kochen sollte man eine Zeit lang mit dem Kocher heizen, damit die Feuchtigkeit im Zelt verdunsten kann (Melbye, 1997).

Die Leistung eines Kochers wird verbessert und der Brennstoffverbrauch um bis zu 30 Prozent gesenkt, wenn beim Kochen ein Deckel benutzt wird. Im Sommer sollte man mit 0,25 Liter Brennstoff pro Tag und Brenner rechnen, während im Winter ca. 0,6 Liter Brennstoff pro Tag berechnet werden müssen. Beim Transport ist darauf zu achten, dass der Brennstoff in dafür vorgesehenen Flaschen aufbewahrt wird.

5.4.3 Proviant

Unterwegs auf Tour ist man in der Regel ständig körperlich aktiv. Man verbraucht viel mehr Energie und verliert mehr Flüssigkeit als im Alltag. Der Energiebedarf ist dabei von den Wetterbedingungen, dem Aktivitätsniveau, der Länge der Tagesetappe, dem Tempo und dem zu tragenden Gepäck abhängig. Aus diesem Grund ist es nicht unwesentlich, dass unterwegs gegessen und getrunken wird, aber auch, was unterwegs gegessen und getrunken wird. Am wichtigsten ist der Ausgleich des Flüssigkeitsverlusts, denn schon ein geringes Flüssigkeitsdefizit im Körper führt zu einer eingeschränkten Leistungsfähigkeit. Dadurch kann eine Tour anstrengender werden als eigentlich nötig. Wenn man am Ende eines langen Tages erschöpft ist, liegt dies häufig an der zunehmenden Dehydrierung. Die Farbe des Urins kann Indikator dafür sein, ob man genügend Flüssigkeit aufnimmt. Je dunkler das Gelb des Urins, desto höher das Flüssigkeitsdefizit.

Auch das Essen unterwegs hat große Auswirkungen auf das Wohlbefinden, die Leistungsfähigkeit und den Spaß an der Friluftsliv-Aktivität. Entscheidend kann bereits sein, nur genug Essen und Trinken im Gepäck bei sich zu haben. In der Regel wird eine Tour als angenehm empfunden, wenn viele kurze Pausen eingelegt werden, bei denen man ein wenig isst und Flüssigkeit zu sich nimmt.

Wer zu einem Tagesausflug aufbricht, sollte beachten, dass das mitgenommene Essen ohne großen Aufwand verzehrt werden kann. Eine Thermosflasche mit einem Getränk, ein paar Scheiben Brot und ein bisschen Schokolade als Abwechslung reichen vollkommen aus. Bei einer Übernachtungstour sollte allerdings immer auch ein warmes Essen mit eingeplant werden, was mit einem aufwendigeren Zubereiten verbunden ist. Doch auch dies sollte so einfach wie möglich gestaltet werden. Die Zutaten können schon zuhause zu- oder vorbereitet werden, sodass sie nur noch aufgewärmt werden müssen. Bei einer Tour im Winter ist die einfache Zubereitung auch wichtig, um die Kochzeit zu verkürzen und damit Brennstoff zu sparen.

Essen ist natürlich immer vom persönlichen Geschmack und auch von Lebensmittelunverträglichkeiten abhängig. Mittlerweile findet man in vielen Outdoorläden eine Vielfalt von praktischen Nahrungsmitteln, die wenig Gewicht haben und genügend Nährstoffe für größere Touren beinhalten. Dennoch im Folgenden ein paar Tipps.

Frühstück

Ein einfach zuzubereitendes und energiegebendes Frühstück ist der aus Trockenpulver aufzukochende Haferbrei. Diesem Brei können Rosinen, Zucker, Butter, Marmelade oder Ähnliches beigefügt werden, um ihn ein wenig geschmackvoller zu machen. Eine Alternative sind Müslimischungen, denen man Milchpulver und heißes Wasser beigibt.

Morgens sollte man möglichst viel trinken. Dies gilt besonders, wenn man weiß, dass es im Laufe des Tages wenig Wasser zu trinken gibt. Die Thermos-

und Trinkflaschen müssen am Morgen aufgefüllt werden, damit man über den Tag hinweg über (mehr oder weniger) heißes und kaltes Wasser verfügt. Im Winter ist es ratsam, Schnee in die Thermosflasche zu füllen, um damit den Wasservorrat zu strecken.

Zwischenmahlzeiten

Besonders auf längeren Touren ist es wichtig, auch zwischen den Mahlzeiten Nahrung zu sich zu nehmen. Besonders geeignet sind Nüsse, getrocknete Beeren, Schokoladenstücke oder Studentenfutter. Auch Müsliriegel sind als Zwischenmahlzeit geeignet.

Mittags

Zu Mittag verzehrt man bei kürzeren Unternehmungen im Sommer und Herbst den mitgebrachten Proviant, wie belegte Brote, Nüsse und Obst. Zudem kann man relativ leicht und rasch Wasser über einem Feuer aufkochen, um zusätzlich zu den Broten eine warme Tütensuppe, Schnellkochreis oder Kartoffelpüree in der Tasse aufzubereiten. Bei Touren zur Winterszeit ist darauf zu achten, dass der Proviant nicht gefriert und dadurch nicht mehr zu gebrauchen ist.

Abb. 23: Beispiel für ein Essen (Foto: Carsten Rolland)

Abends

Das warme Essen am Abend ist die wichtigste Mahlzeit des gesamten Frilufts-liv-Tages. Es ist zunächst einmal wichtig, dass warmes Essen mit Reis, Pasta oder Kartoffelbrei zubereitet wird. Die einfachste Lösung sind gefriergetrocknete Fertiggerichte. Schmackhafte Mahlzeiten, bestehend aus einer Instant-sauce, gebratenem Fleisch, Pasta, Reis oder Schinkenspeck, können schon vor der Wanderung zubereitet werden. Wird das Fleisch zuhause gewürzt und gebraten, hält es sich ziemlich lange. Um dem Körper genügend Flüssigkeit zuzuführen, kann man eine Suppe als Vorspeise oder ein warmes Schokoladengetränk als Nachtisch trinken.

5.5 Nachbesprechung und Evaluation einer Tour

Nach Abschluss einer Tour sollte eine Nachbesprechung bzw. Reflexion durchgeführt werden. Besonders bei pädagogisch intendierten oder im schulischen Zusammenhang stattfindenden Touren ist dies für die Verarbeitung von Erlebnissen und bezüglich bestimmter Lernziele wichtig. Diese Nachbesprechung kann der Vorbesprechung sehr ähnlich sein, indem ein vertrauter Rahmen für die Teilnehmer geschaffen wird und alle die Möglichkeit erhalten, ihre Erfahrungen und Meinungen zu äußern. Die Evaluation kann schriftlich und/oder mündlich erfolgen. Ein guter Ausgangspunkt für Rückmeldungen und Diskussionen ist die Beurteilung der verschiedenen Phasen des Tourprojekts: Planungsphase und Durchführungsphase. Folgende Aspekte sollten dabei zur Sprache kommen:

- *Ausrüstung*: Was funktionierte, was funktionierte nicht?
- *Inhalt*: Inwieweit wurden die erwarteten oder gesteckten Ziele erreicht?
- *Subjektives Erlebnis*: In der norwegischen Friluftsliv-Tradition ist es ein Ziel an sich, unterwegs zu sein (eine Tour zu machen) – in welchem Maße wurde dies so empfunden? Welche Ereignisse und Momente waren von besonderer Bedeutung?
- *Entscheidungsprozesse*: Wurden die richtigen Entscheidungen getroffen, und wurden diese Entscheidungen auf eine gute, für alle zufriedenstellende Art und Weise getroffen?

Eine Nachbesprechung kann die positiven Erlebnisse noch verstärken und die Lernergebnisse verdeutlichen. Eine systematische Evaluation gehört immer zum Friluftsliv, vor allem, wenn man es in einem pädagogischen Rahmen anbietet.

Abb. 24: Nachbesprechung einer Tour im Lavvo (Foto: Annette R. Hofmann)

6 Sommer- und Herbstaktivitäten

Das Landschaftsbild im Norden Norwegens ist geprägt durch große Fjorde, Gebirgslandschaften und Hochebenen. Im Regierungsbezirk Finnmark gibt es eine weite Hochebene, etwa 400 bis 500m über dem Meeresspiegel gelegen. Sie ist relativ flach und von großen Hochmooren, kleineren und größeren Seen und Bächen und Flüssen zwischen diesen Seen überzogen. Diese Hochebene heißt Finnmarksvidda. Da die Baumgrenze im Norden relativ niedrig ist – zwischen 0 und etwa 400 Meter über dem Meeresspiegel – ist der größte Teil der Finnmarksvidda baumlos. Diese Landschaftsform bestimmt den gesamten Regierungsbezirk Finnmark, der mit rund 48.600 Quadratkilometern größer als ganz Dänemark ist.

Nach Westen in Richtung des an die Finnmark angrenzenden Regierungsbezirks Troms wird die Landschaft immer alpiner, mit höheren und steileren Gipfeln, mit Gletschern und Hochtälern.

Wenn der Schnee zu schmelzen beginnt und sich der Frühling mit längeren und wärmeren Tagen ankündigt, bieten sich in der Natur vielfältige Möglichkeiten für aktives Friluftsliv. Wann der Frühling jedoch beginnt, ist in Norwegen sehr davon abhängig, wo man sich befindet. Breitengrad und Höhe über dem Meeresspiegel spielen eine große Rolle. In Südnorwegen verschwindet der Schnee in niedrigeren Lagen vielleicht schon im März oder Anfang April, während es in höheren Lagen mit mehr Schneefall während der Wintermonate den ganzen Mai hindurch noch gute Möglichkeiten für Skiwanderungen gibt. Dies ist zumeist in den Gebirgsregionen im Binnenland in Höhen über 1.000 Meter der Fall. Im Norden von Norwegen dauert der Winter oft etwas länger.

Wenn im Spätfrühjahr der Schnee in tiefen Lagen nach und nach taut und der Boden trockener wird, zeigt sich die Natur wieder mit einem anderen Gesicht, und es wird immer verlockender, zu Fuß oder mit dem Rad, Kanu, Kajak oder Ruderboot zu Touren aufzubrechen.

Neben den Skiwanderungen sind Wanderungen durch Wald und Feld und im Gebirge die am weitesten verbreitete Form von Friluftsliv in Norwegen. An den meisten Orten in Norwegen ist es relativ leicht, Gelände zu finden, das sich für Wanderungen eignet. Wanderpfade und Feldwege sind gute Ausgangspunkte für derlei Aktivitäten. Man braucht nicht viel, um zu einer Wanderung aufzubrechen. Es genügen ein paar bequeme Lauf- oder Wanderschuhe und gewöhnliche (Freizeit-)Kleidung. Mittlerweile gibt es auch eine breite Auswahl an Wanderbekleidung, die zum Großteil aus hochwertigen synthetischen Materialien besteht. Für die einfache Wanderung in der Nähe des

Abb. 25: Skifahren in der Mitternachtssonne im Juni (Foto: Bård Atle Løvehaug)

Wohnortes ist diese Kleidung aber überhaupt nicht erforderlich. Solange es nicht regnet, genügt einfache, funktionelle Kleidung aus Baumwolle. Ansonsten gilt bei der Bekleidung der gleiche Grundsatz wie bei den anderen Aktivitäten – drei Schichten übereinander. Wie anspruchsvoll eine Wanderung letztendlich wird, hängt von Gelände, Entfernungen und den Bodenverhältnissen ab und bestimmt den Umfang der Vorbereitungen (s. Kap. 5.1).

Eine andere Aktivität, die immer beliebter wird, ist das Radfahren im Gelände, Mountainbiken (s. Kap. 6.2). Die Natur wurde und wird als Weidegebiet für Rentierherden genutzt, und die Samen als Hirten dieser Herden folgen den Tieren auf der jahreszeitlichen Suche nach Weideland vom Binnenland zur Küste und wieder zurück. Heute ist die Rentierzucht modernisiert und im Sommer werden motorbetriebene Geländefahrzeuge, ATV (All Terrain Vehicle), im Winter Motorschlitten eingesetzt. Es gibt viele alte Wege, die früher von Rentierhirten, Postbediensteten oder Landarbeitern zu Fuß oder auf einem Pferd genutzt wurden. Auch die moderne Rentierzucht hat viele neue Wege geschaffen, die sich zum Radfahren eignen. Neben längeren Ausflügen durch Wald, freies Gelände und im Fjell, die man mit dem Rad gut machen kann, gibt es nahe der Städte und größeren Orte in Norwegen viele Pfade, Schotterwege und Loipen, die zu diesem Zweck genutzt werden. Viele der im Winter benutzten Skiloipen sind im Sommer beliebte Rundwege für Wanderer und Radfahrer.

In den norwegischen Traditionen für Friluftsliv gibt es neben den Aktivitäten an Land als Freizeitbeschäftigung auch die Fortbewegung auf dem Wasser – auf Seen und Flüssen, auf den Fjorden und auf dem Meer (s. Kap. 6.3). Dabei ist es üblich, auf Seen und Flüssen Kanus, Kajaks und kleinere Ruderboote einzusetzen. Auf dem Meer und den Fjorden werden oftmals größere Boote, die mit Segeln ausgestattet sind oder gerudert werden, oder auch Seekajaks benutzt. Eine für die Finnmark besondere Tradition sind die sogenannten Flussboote – lange, schmale Wasserfahrzeuge, die sich flussaufwärts und -abwärts auch sehr gut bei starken Strömungen eignen. Früher wurden sie beim Personen- und Warentransport und beim Fischen bzw. Angeln verwendet. Heute werden sie vor allem im Zusammenhang mit dem Lachsangeln benutzt und sind mit einem Motor ausgestattet, um für eine schnellere und bequemere Fortbewegung zu sorgen.

6.1 Wandern

Der wichtigste Grund für die Gründung des Norwegischen Wandervereins *(Den Norske Turistforening, DNT)* im Jahre 1868 war, die Menschen ins norwegische Fjell zu locken. Ausflüge mit Übernachtung im Zelt oder in einer einfachen Hütte wurden zu einem festen Bestandteil des modernen Freizeittourismus. Der DNT hat früh damit begonnen, Wanderhütten zu errichten. Heute erstreckt sich das Netz der DNT-Hütten über ganz Norwegen. Für die 492 DNT-Hütten können bei einem DNT-Büro von jeder Person die Schlüssel ausgeliehen werden. In diesen Hütten gibt es Betten, Kochmöglichkeiten und Geschirr sowie oftmals auch einen Proviantvorrat. Grundbedingung für dieses System ist das gegenseitige Vertrauen, denn am Ende überweist man dem Verein einen Betrag für die Ausleihe und die verbrauchten Lebensmittel.

DNT ist auch für die Kennzeichnung von Wanderpfaden im norwegischen Fjell verantwortlich. Überall trifft man auf die gut sichtbaren Zeichen mit einem roten „T". Im Sommer kann man in Norwegen um die 22.000 km markierte Wanderwege nutzen.[34] In der Finnmark kann man auch in Fjell-Hütten,

---

34 Nähere Informationen über Hütten, Wanderrouten und organisierte Touren findet man unter www.turistforeningen.no.
Ein sehr empfehlenswertes Buch über Wandermöglichkeiten rund um Alta ist *Altaturer* von Ottem (2012). Das Buch ist zwar in norwegischer Sprache, aber durch die reichhaltigen Bilder und Illustrationen sind die beschriebenen Touren auch für Nicht-Norweger und -Norwegerinnen verständlich und nachvollziehbar.

Abb. 26: Das rote T als Wegmarkierung (Foto: Sjur Haugland)

den sog. *fjellstuer,* oder in kleinen Schutzhütten, den sog. *ødestuer,* übernachten.

Ab Ende des 19. Jahrhunderts wurden in der Finnmark vom norwegischen Staat insgesamt mehr als 40 Fjell-Hütten errichtet. Viele dieser Unterkünfte gingen in private Hände über und wurden in Gasthäuser und Hotels umgewandelt. In der Finnmark betreibt der Staat auch heute noch drei Fjell-Hütten (Stand 2013): Jotkajávri in der Gemeinde Alta und die beiden Quartiere Mollisjok und Ravnastua in der Gemeinde Karasjok.

Diese Fjell-Hütten sind ganzjährig geöffnet. Sie bieten einfache und preisgünstige Übernachtungen in Gästehütten für zwei bis sechs Personen (in Etagenbetten). Die Fjell-Hütten werden von Hüttenwarten geführt und sind mit einfachen Etagenbetten und Bettzeug sowie Geschirr, Besteck, Küchenutensilien ausgestattet. An Gasherden kann man sich sein Essen selbst zubereiten. Die Hüttenwarte sind nicht verpflichtet, für Essen und Trinken zu sorgen, doch die meisten servieren auf Vorbestellung auch Mahlzeiten (Waaler, 2012). Auch für das Heizen seiner Zimmer ist man selbst zuständig. Alle Zimmer sind mit einem Ofen ausgestattet, die Fjell-Hütten verfügen über genü-

Abb. 27: Eine Fjell-Hütte: Jotka in der Finnmark (Foto: Annette R. Hofmann)

gend Brennholz, das aus einem Schuppen nachgeholt werden muss. Im Winter muss man schauen, dass regelmäßig Holz nachgelegt wird und sich über die Nachtstunden eine Glut erhält, damit es nicht zu kalt wird.

Eine Wanderung im Fjell birgt eine Reihe von Herausforderungen. Eine davon ist das Wetter. Die klimatischen Bedingungen können extrem sein und das Wetter kann plötzlich und völlig überraschend umschlagen. Die Temperaturunterschiede zwischen Tag und Nacht sind groß, und schon im Frühherbst kann das Wetter von Sonnenschein auf Schneefall umschlagen. Was bei schönem Wetter und Windstille als behaglich empfunden wird, kann bei schlechtem Wetter nahe der Küste und mitten auf der Finnmarksvidda schnell zu einem unangenehmen Erlebnis werden. Es kann schwierig sein, in offenem Gelände Schutz vor Wind und Wetter zu finden. Bei schlechter Sicht werden die Orientierung und damit die Entscheidung für den richtigen Weg schwieriger. Wenn Nebel die Landschaft einhüllt, erscheinen oftmals sichere Geländeformationen wie Gipfel und Moorlandschaften wie vom Erdboden verschwunden. Wer sich jetzt orientieren will, muss sich voll und ganz auf den Kompass verlassen.

Die Anpassung an die Wetterbedingungen, aber auch die Herausforderungen der Wanderungen im Fjell erfordern Aufmerksamkeit bereits bei Planung und Vorbereitung. Bei der Wahl der Wanderroute und des Wandergebietes muss immer bedacht werden, auf welche extremen Bedingungen man stoßen kann. Deshalb ist es für eine Gruppe, die noch nie zusammen unterwegs war, von entscheidender Bedeutung, genügend Zeit für die Planung aufzuwenden. Als besonders schwierig erweist sich oftmals, die zurückzulegende Strecke zeitlich im Voraus abzuschätzen. Doch kann dies von Gruppe zu Gruppe unterschiedlich sein. Mit gut gepacktem Wanderrucksack schafft man im Durchschnitt etwa drei bis vier Kilometer in einer Stunde. Bei Anstiegen sollte man zusätzlich mit etwa 15 bis 20 Minuten je 100 Höhenmeter rechnen. Dies ist die tatsächliche Wanderzeit einschließlich notwendiger Pausen. Wenn man zu mehrtägigen Wanderungen aufbricht, bei denen Wetter und andere Bedingungen die Tour noch schwieriger werden lassen können, ist es wichtig, immer etwas mehr Zeit einzukalkulieren. Der Zeitaufwand unterwegs ist immer von der Einteilung und der Organisierung abhängig. Es ist unglaublich, wie viel Zeit verloren geht, wenn ständig jemand etwas an- oder ausziehen oder essen und trinken muss – anstatt dass dies alle gleichzeitig tun.

Alternativen und „Notlösungen"

Nicht immer verläuft die Wanderung wie vorgesehen, und ein wesentlicher Teil der Planung besteht darin, im Vorherein zu bestimmen, was man in solchen Fällen macht. Ein wichtiger Grundsatz ist, die Wanderstrecke nach den Fähigkeiten festzulegen. Es sollten, ausgehend von den Voraussetzungen der Gruppe, d.h. jedes Einzelnen der Gruppe, und den äußeren Bedingungen wie Wind und Wetter, alternative Wanderrouten vorgeplant werden. Wenn die geplante Tour nicht zum Ausgangspunkt zurückführt, ist es aus sicherheitstechnischen und praktischen Gründen sehr wichtig, dass es Alternativen für die Route, für Übernachtungsquartiere und für den Abstieg zum Endpunkt gibt. Die Einplanung von Ausweichmöglichkeiten sollte so gestaltet werden, dass Verzögerungen oder unvorhergesehene Hindernisse nicht auf Kosten des Wandererlebnisses gehen.

6.2 Unterwegs mit dem Fahrrad

Beim Radfahren bewegt man sich durch den eigenen körperlichen Einsatz fort. Ein Fahrrad vermittelt ein Gefühl von Freiheit und vergrößert den persönlichen Aktionsradius. Für viele Menschen ist es vielleicht nur ein Transportmittel, doch immer mehr nutzen es für längere Ausflüge oder zu Trainingszwecken.

Als Radfahrer hat man sehr viele Vorteile. Radfahren fördert die Gesundheit und ist umweltfreundlich. Es ist eine Trainingsform, die den Körper ausgeglichen belastet, und eine Aktivität, der man viele Jahre lang nachgehen kann. In den letzten Jahren ist die Zahl der Radfahrer in Norwegen stark angestiegen. 2012 fuhren gut sechs Prozent aller Berufstätigen mit dem Fahrrad zur Arbeit und das Interesse, das Fahrrad auch für die eigene Fitness zu nutzen, nimmt weiter zu. Viele Norweger haben zudem Spaß am Mountainbiking für sich entdeckt. Auch hier ist die Zahl der Anhänger steigend.

Mit dem Fahrrad kann man Touren von unterschiedlicher Länge unternehmen. Je länger die Tour, desto größer sind auch die Anforderungen, sowohl an sich selbst, aber auch an das Material und die Ausrüstung. Mit einem schweren Rucksack auf dem Rücken wird jede Fahrradtour zu einem negativen Erlebnis. Von daher empfiehlt es sich, Fahrradtouren so zu planen, dass man mit relativ wenig und leichtem Gepäck auskommt. Hierzu gibt es verschiedene Alternativen. Die Fahrradindustrie hat stabile und gut zu manövrierende Fahrradanhänger entwickelt, in denen die Ausrüstung transportiert werden kann. Außerdem gibt es verschiedene Fahrradpacktaschen, die sich am Fahrradrahmen befestigen lassen, oder Gepäckträger. Eine weitere Möglichkeit ist, das Gepäck zu den jeweiligen Tageszielen transportieren zu lassen. Oder aber man plant die Fahrradtour entlang vorhandener Hütten, sodass man zumindest Übernachtungsgepäck und Verpflegung nicht mitzunehmen braucht. Bei einer mehrtägigen Fahrradtour gilt es besonders abzuwägen was

Abb. 28: Mountainbiking in der Finnmark (Foto: Lars Haukanes Krempig)

Abb. 29: Ein Mountainbiker unterwegs in der Umgebung von Alta (Foto: Lars Haukanes Krempig)

man mitnimmt. Die Ausrüstung sollte so leicht wie möglich sein. Die Auswahl sollte allerdings nicht auf Kosten der Sicherheit und des Komforts gehen.

Radfahren im Gelände – Mountainbiken

Radtouren mit dem Mountainbike sind eine Variante, bei der das Erlebnis in der Natur im Vordergrund steht. Hier fährt man vor allem auf schmalen Pfaden in Wäldern, in den Bergen oder über Uferfelsen. Ein Mountainbiker fährt normalerweise im Schritt- oder Lauftempo, und die Herausforderungen liegen im zu bewältigenden Gelände. So muss man sich auf sehr unebene Bodenbedingungen einstellen, bei denen Wurzeln, Steine jeglicher Größe und andere Unebenheiten, wie Schlaglöcher, überwunden werden müssen. Zudem können durch Regen, Frost oder Schnee auch nasse bzw. eisige Stellen eine weitere Herausforderung darstellen. An sehr steilen Passagen kann es sein, dass man aus Sicherheitsgründen zum Absteigen gezwungen wird und sein Rad eher schiebt oder gar trägt. Dies kann auch der Fall sein, wenn Hindernisse überwunden werden müssen.

Ausrüstung

Es ist wichtig, dass das Fahrrad der Körpergröße angepasst ist. Die Sitzhöhe sollte so eingestellt sein, dass das untere Pedal mit gestrecktem Bein erreicht werden kann. Dann sollte, um eine optimale Sitzposition zu erreichen, der Sitz so weit nach vorne geschoben werden, dass man mit der Hand fast den Lenker berührt, wenn die Ellenbogenspitze an den vorderen Punkt des Sitzes angelegt wird.

Für das Fahren im Gelände sind keine besonderen Fahrräder erforderlich. Man kann ein handelsübliches Mountainbike benutzen, sogenannte MTB-Hardtails, die nur vorne eine Federgabel haben, oder vollgedämpfte Fahrräder, die hinten und vorne mit Federgabel ausgestattet sind. Wie bei den meisten anderen Aktivitäten gibt es auch für das Mountainbiken unzählige Ausrüstungsvarianten in verschiedenen Preis- und Gewichtsklassen. Natürlich gilt, je leichter ein Bike, desto weniger Energie benötigt man beim Radeln. Für den Winter werden derzeit Mountainbikes mit sogenannten Fat Tires immer beliebter. Sie zeichnen sich durch ihre extrem breiten Reifen aus, die einen guten Griff im Schnee aufweisen. Es gibt aber in Norwegen auch Räder mit Spikereifen für den Winter.

Beim Mountainbiken muss man vor allem darauf vorbereitet sein, dass die Ausrüstung großen Belastungen ausgesetzt wird. Deshalb gehören Ersatzteile und Werkzeug zur Grundausstattung, dazu gehören ein zusätzlicher Fahrradschlauch, Flickzeug, aber auch eine Luftpumpe sollte man immer bei sich haben. Ein Multiwerkzeug mit Kettenschneider und die wichtigsten Inbus-Schlüssel sind ebenfalls notwendig. Hat man noch ein zusätzliches Kettenverschlussglied dabei, lässt sich ein Kettenbruch schneller reparieren als beispielsweise eine Reifenpanne. In einem kleinen Rucksack kann Extra-Kleidung und Proviant verstaut werden. Für kleinere Touren gibt es spezielle Rucksäcke fürs Fahrradfahren, die nicht komplett am Rücken aufliegen. Diese sind sehr angenehm, da eine leichte Kühlung durch den Luftzug stattfindet.

Des Weiteren ist ein Radhelm beim Mountainbiken unentbehrlich.

Richtiges Verhalten beim Radfahren

Hier ein paar Ratschläge für die Radtour. Um andere Personen nicht zu gefährden oder zu behindern, sollte nicht zu schnell gefahren werden. Dies gilt insbesondere für Wanderwege und Pfade, auf denen man auch schnell fahren könnte, oder in unübersichtlichen Streckenabschnitten. Ungeübte sollten bei der Bewältigung eines Hindernisses vom Rad absteigen. Nach längeren oder starken Niederschlägen, aber auch bei Glatteis, sollte das Befahren von besonders empfindlichen Streckenabschnitten vermieden werden. Beim Überqueren von Moorgelände sollte das Fahrrad getragen werden, damit man keine tiefen Spuren hinterlässt.

Pflege und Wartung

Das Fahrrad sollte regelmäßig gesäubert und alle Teile sollten mit einem geeigneten Schmieröl eingefettet werden. Damit beugt man mit geringem finanziellem Aufwand technischen Problemen vor und schafft die Grundlage für weitere problemlose Fahrten. Es empfiehlt sich nicht, mit einem schmutzigen, ungeölten und schlecht gewarteten Fahrrad zu einer Radtour aufzubrechen. Dies kann früher oder später zu Problemen führen.

6.3 Aktivitäten am und auf dem Wasser

Zu den Friluftsliv-Aktivitäten am Wasser gehören zum einen Wanderungen entlang der Küste oder von Wasserläufen, welche häufig auch mit Angeln verbunden werden. Hierauf wird später eingegangen. Zunächst geht es um Friluftsliv auf dem Wasser.

Als wichtigste Grundregel gilt, wer Friluftsliv am oder auf dem Wasser betreibt, muss schwimmen können und darf keine Angst vor dem Wasser haben. Man sollte den Wassertemperaturen entsprechende Kleidung anhaben, d.h., diese sollte auch in dem Fall wärmen, wenn man ins Wasser fällt. Die optimale Bekleidung bei einer Bootstour ist Wolle am Körper und winddichte Kleidung außen. Gummistiefel sorgen dafür, dass die Füße nicht nass werden. Auch die Schwimmweste schützt vor Wind und Wetter.

Unterwegs mit dem Nordlandboot

Durch das Friluftsliv auf dem Wasser werden natürlich auch die norwegischen Seefahrertraditionen bewahrt. Das für Nordnorwegen typische Seeboot sowohl zum Personentransport als auch zum Fischen ist das Nordlandboot (nordlandsbåt). Nordlandboot ist die Bezeichnung für alle Boote, die in Nordnorwegen gebaut werden und die sowohl als Ruder- als auch als Segelboot genutzt werden können. Man findet sie zwischen Bindal und der russischen Grenze.

Kennzeichen des Nordlandbootes sind der hohe Steven, der fast waagerecht zum Kiel liegt, sowie ein leichter und schlanker Rumpf. Sie sind in Klinkerbauweise gefertigt und mit zwei Rudern und einem Segel ausgestattet. Bei

Abb. 30: Das Nordlandboot in seinem Aufbau (Foto: Carsten Rolland)

günstigem Wind werden sie gesegelt. In der einfachsten Form wird die Segeltakelage aus den beiden Rudern zusammengebaut, indem ein Ruder als Mast gesetzt wird und das andere als Steuerruder gebraucht wird. Gesegelt wird also mit einem Rahsegel, das eine trapezähnliche Form aufweist.

Ruderboote unterscheiden sich von anderen Booten dadurch, dass sie Dollen oder Keipen am Bootsrand oder Ausleger haben. Normalerweise sitzt man in einem Ruderboot auf einer Bank in der Mitte mit dem Rücken zur Fahrtrichtung. Die Füße müssen gegen etwas gedrückt werden, in der Regel gegen die hintere Bank. Sitzt der Ruderer mit dem Gesicht in Fahrtrichtung, nennt man diese Rudertechnik des Nachvornruders stampfen. Um das Boot gut manövrieren zu können, ist es wichtig, im gleichmäßigen Takt zu rudern.

Für das Nordlandboot gibt es verschiedene Rudertechniken. Beim „in den Wind legen" wird das Boot mithilfe der beiden Ruder in Ruhelage gehalten; beim „Position halten" wird das Boot mit vorsichtigen Armzügen ganz langsam vorwärtsbewegt; und beim Rudern, d.h. dem wirklichen Vorwärtsbewegen, kommen sowohl die Arme als auch die Beine zum Einsatz, wobei der

Abb. 31: Das Nordlandboot (Foto: Carsten Rolland)

Oberkörper beim Rudern vor und zurückwiegt, sodass sich das Boot sehr schnell fortbewegt. Zwei noch unerfahrene Ruderer können jeweils nur ein Ruder betätigen und sie versuchen dann, der eine vorne, der andere hinten sitzend, einen gemeinsamen Takt zu finden, sodass sich das Boot geradeaus bewegt.

Beim Segeln mit dem Rahsegel muss dieses immer in Lee stehen, also der Mast befindet sich vor dem Segel auf der dem Wind zugewandten Seite. Das Boot kann auf zwei Weisen gewendet werden, sodass das Segel auf der anderen Seite des Mastes steht. Einmal, indem man den Bug des Bootes direkt in den Wind stellt, sodass der Wind kurz direkt von vorn kommt, und danach von der anderen Seite. Oder aber man dreht sich das Boot vom Wind weg, sodass dieser direkt von hinten kommt und zur anderen Seite übergeht. Die erste Form nennt man Wende, die andere Halse. Mit einem symmetrischen Rahsegel kann man beide Manöver fahren, ohne das Segel herunterzunehmen, bei einem asymmetrischen Segel hingegen muss man immer das Segel herunternehmen, auf die andere Seite legen und wieder heisen.

Abb. 32:
Das Flussboot
(Foto: Lars Haukanes Krempig)

Ausflüge entlang der Küste

Die vielen kleinen und verschiedenen Typen von Holzbooten, die entlang der norwegischen Küste und auf den Flüssen benutzt werden, erzählen ihre eigenen Geschichten. Überall an der norwegischen Küste gibt es lokale Traditionen des Bootsbaus. Der Bau vieler dieser Holzboote geht auf die Zeit der Wikinger (ca. 800-1050 n. Chr.) oder noch weiter zurück. Die Bezeichnung Nordlandboot kennt man überall in Norwegen. Diese Nordlandboote sind durch ihre Klinkerbauweise leicht, flexibel und solide. Früher waren die Menschen an der Küste bei den verschiedensten Tätigkeiten auf das Boot angewiesen. Die Bevölkerung wohnte weit verstreut, es gab wenig Wege oder Straßen durch unzugängliche Landschaften und die Entfernung bis zum nächsten Nachbarn war groß. Das Meer und die Fjorde waren die Verkehrswege, die Orte und Regionen miteinander verknüpften, und somit waren Boote und Schiffe die wichtigsten Beförderungsmittel. Vom Boot aus wurde auch gefischt. Ruderboote waren wendig und zum Teil mit Segeln ausgestattet. Nach Bedarf konnte man einfach zwischen Rudern und Segeln wechseln. Dies er-

115

Abb. 33: Das Flussboot im Einsatz (Foto: Lars Haukanes Krempig)

klärt, warum Kirchen dort gebaut wurden, wo keine Menschen wohnten. Der Standort musste aus allen Bezirken der Kirchengemeinde gleich gut mit dem Ruderboot erreichbar sein.

An der Küste und auf den großen Flüssen in der Finnmark und in Troms findet man nach wie vor die traditionellen Ruder- und Flussboote. Das Flussboot ist lang und schmal und für starke Strömungen gebaut. Ursprünglich wurde es genutzt, um Personen und Waren zu transportieren. Gegen den Strom wurde das Boot früher vorwärtsgestakt, heute wird mit einem Riemenpaar weit vorn im Boot gerudert, besonders beim Lachsangeln in den großen Flüssen der Finnmark – Altaelva, Tanaelva und Reisaelva. Die Flussboote sind heute auch meist mit einem Außenbordmotor ausgestattet.

Wenn man heute mit dem Nordlandboot, dem Kajak oder dem Kanu unterwegs ist, stehen nicht mehr die lebensnotwendigen Funktionen im Vordergrund, sondern man will den Wind, die Wellen und Strömungen und das lautlose Durchqueren der Natur erleben und genießen. Man kann rudern, paddeln oder segeln, und zudem noch angeln oder Netze aussetzen. Allerdings sind die Friluftsliv-Aktivitäten auf dem Wasser für die meisten nicht alltägliche Tätigkeiten, daher soll in diesem Kapitel beschrieben werden, wie die unterschiedlichen Boote gebraucht werden und die Fertigkeiten des Ruderns, Paddelns und Segelns erlernt werden können.

Unterwegs mit dem Kanu

Auf Seen und Flüssen sind Kanus gute Fortbewegungsmittel. Mit ihnen hat man die Möglichkeit, Orte zu erleben und kennenzulernen, die fantastische Natureindrücke bieten, zu Fuß aber nur schwer oder gar nicht erreichbar sind. In einem Kanu kann man Ausrüstung und Proviant transportieren, was wiederum neue Möglichkeiten eröffnet, die bei einer anderen Form der Fortbewegung nicht gegeben sind. Eine Paddeltour mit dem Kanu bietet auch deshalb eine größere Breite an Aktivitäten, weil das Boot mitsamt der Ausrüstung gezogen, gerollt oder getragen werden kann. Eine Tour mit dem Kanu setzt zunächst einmal voraus, dass man sich auf dem Gewässer sicher bewegen kann. Um die Sicherheit zu gewährleisten, sind grundlegende Paddelkenntnisse und -fertigkeiten sehr wichtig. Außerdem wird eine gründliche Planung vorausgesetzt. Dies gilt für die Ausrüstung ebenso wie für die Wahl der Route und die richtige Einschätzung von Wind und Wasserständen.

Für verschiedene Wassergebiete gibt es unterschiedliche Kanus. Diese können aus Aluminium, Polyethylen oder Glasfasern hergestellt sein. Eine andere Variante sind Faltkanus, die man auf die Wanderung mitnehmen kann, um am Zielort Zelttuch und Aluminiumrahmen zusammenzubauen. Diese Vari-

Abb. 34: Das Kanu (Foto: Tore Olsen)

117

ante wird von vielen bei längeren Expeditionen bevorzugt. Außer dem Kanu benötigt man Paddel. Sie bestehen zumeist aus Aluminium und Kunststoff oder nur aus Kunststoff, aus Glasfasern oder Holz. Beim Paddeln im Kanu muss immer eine Rettungsweste getragen werden.

Paddeltechniken

Grundlegende Kenntnisse über das Paddeln im Kanu eignet man sich am besten unter sicheren, stabilen und bekannten Bedingungen an. Ein kleiner See in der Nähe reicht schon, um die wichtigsten Techniken zur Fortbewegung, zum Steuern und zur Rettung zu üben.

Man kann vom Ufer oder von einem Anleger aus ins Kanu steigen. Das Kanu muss am Anleger oder an einem Felsen anliegen oder – wenn es Sandboden gibt – zumindest teilweise an Land liegen. Während die erste Person ins Kanu steigt, hält die zweite Person das Kanu mit einer Hand auf jeder Seite gut fest, um es auf diese Weise zu stabilisieren. Die Person, die ins Kanu gestiegen ist, bewegt sich möglichst in der Hocke und mit den Händen an beiden Seiten des Kanus zur Mitte, um sich dort vorsichtig hinzusetzen. Steigt die zweite Person zu, stützt die erste, jetzt sitzende Person das Kanu, indem sie es am Anleger festhält oder ein Paddel in den Seeboden drückt. Die zweite Person steigt in gleicher Weise wie die erste ins Kanu. Wenn beide auf ihrem Platz sitzen, kann man mit dem Paddeln beginnen. Es gibt dabei ein paar Grundregeln: ruhig sitzen, nicht aufstehen, den Schwerpunkt nicht verlagern. Wenn man darauf achtet, in der Hüfte unverkrampft und entspannt zu sein, lassen sich kleinere Wellen besser abfangen und für die Paddler ist es leichter, aufrecht zu sitzen. Solange eine senkrechte Körperhaltung eingenommen wird, verändert sich der Schwerpunkt des Bootes nicht.

Die Vorwärtsbewegung durch das Paddeln erfolgt mehr oder weniger intuitiv. Man zieht das Paddel mit einem Arm nach hinten, wobei die Hand so weit unten um das Paddel greift, dass sie etwa in Höhe des Süllrandes liegt. Gleichzeitig schiebt man den oberen Teil des Paddels mit dem anderen Arm nach vorn, wobei die Hand um den T-Griff am Ende des Paddels greift. Hierbei sollte man beachten:

- Das Paddel nicht zu hoch anheben und die Schultern absenken.
- Das Paddel so locker und entspannt wie möglich halten.
- Das Paddel weit vorn eintauchen und den Zug abschließen, wenn man das Paddel an der Hüfte vorbeigezogen hat.

Auf Gewässern ohne Strömung und Wellenschlag ist der vordere Paddler wichtig für den Vortrieb, während der hintere Paddler steuert. Das muss er beherrschen. Gesteuert wird das Kanu, indem der hintere Paddler das Paddel als (Steuer-)Ruder einsetzt. Zum Steuern am besten geeignet ist der in der Abb. 35 gezeigte sogenannte J-Schlag. Hierfür muss der hintere Paddler nach etwa der Hälfte des Grundschlags das Paddel so drehen, dass der Daumen der oberen Hand nach unten zeigt. Gleichzeitig wird das Paddelblatt in der einen oder anderen Richtung seitlich leicht gegen das Wasser gedrückt, das dabei am Paddelblatt entlangströmt, ohne das Kanu nennenswert abzubremsen. So hält man das Kanu auf dem richtigen Kurs. Der J-Schlag ist nicht einfach, aber sehr wirkungsvoll, um den Vortrieb nicht zu unterbrechen. Er muss auch gut beherrscht werden, wenn man allein im Kanu paddelt.

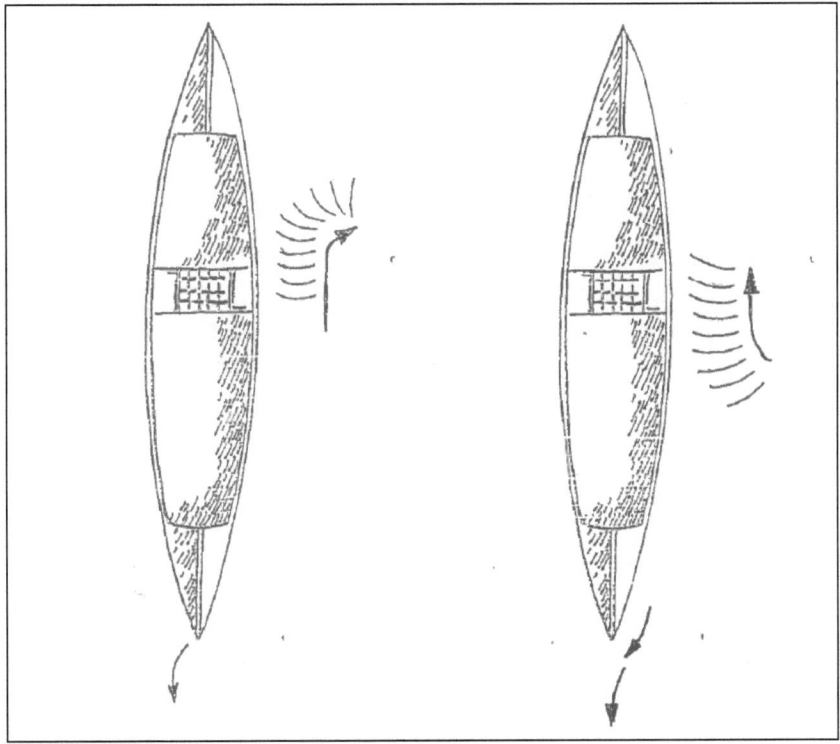

Abb. 35: Der J-Schlag. Links der gewöhnliche Vorwärtszug, rechts der Steuerzug. Das Paddel wird zum Schluss wie ein J nach außen gezogen. Daher stammt auch der Name dieser Paddeltechnik.

Im Prinzip wird ein Kanu dadurch bewegt und gesteuert, dass das Paddel durch das Wasser gezogen oder gegen das Wasser gedrückt wird. Dies kann je nach Ausgangspunkt und Absicht auf verschiedene Art und Weise geschehen. Es gibt verschiedene Steuertechniken, die man insbesondere für die Fortbewegung in Fließgewässern beherrschen sollte (z.B. Horgen, 2009).

Rettung

Wenn mehrere Kanus gleichzeitig unterwegs sind und ein Kanu kentern sollte, ist es möglich, das gekenterte Kanu hochzuheben, zu leeren und anschließend wieder „richtig" aufs Wasser zu setzen, sodass die Paddler wieder einsteigen können. Dies ist auch eine gute Übung, um die Fähigkeiten der Paddler zu verbessern und die Sicherheit zu erhöhen, und wir haben mit dieser Übung als Teil der Grundausbildung für das Paddeln sehr gute Erfahrungen gemacht, siehe hierzu die folgende Abbildung zur T-Rettung.

Abb. 36: Die T-Rettung mit dem Kanu (Fotos: Carsten Rolland)

Wie auf den Fotos zu sehen, muss nach dem Kentern zuerst das gekenterte Kanu senkrecht zum Rettungskanu gelegt werden, wie ein T. In einem zweiten Schritt wird das gekenterte Kanu aus dem Wasser gehoben und über das Rettungskanu geschoben, so dass das Wasser auslaufen kann. Danach werden die Kanus parallel gelegt, die Person im Rettungskanu stabilisiert beide Kanus und die Person im Wasser zieht sich in das andere Kanu. Die gleiche Technik wird auch bei gekenterten Kajaks angewendet.

Ausrüstung und Verpackung

Beim Paddeln besteht immer die Gefahr des Kenterns. Um mit dem Wasser nicht unerwünscht in Kontakt zu kommen, ist es wichtig, wasserdicht zu packen. Nach der Rettung sind die Paddler nass. Wird die Kleidung nicht schnell gewechselt, besteht die Gefahr der Unterkühlung. Es gibt eine Reihe guter, wasserdichter Packsäcke und -taschen in verschiedenen Größen, z.B. einen für den Schlafsack, einen für die Kleidung, einen für Lebensmittel und einen für verschiedene andere Dinge. Diese Form des getrennten Packens kann, wenn das Wetter sehr schlecht ist, auch bei anderen Wanderungen sinnvoll sein. Es gibt auch die Möglichkeit, Kleidung und Lebensmittel wasserdicht in Plastiksäcken zu verpacken.

Paddeln auf dem See

Wie im Abschnitt über die Rettung bereits gesagt, fällt die Rettung leichter, wenn mehrere Kanus gleichzeitig unterwegs sind. Wenn man allein mit dem Kanu aufbricht, sollte man Wind und Wetter genau beobachten und sich genau überlegen, ob man weiter hinauspaddeln kann, ohne sich zu gefährden. Als Hauptregel sollte man so nah am Ufer paddeln, dass man ohne fremde Hilfe an Land kommen kann, wenn das Kanu kentert. Wenn man vom Kanu aus angelt, sollte man immer berücksichtigen, dass plötzliche Bewegungen das Boot zum Kentern bringen können.

Paddeln auf Flüssen

Das Paddeln auf Flüssen macht Spaß und ist spannend. Man folgt einem Fließgewässer stromabwärts und erlebt die Natur und die Tierwelt am Ufer, und in der Strömung kann das Paddeln einige Herausforderungen mit sich bringen. Wenn diese gemeistert werden, trägt dies natürlich auch positiv zum Erlebnis einer Paddeltour bei. Gleichzeitig stellt das Flusspaddeln höhere Anforderungen an die Fertigkeiten und das Geschick des Paddelnden, denn die Gefahr des Kenterns ist größer als in stehenden Gewässern. Deshalb sollte man sich den Fluss, auf dem man paddeln möchte, vorher genau anschauen und abwägen, ob Wasserstand und Gefälle im Rahmen des Möglichen liegen. In Norwegen gibt es sehr viele Flüsse, die ideal zum Paddeln sind. Einige der besten befinden sich in der Finnmark.

Basistechniken beim Flusspaddeln

Für das Paddeln auf Flüssen gibt es viele unterschiedliche Techniken. Als Flusspaddler lernt man ständig etwas Neues hinzu, und durch Ausprobieren und Wiederholen entwickelt man Fertigkeiten, die es einem ermöglichen, nach und nach auf immer anspruchsvolleren Flüssen zu paddeln. Im Folgenden werden einige Techniken ausführlicher beschrieben.

Grundsätzlich gilt für alle Paddelmanöver auf Flüssen, dass das eigene Tempo niedriger oder höher sein muss als die Strömungsgeschwindigkeit. Hat das Kanu die gleiche Geschwindigkeit wie die Strömung, steuert der Fluss und man folgt dem Strom. Wer die Übersicht und genug Erfahrung hat, wird normalerweise ein höheres Tempo als der Fluss halten können. Wenn dies schwierig ist, ist es in vielen Situationen sinnvoll, abzubremsen, vielleicht sogar rückwärts zu paddeln, um die Geschwindigkeit des Kanus unter die des Flusses zu drücken, um damit bessere Möglichkeiten zu haben, flussabwärts voranzukommen, ohne an Steine, Felsen oder andere Hindernisse zu stoßen.

Beim Flusspaddeln ist es wichtig, dass man die Paddelstütze beherrscht. Sie wird eingesetzt, wenn das Kanu durch eine Einwirkung von außen zu kentern droht. Bei der Paddelstütze wird das Paddelblatt auf der Seite, zu der man zu kentern droht, kräftig auf die Wasseroberfläche gedrückt, damit kann man die Kenterbewegung abfangen und das Kanu wieder ins Gleichgewicht bringen kann.

Auf einem Fluss ist der vordere Paddler beim Steuern mindestens genauso wichtig wie der hintere Paddler. Oftmals sieht der vordere Paddler Hindernisse im Fluss zuerst, er muss entscheiden, wie man das Hindernis umgehen kann und er beginnt auch mit dem Steuermanöver. Es ist dabei üblich, dass man sich mit dem hinteren Paddler über das erwartete Hindernis verständigt und ihn über die nächste Aktion informiert, z.B. durch den Ruf „Stein direkt vor uns, rechts vorbei".

Die beiden wichtigsten Schläge, die der vordere Paddler beherrschen sollte, sind der Ziehschlag und der übergegriffene Ziehschlag. Bei beiden Schlägen taucht die vorne paddelnde Person das Paddel nach vorn ein und zieht es an den Bug heran. Der Ziehschlag wird auf der „richtigen" Seite, also auf der Seite ausgeführt, auf der man paddelt, beim übergegriffenen Ziehschlag hebt man das Paddel auf die andere Bootsseite, d.h., man „greift über", bevor man das Paddel eintaucht und gegen den Bug zieht. Beide Schläge führen zu einer deutlichen Kurskorrektur und für den hinteren Paddler wird es einfacher, die beabsichtigte Kursänderung durch sein Paddeln zu unterstützen.

Die Paddeltour auf einem Fluss sollte man an einer ufernahen Stelle mit geringer Strömung und möglichst in einem Kehrwasserbereich beginnen, also dem Bereich, in dem die Hauptströmung nicht der Flussrichtung folgt, sondern hinter einem Hindernis wie z.B. einem Stein oder an einer kleinen Landzunge Strudel bildet. Diese Stellen eignen sich gut, um das Kanu zu Wasser zu lassen und mit dem Paddeln zu beginnen. Man sollte dann mit dem Kanu schräg stromaufwärts in die Strömung paddeln. In dem Augenblick, wo die Strömung den Bug packt, kann man diese Kraft ausnutzen, um das Kanu um 180 Grad in die Strömungsrichtung zu drehen. Wird die Hauptströmung wieder verlassen, um ans Ufer zu gelangen, gilt das gleiche Prinzip. Man sucht sich ein Kehrwasser oder eine Stelle, an der die Uferströmung sehr schwach ist. Dann wird dieser Punkt angesteuert, man paddelt das Kanu mit dem Bug ins Kehrwasser bzw. in die schwache Uferströmung und dreht es um 180 Grad, sodass es mit dem Bug flussaufwärts zeigt. Man kann sich bei solchen Manövern etwas in die Kurve neigen. Dieses leichte Aufkanten sorgt dafür, dass weniger Wasser auf die Kanuseite drückt und sich das Risiko des Kenterns damit verringert. Wenn man dieses Aufkanten unterlässt, kann sich der Wasserdruck auf die Kanuseite erhöhen und zum Kentern führen.

Eine andere wichtige Technik, die man beherrschen sollte, ist die sogenannte Seilfähre. Mithilfe dieser Technik gelingt es, den Wasserdruck so zu nutzen, dass das Kanu auf das gegenüberliegende Flussufer gedrückt wird. Dies kann mit dem Bug flussaufwärts gemacht werden, sodass man den Fluss selbst bei starker Strömung überqueren kann. Ein anderes Manöver ist das Kreuzen mit dem Bug in Fahrtrichtung mithilfe von Rückwärtsschlägen. Man winkelt das Kanu so, dass der hintere Steven flussaufwärts und auf den Ziel-

Abb. 37: Fähren (Foto: Carsten Rolland)

Das Hauptprinzip beim Fähren, d.h. dem Überqueren eines Flusses, ist, dass der Wasserdruck das Kanu von einer Seite auf die andere schiebt.

punkt am anderen Ufer zeigt. Dieser Winkel hängt davon ab, wie stark die Strömung ist. Je stärker die Strömung, desto spitzer der Winkel.

Beim Kentern in einem Fluss ist eine T-Rettung mithilfe eines zweiten Bootes, wie es beim Paddeln auf Gewässern ohne Strömung und Wellenschlag beschrieben wurde, nicht möglich. Hier muss man an Land schwimmen. Man muss dabei mit den Beinen hoch und in Strömungsrichtung schwimmen, damit man mit den Füßen nicht am Grund hängen bleibt oder mit dem Kopf an Steine stößt. Das wichtigste Hilfsmittel für die Rettung durch einen Mitpaddler ist eine Rettungsleine. Sie gehört unbedingt zur Ausstattung. Diese Leine kann man der gekenterten Person zuwerfen, und wenn sie die Leine gepackt hat, kann man anfangen, die Person ans Ufer zu ziehen.

Unterwegs mit dem Kajak

Seit rund 8000 Jahren benutzen die Inuit (Eskimos) Kajaks als Transportmittel. Der Kajak weist Eigenschaften auf, die diesen Bootstyp zu einem sehr gut geeigneten Wasserfahrzeug machen. Während das Kanu offen ist und sich

Abb. 38: Verschiedene Kajaktypen (Fotos: Carsten Rolland)

Es gibt zahlreiche Arten von Kajaks, die für verschiedene Einsatzgebiete entwickelt wurden. Ganz oben ist ein einfaches Tourenkajak zu sehen, links unten ein Meerkajak, das größer ist und mehr Platz für Ausrüstung auf dem Deck hat. Unten rechts ist ein Doppelkajakk abgebildet mit Platz für zwei Paddler. Die Kajaks werden aus verschiedenen Materialien, meist jedoch aus Hartplastik oder Glasfiber, gefertigt.

deshalb bei hohen Wellen und schlechtem Wetter nicht so gut eignet, ist der Kajak insofern geschlossen, als sich das Deck um den Paddler schließt und somit auch bei Wellengang gut gepaddelt werden kann. Außerdem ist der Kajak normalerweise ein Boot für eine Person, während das Kanu ursprünglich für zwei (oder noch mehr) Personen gedacht war. Das Kajakpaddeln wird in Norwegen immer beliebter. Mit einem Kajak kann man zu Tageswanderungen, längeren Übernachtungstouren auf Binnengewässern und auf dem Meer aufbrechen.

Kajaktypen und Ausrüstung

Je nach Einsatzgebiet gibt es unterschiedliche Kajaktypen. Es gibt Flusskajaks, Seekajaks und verschiedene Arten von Wanderkajaks. Etwas vereinfacht gesagt sind Flusskajaks kürzer und bauchiger, weshalb sie sich schneller und leichter manövrieren lassen. Wanderkajaks sind länger und schmaler, sie sind dadurch schneller und haben eine höhere Richtungsstabilität. Seekajaks sind zusätzlich so ausgestattet, dass man das Gepäck wasserdicht verstauen kann. Es gibt ein Steuer oder eine ausfahrbare Finne, und an Deck sind Schleppleine und Packsack befestigt. Kajaks werden aus verschiedenen Materialien gefertigt. Die Eskimokajaks bestanden aus einem Holzrahmen, der mit Seehundfellen bespannt war. Die modernen Kajaks haben in der Regel eine Bespannung aus Polyethylen oder Glasfaser. Die Glasfaserboote gleiten etwas schneller, während die Polyethylenboote robuster sind. Deshalb werden sie bevorzugt von Vereinen oder Freizeiteinrichtungen eingesetzt, bei denen die Boote von vielen verschiedenen Personen benutzt werden und stärkeren Belastungen ausgesetzt sind. An Seekajaks ist das Steuer oftmals fest montiert. Man kann es über ein Pedal im Bootsinnern mit den Füßen betätigen. Damit lassen sich die Kajaks bei hohen Wellen und starker Strömung deutlich leichter steuern.

Zum Kajak gehört ein Doppelpaddel, wobei die Ruderblätter zueinander etwas verdreht sind. So ist gesichert, dass das Blatt trotz der kleinen und natürlichen Drehung des Handgelenks von der einen zur anderen Seite auf beiden Seiten senkrecht auf die Wasseroberfläche trifft. Wie beim Kanu gehört eine Rettungsweste beim Kajak zur festen Ausrüstung. Eine am Körper anliegende Spritzdecke, die um das Cockpit herum befestigt wird, verhindert das Eindringen von Seewasser oder Regenwasser ins Kajakinnere.

Auch für Kajakpaddler gibt es nützliche Zusatzausrüstung. Wenn die Wassertemperaturen im Paddelgebiet oder wegen der Jahreszeit niedrig sind, wird ein Trockenanzug empfohlen. Damit hält man sich warm, auch wenn man notgedrungen ins Wasser muss. Die Wahrscheinlichkeit, dass trotz Kenterns alles gut geht, steigt deutlich an. Steht kein Trockenanzug zur Verfügung, sollte man als äußere Schicht nach Möglichkeit wasserdichte oder wasserabweisende Kleidungsstücke tragen. Unter der äußeren Schicht oder dem Trockenanzug kann man die Körpertemperatur wie bei der Wanderbekleidung mit verschiedenen Schichten Woll- oder Fleecekleidung regulieren. Zudem gibt es spezielle Paddelhandschuhe, in denen die Hände trocken bleiben, während man das Paddel gut festhält. Wie im Kanu sollte im Kajak auch alles wasserdicht verpackt sein. Man kann die gleiche Art wasserdichte Packtaschen wählen oder – wenn man sich nicht sicher ist, ob die Taschen wirklich dicht sind – die Sachen direkt in den Stauräumen vorne und hinten im Seekajak verstauen. Auf längeren Touren sollte man ein Reservepaddel, eine Lenzpumpe und eine Leine zum Abschleppen des Kajaks dabeihaben.

Abb. 39: Ausrüstung beim Kajakfahren (Foto: Bård Atle Løvehaug)

Zum Kajakfahren muss der Paddler eine Rettungsweste, eine wasserdichte Paddlerjacke, eine Spritzdecke zur Abdichtung der Sitzluke, und natürlich ein Paddel haben. Der Paddler auf dem Bild ist für eine längere Tour ausgerüstet. Zusätzliche Ausrüstung in einem wasserdichten Sack sowie Angelruten werden auf dem Kajak befestigt oder in den Packräumen unter Deck verstaut.

Im Kajak kann man ziemlich viel Ausrüstung verstauen. Die Menge hängt von der Größe und der Konstruktion des Kajaks ab. In einem kleinen Flusskajak ist genug Platz für Gepäck für einen Tagesausflug, in einem großen Seekajak lässt sich Ausrüstung für eine mehrwöchige Wanderung unterbringen. Es ist wichtig, die Last richtig auf den hinteren und den vorderen Stauraum zu verteilen, damit sich der Kajak gut steuern lässt.

Rettung

Im Kajak ist es relativ einfach, sich nach dem Kentern selbst zu retten. Die wirkungsvollste Methode ist die Eskimorolle. Mithilfe einer Hüftbewegung und des Paddels rollt man sich und das Boot wieder nach oben. Die Beherrschung der Eskimorolle erfordert Übung und das Einfachste ist, sich diese Technik in wärmerem Wasser oder in einem Schwimmbecken anzueignen. Paddelnde, die nach dem Kentern die Eskimorolle einsetzen, bleiben relativ trocken. Sollte man das Pech haben, ins Wasser zu fallen, ist es mit dieser Technik möglich, wieder ins Boot zu gelangen. Um dies zu schaffen, braucht man einen Paddelfloat, oftmals eine Paddeltasche, die auf dem Paddelblatt befestigt werden kann. Das Paddel wird dann im rechten Winkel waagerecht auf den Kajak gelegt und der Paddler schiebt sich auf den Kajak, indem er den Paddelfloat und den Kajak belastet. Wenn man dann wieder im Boot ist, muss man noch mit der Lenzpumpe das Wasser aus dem Kajak pumpen. Diese Form der Selbstrettung muss oft in ruhigem Gewässer geübt werden, damit sie auch unter ungünstigen Bedingungen beherrscht wird. Sie ist natürlich umso schwieriger, je schlechter die Wetterverhältnisse sind.

Abb. 40: Eine Paddlergruppe beim Kajakfahren (Foto: Carsten Rolland)

Die sogenannte Kameradenrettung mit dem Kajak kann in gleicher Weise wie beim Kanu erfolgen, indem der gekenterte Kajak in einen rechten Winkel zum Helferboot gebracht und dann auf die Seite gedreht wird, damit das Wasser abfließen kann. Anschließend wird der Kajak parallel zum Helferboot manövriert und beide Boote werden zusammengehalten. Die gekenterte Person steigt wieder in sein Kajak ein, indem sie sich bäuchlings auf das Heck des Kajaks zieht, die Beine in das Cockpit gleiten lässt und sich zur Sitzstellung umdreht.

Grundlegende Kenntnisse (Fahren mit dem Kajak)

Ein Kajak kann von einem hohen oder niedrigen Anleger, einem Strand oder einem steinernen Ufer aus zu Wasser gelassen werden. Für Anfänger wird die gleiche Vorgehensweise wie beim Kanu empfohlen. Jemand hält das Boot im Gleichgewicht, während der Paddler ins Cockpit steigt und sich hinsetzt. Wenn man mit der Zeit herausgefunden hat, wie sich das Boot ohne Hilfe im Gleichgewicht halten lässt, kann man auch allein ins Boot einsteigen. Wenn man von einem Strand aus in den Kajak steigt, kann das Boot in halber Länge auf dem Wasser liegen, bis man sich hingesetzt hat, und man stößt sich dann ins Wasser ab. Von einem Felsen oder einem Anleger aus muss der Kajak parallel zum Ufer liegen und man muss die Arme oder das Paddel zum Abstüt-

Abb. 41: Flusspadeln im Kajak (Foto: Tore Olsen)

zen an Land benutzen, bis man im Boot sitzt. Beim Aussteigen an einem hohen oder niedrigen Anleger, am Strand oder an einem Felsen wird die gleiche Technik in umgekehrter Reihenfolge angewandt.

Paddeltechnik

Es gibt einige Ähnlichkeiten zwischen der Kanu- und Kajakpaddeltechnik. Man zieht das Paddel mit dem unteren Arm durchs Wasser und drückt es gleichzeitig mit dem oberen Arm nach vorn. Im Kajak, wo ein langes Doppelpaddel (mit Blatt an beiden Enden) eingesetzt wird, passiert dies die ganze Zeit rhythmisch abwechselnd rechts und links. Bei der Ausführung der Grundtechnik ist es hilfreich,

- in der Hüfte entspannt und locker zu bleiben,
- die Bauch- und Rückenmuskulatur einzusetzen,
- die Arme fast ausgestreckt zu halten,
- den Ellbogenwinkel nie geringer als 90 Grad zu haben,
- Schultern hängen zu lassen,
- das Paddel nahe am Boot entlangzuführen,
- leicht nach vorn gebeugt zu sitzen,
- in den Beinen leicht entspannt zu sein („Rad fahren"),
- die Hände entspannt und nicht verkrampft um das Paddel zu halten,
- die Handgelenke nicht abzuknicken,
- mit kurzen Schlägen eine relativ hohe Schlagzahl zu halten.

Wie beim Kanupaddeln gibt es unzählige Techniken, um den Kajak zu manövrieren. Es empfiehlt sich, die Technik ganz bewusst zu üben, denn je besser man den Kajak zu steuern vermag, desto größere Möglichkeiten hat man, sich aus schwierigen Situationen zu befreien. Bei Touren mit dem Wander- oder Seekajak ohne großen Wellengang ist es in der Regel das Wichtigste, das Boot soweit es geht geradeaus zu bewegen. Um dies ohne größere Richtungsänderungen zu schaffen, ist es wichtig, den Grundschlag zu beherrschen. Die grundlegenden Techniken für das Manövrieren in die Strömung hinein und wieder heraus, für die Seilfähre und die Neuausrichtung mit einem Paddelschlag entsprechen im Großen und Ganzen den Techniken beim Kanupaddeln auf einem Fluss. Insbesondere sind die Paddelstütze und der übergegriffene Ziehschlag wichtig. Dies sind die wirkungsvollsten Techniken zur schnellen Neuausrichtung des Kajaks.

Richtiges Verhalten beim Kajakpaddeln auf See

Beim Paddeln auf offener See gibt es ein paar Dinge, die unbedingt beachtet werden müssen. Wie kann man Wind und Wellen „lesen" und sich entsprechend verhalten? Wind baut Wellen auf, je größer die Meeresfläche ist, auf der sich der Wind entfalten kann, desto höher sind die Wellen. Bei ablandigem Wind (Landwind) nimmt die Wellenhöhe zu, je weiter man sich vom Ufer entfernt, und die Wellen können den Kajak aufs offene Meer hinausziehen. Bei auflandigem Wind (Seewind) sind die Wellen in Ufernähe am höchsten und ziehen den Kajak damit an Land.

Besondere Aufmerksamkeit erfordert das Paddeln um Landzungen und Holme, wo die Wellenhöhe anders sein kann. Beachtet man Windrichtung und Windstärke, dann kann man vorhersehen, wie sich die Wellen im Verhältnis zur Topografie an Land ändern. Eine besondere Winderscheinung, die in der Nähe hoher Berge auftreten kann, sind die sogenannten Fallwinde. Hierbei handelt es sich um besonders kräftige und unberechenbare Windböen. Sitzt man in einem Kajak, ist es sehr schwierig, diese Böen abzufangen. Wellen, die auf steile und direkt ins Wasser abfallende Uferfelsen treffen, werden zurückgeworfen und können ein unruhiges Wellenmuster verursachen, auf dem die sichere Fortbewegung mit dem Kajak sehr schwierig sein kann. Hier empfiehlt es sich, etwas weiter vom Ufer weg zu paddeln, um den zurückschlagenden Wellen zu entgehen.

Als Seekajakpaddler auf dem Meer muss man den Tidenhub[35] beachten. In der Finnmark kann der Unterschied zwischen Ebbe und Flut bis zu drei Meter betragen. Zwischen den Gezeitenwechseln liegen etwa 6 Stunden und 12 Minuten. In Meerengen kann die Gezeitenströmung so stark sein, dass ein Paddeln dort unmöglich ist, und wenn die Strömung gegen die Windrichtung fließt, bilden sich kurze Wellen. Andere Gefahren, auf die man bei Wasserwanderungen treffen kann, weshalb sie in der Routenplanung berücksichtigt werden müssen, sind Nebel und Schiffe. Mit dem Seekajak auf dem Meer ist man sehr leicht zu übersehen. Man sollte deshalb Fahrrinnen und das Kreuzen vor und hinter Schiffen vermeiden.

---

35 Unter Tidenhub ist der Unterschied zwischen dem Scheitelpegel (Hochwasser) und dem untersten Pegelstand (Niedrigwasser) zu verstehen, siehe www.wikipedia.org/wiki/Tidenhub.

6.4 Angeln und Fischen

Angeln ist eine natürliche Art der Nahrungssuche und damit Teil von Friluftsliv. Es ist zu jeder Jahreszeit in den verschiedenen Gewässern möglich. In der Finnmark gibt es zahlreiche kleine und große Seen, die dafür geeignet sind. Die am stärksten verbreiteten Fischarten in Nordnorwegen sind Forellen und Saiblinge, aber auch Lachse findet man häufig, da sie in sehr vielen Flüssen aufsteigen. Lachse werden intensiv geangelt. Die Fangsaison dauert gewöhnlich vom 1. Juni bis Mitte September.

Aufgrund des Fischreichtums empfiehlt es sich, eine kurze Teleskoprute im Wandergepäck zu haben. Mit einer solchen Rute kann man recht weit werfen und sie ist zusammen mit der Stationärrolle leicht zu verpacken. Eine kleine Auswahl an Blinkern (kleine Gewichte in Form eines Fisches) sollte zur Ausrüstung gehören, falls die Fische nicht so gut beißen. Man kann auch zur Abwechslung mit Pose[36] und Haken fischen. Wenn es möglich ist, Würmer zu finden, wird das Beködern der Haken empfohlen. Dies hat den Vorteil, dass sich der Haken nicht am Seeboden oder in der Ufervegetation festsetzt.

Geangeltes sollte nur der Nahrungsaufnahme dienen. Man kann aber nicht immer davon ausgehen, dass man genügend Fisch angelt, um eine größere Gruppe zu verköstigen. Häufig stellt der Fang nur eine kleine Vorspeise dar. Angeln kann man von einem Boot und vom Ufer aus, oder im Winter auf zugefrorenen Seen, indem man ein Loch in das Eis bohrt. Dieses Eisangeln wird später noch behandelt werden. Im Folgenden wir ein Einblick in das Angeln mit verschiedenen Angelruten und Netzen gegeben.

Angeln mit der Handleine

Mit der Handleine (auch Handangel genannt) zu fischen ist einfach und kann von jedem gemacht werden. An der Angelschnur wird ein Pilker, ein kleines Gewicht, befestigt, der oft die Form eines Fisches hat. Einen halben Meter über dem Pilker sind an der Schnur zwischen drei und zehn Gummiwürmer anzubringen, mit denen die Fische angelockt werden. Wer mit der Handleine angelt, lässt das Endblei bzw. den Pilker bis auf den Gewässerboden hinab, holt dann ein wenig Schnur wieder ein und beginnt zu pilken. Pilken bedeutet, die Schnur mit kräftigen Bewegungen hochzuziehen und wieder abzulassen. Man kann diese Bewegung variieren, indem die Schnur ein wenig in Ruhe gehalten wird und man sie dann wieder auf den Boden sinken lässt, um sie anschließend wieder anzuziehen. So kann man angeln, wenn das Boot

---

36   Pose ist auch unter dem Begriff „Schwimmer" bekannt.

nicht bewegt wird, oder man zieht die Handleine während des Ruderns hinter dem Boot her.

Abb. 42: Die „Jukse", eine Angelschnur mit vielen Haken und einem schweren Gewicht am Ende (Foto: Lars Haukanes Krempig)[37]

Man kann natürlich auch die Haken mit einem natürlichen Köder wie kleinen Stücken Frischfisch, Garnelen, Muscheln, Würmer oder Larven bestücken. Dann lässt man die Schnur bis auf den Boden herab, holt etwa einen Meter wieder ein und wartet, bis ein Fisch anbeißt.

Auf dem Meer kann man mit Angelrute, Handleine, Netz oder Reuse fischen. In einem kleinen Boot ist das Angeln mit der Handleine, in Norwegen auch *juksa* genannt, am praktischsten. Dieses Angelgerät ist einfach im Gebrauch und erfordert wenig Platz. Für das Angeln mit der Handleine sollten je nach Meerestiefe 50 bis 100 Meter Schnur auf der Spule oder dem Aufwickelbrett sein. Die Schnur sollte zwischen 0,3 und 0,6 mm dick sein. Außerdem werden ein Plastikeimer für den Fang und ein Messer zum Ausnehmen benötigt. Es empfiehlt sich, einen zusätzlichen Satz Kunstköder bzw. Haken für den Fall einzupacken, dass ein Haken sich am Boden festsetzt (ein sog. Haker) und abreißt.

---

37 Diese Art des Angelns wird vor allem beim Angeln von Kabeljau auf dem Meer eingesetzt.

Fischen mit Treibnetzen

Das Fischen mit Netzen in den nordnorwegischen Binnenseen hat eine lange Tradition. Früher war es besonders im Spätsommer üblich, dass man mit der ganzen Familie aufs Fjell zog und dort tagelang mit Netzen fischte. Oftmals verschwanden die Familien zu „heimlichen" Seen, wo Fangmengen und Durchschnittsgewicht sehr groß waren. Der Fang wurde gesalzen, in Fässern eingelagert und im Laufe des Winters verspeist.

Heutzutage ist das Fischen mit Treibnetzen vor der norwegischen Küste strengen Bestimmungen unterworfen. Das Recht, Lachse und Meerforellen mit Treibnetzen zu fischen, ist den Grundbesitzern am Ufer des Fjordes oder Flusses vorbehalten.[38] Das Fischen mit Grundnetzen (Flundernetz, Dreiwandnetz u.Ä.) im Meer ist ein Teil des norwegischen Jedermannsrechts. Aus diesem Grund ist diese Form der Netzfischerei in Norwegen am weitesten verbreitet.

Grundnetze müssen mindestens einen Meter unter dem Wasserspiegel stehen. Sie sind 25 bis 30 Meter lang und haben eine Maschenweite von 45 bis 50 Millimetern. Am häufigsten werden Dreiwandnetze *(Trollnet)* benutzt. Diese bestehen aus drei dicht aneinander liegenden Netzen mit unterschiedlicher Maschenweite. An den beiden unteren Enden des Netzes wird ein Tau mit einem Gewicht befestigt. Am anderen Ende dieser Taue werden Netzbojen festgemacht, die auf der Wasseroberfläche schwimmen und den Standort des Netzes anzeigen.

Am einfachsten ist es, ein Netz vom Boot (Holzboot, Kanu oder Schlauchboot) aus auszusetzen. Wenn man allein unterwegs ist, befestigt man ein Netzende an Land und das andere am oder im Boot. Dann rudert man auf den See hinaus. Man kann das Netz auch mithilfe eines langen Seils über eine Bucht ziehen. Bei einer Wanderung mit Übernachtung ist es üblich, das Netz am Abend auszusetzen und am Morgen wieder einzuholen.

---

38 Allerdings dürfen in der Finnmark alle Süßwasserfische außer Lachs, Meerforelle und Saibling ohne eine Gebühr geangelt werden.

Abb. 43: Fischen mit dem Netz (Foto: Inger Wallem Anundsen)

Das Fliegenangeln

Das Fliegenangeln stellt eine besondere Form des Angelns dar. Fliegenangeln im Fluss Altaelva – mit Einhand- oder Zweihandrute – ist etwas ganz Besonderes und sowohl vom Boot als auch vom Ufer aus möglich. Wird vom Boot aus geangelt, ist es üblich, dass eine Person rudert, während die andere angelt. Je nach Saison und Standort wird für das Angeln auf große Lachse eine Zweihand-Fliegenrute benutzt, während die Einhand-Fliegenrute bei der Fischwaid auf kleinere Lachse und Meerforellen zum Einsatz kommt.

Verarbeitung und Zubereitung des Fischs

Die gefangenen Fische müssen getötet und ausgenommen werden. Zum Töten sticht man mit dem Messer so nah wie möglich am Kopf in die Kiemenöffnung. So wird die Hauptschlagader vom Herz zu den Kiemen durchtrennt. Dann wird der Fisch von der Enddarmöffnung in Richtung Kiemen aufgeschnitten, die Eingeweide werden entnommen und mit dem Daumen wird das Blut am Rückgrat entlang herausgedrückt. Anschließend wird der Fisch innen ausgewaschen. Für die Zubereitung kann man den Fisch in Scheiben schneiden oder filetieren.

Für das Filetieren wird ein scharfes und möglichst schlankes Messer benötigt. Man hält den Fisch am Kopf fest und schneidet mit dem flachen Messer

Abb. 44: Das Ausnehmen eines Fisches (Foto: Carsten Rolland)

am Rückgrat entlang Richtung Schwanzflosse. Anschließend dreht man den Fisch um und macht dasselbe auf der anderen Seite. Wer die Fischhaut abziehen möchte, kann den Fisch am Kopf an einem Nagel aufhängen, der in die Wand oder ein Brett geschlagen wurde. Man hält dann die oberen Flossen gut fest und zieht die Fischhaut Richtung Schwanzflosse ab.

Den gefangenen Fisch kann man unterschiedlich zubereiten. Wer die Zubereitung des ganzen Fisches oder der Filets in einer Folie bevorzugt, sollte ein bisschen Butter oder Speiseöl in die Folie geben. Anschließend wird der Fisch im Inneren mit Salz und Pfeffer gewürzt. Zitronenpfeffer eignet sich sehr gut für Salmoniden wie Forelle, Saibling oder Lachs. Zwiebeln und/oder Porree im Bauch des Fisches oder auf den Filets sind ebenfalls sehr schmackhaft. Andere empfehlenswerte Zutaten sind Paprika, Tomaten und Wurzelgemüse. Der Fisch wird in mehrere Schichten Folie eingewickelt und dann auf die Glut des Lagerfeuers gelegt.

Wer den Fisch lieber in einem Topf zubereitet, kann ihn in zwei bis drei Zentimeter dicke Stücke schneiden und diese dann in dem Wasser ziehen lassen, das vorher über dem Lagerfeuer zum Kochen gebracht wurde. Man deckt den Topf mit dem Deckel ab und lässt den Fisch acht bis zehn Minuten ziehen. Wer an der See lagert, kann Salzwasser direkt aus dem Meer nehmen, an einem Binnensee oder Fluss muss dem Frischwasser Salz zugegeben werden.

Der Fisch wird mit frisch gekochten (Pell-)Kartoffeln, Karotten und zerlassener Butter serviert. Wer in den Bergen ist und kaum Brennmaterial findet, kann die Fischmahlzeit auf dem Kocher zubereiten.

Abb. 45: Zubereitung eines Fisches am Lagerfeuer (Foto: Carsten Rolland)

Man kann den Fisch auch auf einem Rost über der Glut des Lagerfeuers grillen. Die Kartoffeln und das Gemüse werden in Folie eingewickelt, auf dem Lagerfeuer gebacken und dann mit einem Stückchen Butter serviert.

Als weitere Möglichkeit können die Fischstücke oder Filets in der Pfanne gebraten werden, und zwar auf dem Lagerfeuer, Sturmkocher oder Campingkocher.

Hat man einen Topf mit Deckel dabei, kann der Fisch warm geräuchert werden. Man legt dazu ein paar Holzzweige – Heide- oder Wacholderzweige ergeben einen würzigen Geschmack – in den Topfboden. Darauf legt man die Fischstücke oder Filets und der Topf wird zugedeckt. Den Topf lässt man ca. 15 bis 20 Minuten über dem Lagerfeuer hängen, dann ist der Fisch fertig geräuchert.

Die sehr detaillierte Beschreibung der Zubereitung des gefangenen Fisches mag vielleicht an dieser Stelle verwundern, doch soll hier auch ganz bewusst ein Beispiel für das ganzheitliche Verständnis von Friluftsliv gegeben werden. Friluftsliv bedeutet, das alltägliche Leben in der Natur zu führen.

6.5   Formen des Jagens

Die Grundbesitzkörperschaft Finnmarkseiendommen (FeFo) umfasst 95 Prozent der Fläche der Finnmark. In diesem großen Gebiet, das von FeFo verwaltet wird, bieten sich die verschiedensten Möglichkeiten zur Jagd – auf Schneehühner, Hasen, Auerwild, Füchse und Wildgänse. Die am stärksten verbreitete und deshalb wichtigste Form von Friluftsliv ist die Nutzung der wohnortnahen Naturgebiete. In der Finnmark ist es möglich, in der Nähe der meisten Städte und Ortschaften auf die Jagd zu gehen.

Wer jagen möchte, muss in einem Jägerverzeichnis geführt sein und eine Jagderlaubnis für die jeweilige Gemeinde oder die gesamte Fläche von FeFo erworben haben (die sog. *Fylkeskort* gibt es allerdings nur für Personen mit Wohnsitz in Norwegen). Wer nicht in Norwegen wohnhaft ist, kann mit einer Saisonerlaubnis (einer Gemeinde) vom 25. September bis zum 15. März jagen, während Personen mit Wohnsitz in Norwegen bereits am 10. September mit der Jagd beginnen können. In der Finnmark gehen jedes Jahr zwischen 4000 und 5000 Jäger dieser Form von Friluftsliv nach. Jäger, die auf Schneehuhnjagd gehen, brauchen keine Jagdprüfung. Erlaubt sind hierbei allerdings nur die Schrotflinte oder das Salonggewehr Kaliber 22 LR. Für die Hasenjagd darf nur die Schrotflinte eingesetzt werden.

Aufschreckjagd

In der Finnmark sind im Herbst die sogenannte Aufschreckjagd und die Jagd mit Vorstehhund auf Schneehühner und im Winter die Fallenjagd am meisten verbreitet. Schneehühner (Lagopus) sind eine klein gewachsene Gattung der Unterfamilie der Raufußhühner (auch Waldhühner genannt) in der Finnmark. In Norwegen gibt es zwei Arten von Schneehühnern, die gejagt werden: das Moorschneehuhn (Lagopus lagopus) und das Alpenschneehuhn (Lagopus muta). Es handelt sich um Standvögel, die in kalten Gebieten wie beispielsweise nördlich des Polarkreises oder in den Bergen oberhalb der Waldgrenze leben. Das Schneehuhn hat zwei verschiedene Federkleider: Im Sommer ist es braun, im Winter weiß.

Bei der Aufschreckjagd bewegt sich der Jäger vorsichtig im Gelände und schreckt das Wild auf. Diese Form der Jagd wird besonders bei Schneehühnern gewählt. In der Finnmark ist es üblich, im offenen Gelände in dieser Weise Alpenschneehühner zu jagen. Die Aufschreckjagd erfordert neben Ausdauer, Schnelligkeit und einer hohen Treffsicherheit auch gute Kenntnisse des Geländes und der üblichsten Aufenthaltsorte der Vögel. Man kann allein oder

Abb. 46: Die Jagd mit Hund (Foto: Pål Markusson)

gemeinsam mit anderen auf Aufschreckjagd gehen. Wenn mehrere Jäger an der Aufschreckjagd teilnehmen, wird zumeist eine Reihe gebildet.

Bei einem Vorstehhund handelt es sich um einen Jagdhund, der „vorsteht", d.h., er ist darauf abgerichtet anzuzeigen, dass er Wild gefunden hat. Vorstehhunde suchen wesentlich wirkungsvoller als ein Aufschreckjäger und können zudem verletzte Vögel schnell aufspüren. In der Regel finden sie das Schneehuhn durch das Wittern von frei in der Luft schwebenden Geruchsmolekülen. Deshalb ist es am sinnvollsten, bei Gegenwind zu jagen. Im Idealfall jagt der Hund im Blickfeld des Jägers, doch nicht immer ist dies der Fall. Dann soll der Hund rapportieren, d.h., zum Jäger zurückkommen und zu erkennen geben, dass er einen Vogel gefunden hat. Der Jäger kann dann dem Hund zu der Stelle folgen, wo der Vogel liegt. Dort wird der Hund wieder vorstehen oder eventuell weiterlaufen und das Wild auf Kommando des Jägers apportieren. Um den Blickkontakt mit dem Hund aufrechtzuerhalten, wird dieser oftmals mit Signalweste ausgestattet. Viele hängen auch – besonders bei der Jagd in Waldgelände – eine kleine Glocke ans Halsband, um zu hören, wo sich der Hund befindet.

Fallenjagd

Eine andere traditionsreiche Form der Jagd ist im Winter die Fallenjagd. Diese erfordert Kenntnisse über das Verhalten und die bevorzugte Nahrung der Schneehühner. Die Fähigkeit, das Gelände zu „lesen" und abzuschätzen, wo der Vogel auffliegen wird, kann man sich nur über lange Zeit aneignen. Spu-

138

ren im Schnee geben oftmals Aufschluss über das Revier des Schneehuhns. Normalerweise wird eine Art Hecke aus Birkenzweigen gebaut, in der sich Öffnungen mit einer Drahtschlinge befinden. Diese Hecke soll das Schneehuhn anlocken, von den Birkenzweigen zu fressen und schließlich durch eine Öffnung zu spazieren, worauf sich die Schlinge zusammenzieht. Die Platzierung dieser Hecke muss umsichtig gewählt werden, und in jedem Fall muss sie sich mit ihren Öffnungen unauffällig dem Gelände anpassen. Früher bestanden solche „Jagdhecken" aus mehreren hundert Schlingen. Der Bau war zeitaufwendig, doch ein guter Fang war ein willkommener Beitrag zum Speisezettel.

Abb. 47: Eine Schneehuhnfalle (Foto: Tore Olsen)

139

7 Aktivitäten auf Schnee und Eis

Der nordnorwegische Winter ist lang, schneereich, manchmal launisch, aber immer einladend. Es macht Spaß, in der Finnmark Ski zu laufen. Die großen Entfernungen, die Weite und das offene und abwechslungsreiche Gelände bieten die unterschiedlichsten Möglichkeiten und Herausforderungen. Besonders das Skilaufen im Fjell und auf den Hochebenen hat lange Tradition.

Normalerweise herrschen in den niedrigeren Lagen noch bis Mitte April gute Bedingungen zum Skilaufen, auf der Finnmarksvidda, 400 bis 500 Meter über dem Meer, liegt der Schnee noch den ganzen Mai hindurch, und in noch höheren Lagen kann man sogar im Juni noch auf Ski aktiv sein.

Oftmals ist diese Übergangzeit eine sehr gute Zeit für eindrucksvolle Skierlebnisse. Das Wetter ist milder, die Tage sind lang und hell, die Sonne wärmt bereits kräftig.

Der Spätwinter, ab Ende Februar, ist für viele die Zeit für ausgiebige Tourenskiläufe oder Abfahrten mit Telemark-Ski, beispielsweise in den Bergen westlich von Alta und in Richtung Süden bis an Tromsø vorbei. Der Schnee bildet zu dieser Zeit eine homogene und stabile Schicht aus groben, feuchten Kristallen. Man kann sich jetzt in steileres Gelände als mitten im Winter begeben, da der Schnee zu dieser Zeit noch in deutlich voneinander abgesetzten und instabilen Schichten lag. Deshalb sind jetzt nicht die gleichen Sicherheitsvorkehrungen erforderlich.

Insbesondere in der Osterzeit brechen viele zu Skiwanderungen auf, denn dann sind auch die Fjell-Gasthäuser und Wanderhütten geöffnet. Die staatlichen Fjell-Hütten sind einfache Unterkünfte mit Hüttenwarten. Wer das Fjell aktiv nutzt, kann hier günstig und sicher übernachten. In der Finnmark gehören dem norwegischen Staat heute noch drei Fjell-Hütten zwischen Alta und Karasjok, einer beliebten Skiwanderroute. Wer hier im Spätwinter oder am Anfang des Frühlings eine Übernachtungsmöglichkeit benötigt, kann in den Fjell-Hütten Joakta, Mollisjok und Jergul einkehren.

Wie immer wieder betont, geht es beim Friluftsliv in erster Linie um nachhaltige Erlebnisse und positive Erfahrungen *mit* der Natur und *in* der Natur. Eine Tour im Winter kann ganz andere Erlebnisse vermitteln als eine Sommertour. Auch die Aktivitäten stellen zum großen Teil ganz andere Anforderungen, was Vorkenntnisse und Vorbereitungen angeht.

Natürlich ist es im Winter auch möglich, ohne die perfekte, die optimale Ausrüstung in der Natur aktiv zu sein. So kann man etwa auch bei Kälte wandern, man kann ebenso mit relativ einfacher Ausrüstung im Schnee oder im Zelt übernachten und es trotzdem warm und gemütlich haben. Aber das norwegische Fjell kann im Winter auch sehr kalt sein. Temperaturen bis unter 30 °C sind nicht selten. Die Wetterverhältnisse erfordern entsprechende Kleidung und Ausrüstung, auf die später noch eingegangen wird.

7.1 Skiwandern – Grundformen

Skilaufen ist eine uralte Form der Fortbewegung auf Schnee. 2000 bis 3000 Jahre alte Felszeichnungen in Hjemmeluft bei Alta zeigen einen Skiläufer, und in Russland wurden Ski gefunden, die rund 8000 Jahre alt sind (Allen, 2012). Über die Norweger wird manchmal gesagt, „sie seien auf Ski geboren". Das ist natürlich nicht wörtlich zu nehmen, aber das Sich-Bewegen auf Ski ist schon sehr alltäglich und wichtig in diesem Land, allein schon wegen der langen Winter.

Der Skisport ist eine überaus beliebte Freizeitaktivität. Man kann ihn durchaus als Teil der norwegischen Kultur und Identität bezeichnen. Im ganzen Land treiben ca. 40% der 4,5 Millionen Menschen regelmäßig und intensiv Skisport (Breivik & Vaagbø, 1999). Besonders Skilanglauf und Tourenskilauf sind sehr populär, unabhängig vom Alter. Es ist nichts Außergewöhnliches, in Oslos Innenstadt oder gar der U-Bahn Menschen mit Langlaufski zu begegnen. Vor vielen Schulen Norwegens stehen in den Wintermonaten Langlaufski anstatt Fahrräder, mit denen die Schülerinnen und Schüler zur Schule kommen und die sie in den Pausen gebrauchen.

Skifahren ist natürlich auch die zentrale Friluftsliv-Aktivität im Winter. Es gibt verschiedene Gründe, um sich auf Ski fortzubewegen. Zum einen ist es der Spaß an der Bewegung, das Gefühl des Gleitens auf Schnee, zum anderen können es fitnessorientierte Motive sein oder aber man nutzt einfach die Ski, um an ein Ziel zu gelangen. Während man sich in Mitteleuropa auf Langlaufski vor allem in präparierten Loipen vergnügt, ist dies in Norwegen auch häufig abseits im tiefen, ungespurten Schnee der Fall. Man spricht hier vom Skiwandern.

Skiausrüstung

Unterschiedliche Formen des Skifahrens erfordern unterschiedliche Skiausrüstungen. Im Folgenden wird hauptsächlich auf die Skiausrüstung für Skilanglaufen und für Skiwanderungen eingegangen. Dabei sollte erwähnt werden, dass insbesondere die für das Skiwandern und die Skitouren benutzten Ski in Norwegen andere sind als in Mitteleuropa, wo man vor allem verschiedene für die Loipe hergestellte Skiarten kennt.

Abb. 48: Verschiedene Skiformen (nach Flemmen, 1994)

Geht man im tiefen, ungespurten Schnee, braucht man einen anderen Ski als für die Loipe. Zwar kann man Loipenski auch verwenden, doch ist dies eine technische Herausforderung, da sie im Gelände, in dem man auf andere Schneebedingungen stößt, weniger stabil sind.

Ein Tourenski hat immer eine Spurrille, um leichter nach rechts und links schwingen zu können. Bei Ski mit guter Taillierung fällt das Drehen und Steuern leichter. Die Taillierung der Ski bildet zusammen mit der Elastizität die Grundlage dafür, wie das Schwingen außerhalb von präparierten Loipen gesteuert werden kann. In präparierten Loipen sind dagegen eher schmalere Ski ohne oder mit nur wenig Taillierung üblich, diese eignen sich gut für schnelleres Laufen und haben keine Stahlkanten.

Die Tourenski sollten 20–30 cm länger sein als die Körpergröße der Person, die sie nutzt. Die Stöcke dürfen eine Länge bis unter die Armhöhlen haben. Wer viel außerhalb von Loipen unterwegs sein will, sollte sich für relativ weiche Ski entscheiden. Die Elastizität erlaubt es, dass die Ski in ihrer ganzen Länge auf den Boden gedrückt werden. Ein solches Paar Ski eignet sich für präparierte Loipen und frischen Pulverschnee.

Die Norweger benutzen in der Regel keine Schuppenski, das heißt Ski, die auf Teilen ihrer Auflagefläche zur Erleichterung von An- und Aufstiegen sogenannte „Schuppen" haben. Diese mechanische Steighilfe erschwert das Zurückrutschen. Derartige Ski werden in Mitteleuropa besonders im Anfängerbereich eingesetzt. Ein weiterer Vorteil ist, dass sie nicht gewachst werden müssen. Allerdings steigt aufgrund der Schuppen der Widerstand, sodass die Gleitphasen nicht so geschmeidig sind wie bei einem Wachsski. Erfahrene und geübte Skilangläufer fahren in der Regel mit einem Wachsski, der allerdings auch sehr viel mehr Pflege erfordert.

Bei Skitouren, die in hügeliges Gelände oder gar in die Berge, sprich alpines Gelände, gehen, sollte man Ski mit Stahlkanten haben. Diese erhöhen die Griffigkeit und geben besonders bei hartem Schnee und Eis einen besseren Halt, was wesentlich zur Sicherheit beiträgt. Derzeit ist in Mitteleuropa Tourenskilauf als neuer Trend zu beobachten. Der dort genutzte Tourenski ist ein mittelbreiter Alpinski, bei dem das Fersenteil der Bindung gelöst werden kann, damit man mit Fellen unter dem Belag gut aufsteigen kann. Am höchsten Punkt angekommen, wird die Ferse fixiert und es kann in der Alpintechnik abgefahren werden.

In Norwegen wird in der Regel die Telemark-Ausrüstung zum alpinen Tourenskilauf verwendet, doch in den letzten Jahren sieht man auch hier immer häufiger Tourenski, die denen aus den Alpenländern entsprechen.

Bindungen und Schuhe

So wie es zahlreiche verschiedene Ski gibt, gibt es auch unterschiedliche Arten von Bindungen und dazugehörigen Schuhen. Für Langlaufski gibt es in Norwegen im Wesentlichen zwei Bindungsvarianten: die klassische 75 mm breite NN-Bindung und die modernere NNN-BC-Bindung. Beide eignen sich für Skiwanderungen in Höhenlagen, wobei die NN-Bindung etwas besser geeignet ist, wenn man beispielsweise bei der Abfahrt an Berghängen größere Stabilität benötigt. Die NNN-BC-Bindung wird bei längeren Touren als angenehmer empfunden. Für beide Typen bekommt man Skischuhe in verschiedenen Ausführungen – von einfachen und relativ dünnen Schuhen bis hin zu Stiefeln mit integrierten Gamaschen.

Wachsen und Pflege

Hat man keine Schuppenski, so ist für das Skilanglaufen das Wachsen zur Unterstützung des Abstoßes und um bei kleinen Steigungen nicht abzurutschen wichtig. Eine gepflegte Gleitzone erhöht die Freude am Skiwandern. Hier gibt es verschiedene Wachsmethoden, mit denen man vertraut sein muss. Dies stellt allerdings eine kleine Wissenschaft für sich dar. Es gibt verschiede Sorten an Skiwachsen, die aus einer Tube, Sprühdose oder für Fortgeschrittene aus einem kleinen Döschen kalt oder heiß (mit einem Bügeleisen oder Bunsenbrenner) aufgetragen werden. Der Belag des Skis wird entweder mit einem guten Gleitspray ca. 25-30 cm vor der Skibindung bzw. Schuhspitze bis auf Höhe der Ferse besprüht, oder das Wachs wird auf dieser Fläche aufgetragen.

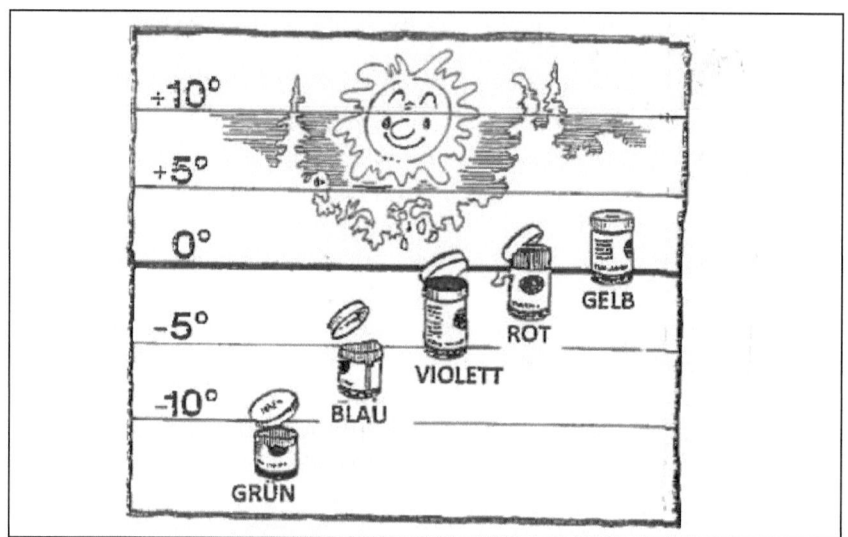

Abb. 49: Verschiedene Skiwachse

Je nach Außen- und Schneetemperatur wird das Wachs anhand einer Farbskala ausgewählt. Weichere Wachse für höhere Temperaturen sind beispielsweise lila (0 °C bis -1 °C) und rot (0 °C bis +2 °C). Härtere Wachse für niedrigere Temperaturen haben kalte Farben – beispielsweise blau (-1 °C bis -8 °C) und grün (-7 °C und kälter).

Damit das Wachs beim Skifahren nicht so schnell durch die Reibung des Schnees abgerieben wird, ist es besser, mehrere dünne Schichten als eine dicke aufzutragen. Zum Verteilen des Wachses wird ein Korkklotz benutzt, da die Reibung mit dem Kork auf der dünnen Wachsschicht Wärme erzeugt. Dadurch lässt sich das Wachs dünner und gleichmäßiger verteilen. Ist das Wetter mild und feucht, benutzt man ein besonders elastisches Wachs *(Klister)*, das es in den Farben lila oder rot gibt. Bei hartem und vereistem Schnee ist es ratsam, blauen Eisklister zu nehmen. Der Klister wird mit einem Kunststoffspachtel dünn auf dem Skibelag verteilt und mit dem Handballen verrieben. Dabei hilft die Handwärme, den Klister geschmeidig zu machen, damit die Schicht gleichmäßig und nicht zu dick wird.

Wenn man zu einer Wanderung mit Gepäck aufbricht, sind die Gleiteigenschaften der Ski nicht so wichtig. Mehr Bedeutung bekommt hingegen die Haftung des Skis. Daher sollte man bei solchen Touren den Steigwachsbereich ausdehnen.

Bei Touren durch steiles Gelände kann der Einsatz von Skifellen sehr von Nutzen sein. Um eine optimale Haftung in steilem Gelände zu erzielen, werden die Skifelle, die an einem Ende einen Bügel haben, auf die Skispitze gezogen. Das eigentliche Fell, das etwa so breit wie ein Ski ist, wird auf die Unterseite des Skis geklebt.

Man kann auch Sporttape als Steighilfe unter dem Ski benutzen. Man teilt das Sporttape in der Mitte, legt es auf jede Seite der Skisohle und klebt es vorne quer zur Skilänge, sodass es sich nicht lösen kann. Sporttape ist eine praktische und billige Lösung, wenn man beim Aufstieg eine bessere Steighaftung und bei der Abfahrt ein besseres Gleichgewicht erzielen will.

Skilauftechnik

Es soll hier nicht ausführlich auf die einzelnen Skitechniken und deren Erlernung eingegangen werden.[39] Die Anforderungen einer Skitour müssen immer entsprechend der Fertigkeiten und Fähigkeiten der Teilnehmer und Teilnehmerinnen gewählt werden. Elementare Fähigkeiten und Fertigkeiten im Skisport werden in Norwegen häufig durch Skispielaktivitäten, dem sogenannten „Skileik", erlernt und geübt. Diese werden im nächsten Kapitel genauer beschrieben.

Bei Skiwanderungen sollte die angewendete Technik funktionell und einfach sein. Im sogenannten Diagonalschritt arbeiten Arme und Beine entgegengesetzt, um vorwärtszukommen. Das Skilaufen außerhalb gespurter Loipen erfordert eine andere Diagonaltechnik als in präparierten Spuren, da die Gleitphase nach jedem Abdruck kürzer ist. Daher ist auch die Bewegungsweite meist begrenzter.

Der Diagonalschritt ist eine einfache, wirkungsvolle und dabei Kraft sparende Form der Fortbewegung auf Ski. Außerhalb der Loipe ist das Abstoßen nicht so intensiv wie in der präparierten Loipe. Beim Langlauf wechselt man rhythmisch zwischen mäßig starkem Abstoßen links und rechts und Gleiten mit geschlossenen Beinen.

Läuft man außerhalb einer Spur, sind die Ski – insbesondere bei Touren mit Gepäck – mehr oder weniger dauernd in ihrer ganzen Länge mit dem Schnee in Kontakt. Beim Anstieg ist es hier sinnvoll, sich im Zickzack schräg nach oben zu bewegen. Wie in der Ebene wird meist der Diagonalschritt gewählt (Horgen, 2009).

---

39 Siehe hierzu auch den vom Deutschen Skiverband herausgegeben *Offiziellen DSV-Lehrplan Skilanglauf* (2013).

Beim Skilaufen ist es vor allem wichtig, ein gutes Gleichgewichtsgefühl zu entwickeln, sodass man entspannt und rhythmisch läuft und dabei den Schwerpunkt wechselweise von einem auf das andere Bein verlagert.

Am meisten Spaß hat man beim Skilauf, wenn es wieder abwärts geht. Bergab wird die Geschwindigkeit durch eine Pflugstellung der Ski, Parallel- oder Telemarkschwünge reguliert. Die Telemark-Technik eignet sich ausgezeichnet bei Neuschnee. Setzt man einen Fuß deutlich vor den anderen, wird die Stützfläche in Längsrichtung erhöht und es fällt wesentlich leichter, das Gleichgewicht zu halten.

Abb. 50: Die Telemarktechnik (Foto: Carsten Rolland)

7.2 Skileik: die norwegischen Winterspielplätze

Um Kindern und Jugendlichen die Grundfertigkeiten für die Fortbewegung auf Ski zu vermitteln, wird in Norwegen häufig das pädagogisch-didaktische Konzept der „Winterspielplätze" eingesetzt, das von norwegischen Skipädagogen unter dem Begriff „Skileik" (Skispiele) entwickelt wurde. Dies ist eine spielerische Einführung in das Skilaufen, wobei Spannung und Spaß im Vordergrund dieses Konzeptes stehen (siehe auch Flemmen, 2002).

Diese Winterspielplätze können durchaus als elementares Winter-Friluftsliv angesehen werden, da sie ohne technische Hilfsmittel (also ohne Lift) betrieben werden. Spielerisch wird ein Gefühl für Gleiten, Drehen, Kanten und Bremsen auf Ski vermittelt. Zudem werden koordinative Fähigkeiten wie Balancegefühl, Rhythmik und Orientierung, die zu den Grundlagen jeder Art des Skifahrens gehören, geschult und ausdifferenziert.

Nach der (gemeinsamen) Fertigstellung des Spielplatzes wird in der Regel in den folgenden Tagen ein Einführungsdurchgang mit allen Klassen gemacht, damit auch Schüler und Schülerinnen mit wenig Erfahrung auf Ski einige Anregungen bekommen können. Auch müssen einige Verhaltensregeln abgesprochen werden. Danach steht der Skispiele-Parcours in und nach der Schulzeit allen Schülern zur freien Benutzung zur Verfügung.

Da in Norwegen die meisten Kinder relativ nah an ihrer Schule wohnen, kommen sehr viele auch am Nachmittag auf die Winterspielplätze, um zu spielen, zu toben und zu üben. Das Prinzip des individuellen Wiederholens und Übens kommt hier sehr gut zum Tragen. Förderlich ist auch, dass Kinder mit unterschiedlichen skifahrerischen Fertigkeiten gleichzeitig üben, spielen und sich weiterentwickeln können. Die Kinder können sich selbst und gegenseitig herausfordern und somit von und miteinander lernen.

7.2.1 Zur Errichtung und Organisation von Winterspielplätzen

Das Gelände, auf dem sich ein solcher Spielplatz befindet, sollte sowohl eine Ebene wie auch einen Hang aufweisen. Hier werden verschiedene Stationen mit unterschiedlichen Aufgabenstellungen und Schwierigkeitsgraden errichtet. Dabei wird versucht, die natürlichen Gegebenheiten auszunutzen bzw. zu integrieren, das heißt z.B., dass Bäume und Bodenunebenheiten in die einzelnen Aktivitäts-Stationen integriert werden, oder dass herabhängende Äste und Büsche als Markierungen oder Hindernisse verwendet werden.[40]

Die Winterspielplätze befinden sich in der Regel in der Nähe von Wohngebieten, Schulen und Kindergärten, sodass sie auch außerhalb der Unterrichtszeit und über den Schulsport hinaus genutzt werden können (Flemmen, 2002, 11). Abb. 51 zeigt ein Beispiel, wie ein solches Gelände genutzt werden kann.

---

40 Eine gute Darstellung und Beschreibung findet sich auch auf der Website www.ski forbundet.no/skileik. Diese ist allerdings in norwegischer Sprache.

Abb. 51: Gelände für Skiaktivitäten (nach Flemmen 1994, 89)

In der Regel errichten mehrere Lehrpersonen den Winterspielplatz, manchmal helfen auch Schüler und Schülerinnen aus den höheren Klassen. Es dauert, auch bei guten Schneeverhältnissen, einen ganzen Schultag, den Schnee so zu sammeln und zu formen, dass er den Anforderungen besonders für die Aufgaben am Hang entspricht. Es ist eine große Hilfe, wenn man sich eine kleine Pistenraupe ausleihen kann, um den Schnee zu verschieben. Dieser Einsatz lohnt sich auch deshalb, da der dann geschaffene Parcours in der Regel über mehrere Wochen genutzt werden kann – mit gelegentlichen Ausbesserungen bei starker Abnutzung oder viel Neuschnee.

7.2.2 Das Konzept der Winterspielplätze

In spielerischer Weise, sprich fast beiläufig, werden auf solchen Winterspielplätzen die grundlegenden Fertigkeiten sowie die koordinativen Fähigkeiten des Skilaufens, in erster Linie das Gleichgewicht, geübt. Die einzelnen Stationen beschäftigen sich mit dem Be- und Entlasten, Richtungsänderungen, Vor-

Abb. 52: Kinder auf Ski (Foto: Ida Kjelland)

wärtsbewegen in der Ebene und bergauf, Springen, Landen und Stoppen und dem kontrollierten Bergabfahren.

Auch die Ausdauerfähigkeit kommt dabei nicht zu kurz. Die Kinder legen – da es keine Aufstiegshilfen gibt – bei einem drei- bis vierstündigen Aufenthalt auf einem Winterspielplatz über 10 km zurück, wenn man die Stationswechsel, die Stationen in der Ebene und die Aufstiege zusammenrechnet.

Der hohe Aufforderungscharakter und die den einzelnen Übungen innewohnenden Korrektur- und Selbstregulierungsmomente sorgen dafür, dass Hinweise und Korrekturen von Erwachsenen oder Lehrkräften gar nicht oder nur in sehr geringem Maße zu geben sind. Im Sinne des situativen Lernens ist das Gelände der Lehrmeister, und dieses sorgt zudem für Spaß und Spannung. Die Kinder sollen versuchen, eigene Erfahrungen zu machen und die einzelnen Stationen individuell bestmöglich zu bewältigen, wobei ihnen auch überlassen bleibt, wie lange sie sich an einer Station aufhalten. Die Winterspielplätze repräsentieren einen induktiven, ganzheitlich geprägten methodischen Weg zur Einführung in das Skilaufen. Auch die Skiausrüstung kann ganz unterschiedlich sein, es können Langlauf- oder Alpinski sowie Snowblades etc. genutzt werden. Snowboards hingegen sind eher ungeeignet.

Die Winterspielplätze sind vor allem für Kinder vom Kindergartenalter bis ca. 14 Jahre gedacht. Wie die in diesem Kapitel abgedruckten Bilder zeigen, haben sie jedoch auch für Jugendliche und Erwachsene – und nicht nur für Anfänger – einen hohen Aufforderungscharakter.

Im Folgenden wird das *Skileik*-Modell der Universität Tromsø im nordnorwegischen Alta vorgestellt.

Das *Skileik*-Modell

Der vorgestellte Winterspielplatz in Alta wird von Studierenden der Fächer Sport und Friluftsliv und Lehrkräften der örtlichen Arctic University of Norway mithilfe einer Pistenraupe errichtet. Danach steht er Schulen oder Kindern während ihrer Freizeit zur Verfügung. Der Zustand der Winterspielplätze muss regelmäßig überprüft werden, da zum einen Neuschnee wie auch Temperaturschwankungen die Qualität der einzelnen Stationen beeinträchtigen können, zum anderen tragen die vielen Benutzer den Schnee ab, verteilen ihn um. Dadurch werden die Bedingungen verändert, sodass eine stete Bearbeitung und „Renovierung" vonnöten ist, um die Sicherheit und optimale Bedingungen zu gewährleisten. Erst dann sind Spaß und Erfolg gesichert.

Die Reihenfolge der im Folgenden beschriebenen sieben Stationen ist nicht festgelegt. Sie kann, wie auch die Anzahl der Stationen, durchaus unterschiedlich sein bzw. ist vom Gelände abhängig (siehe auch Hofmann & Rafoss, 2005).

Bei den Aufgaben handelt es sich um elementare Koordinationsspiele auf Ski in der Ebene. Diese können auf einem oder zwei Ski, allein oder mit Partner oder in der Gruppe durchgeführt werden. Die Anforderungen werden kontinuierlich gesteigert. Übergeordnete Zielsetzungen sind die Weiterentwicklung der Gleichgewichtsfähigkeit und das Finden und Aneignen von Bewegungsmöglichkeiten auf Ski, hier vor allem die Vorwärtsbewegung und Richtungsänderung in der Ebene. Aber auch der Wettkampfcharakter und damit die soziale Komponente spielen eine Rolle.

Station 1: Slalom-Parcours in der Ebene

Mithilfe von Slalomstangen oder alten Ästen und Baumstämmen werden zwei parallel verlaufende Parcours aufgebaut, sodass Wettkämpfe in Form von Staffeln möglich sind. Es handelt sich hierbei um ein flaches Gelände, hier können auch erste Erfahrungen auf Ski gesammelt werden, etwa ins Gleiten zu kommen und zu wenden auf einem oder zwei Ski.

Abb. 53:
Slalom-Parcours in der Ebene
(Foto: Ida Kjelland)

Abb. 54:
Die Orgelbahn (Foto: Ida Kjelland)

Station 2: Die Orgelbahn

Die Orgelbahn, auch Tretorgel genannt, besteht aus zwei parallel verlaufenden Bahnen mit jeweils versetzten Mulden im Abstand von ca. einem Meter, in die jeweils ein Ski passt. Für die Nutzer dieser Station bedeutet dies ein wechselseitiges Beugen und Strecken der Beine, um einen Sturz zu vermeiden.

Station 3: Ausgleichshügel

Ca. acht kleine Hügel mit einer Höhe von etwa einem Meter sind im Abstand von zwei bis drei Metern aneinandergereiht, die in der Falllinie durchfahren werden. Durch das Beugen und Strecken der Beine wird ein Abheben vom Schnee verhindert und die Aufgabe sicher bewältigt. Der letzte Hügel lädt zum Sprung ein. Der Schwierigkeitsgrad kann gesteigert werden, indem man sich auf eine weitere Hügelbahn (vgl. Station 6) mit mehr und enger gesetzten Hügeln begibt.

Abb. 55:
Das Gelände als Lehrmeister:
Ausgleichshügel (Foto: Ida Kjelland)

Abb. 56:
Spielerisches Skispringen an einer
kleinen Schanze (Foto: Ida Kjelland)

Station 4: Schanze

Hier kann von einem Schanzentisch von ca. 70 cm Höhe gesprungen werden. Je nach Gelände kann die Länge des Anlaufs variabel gestaltet werden. Bei der Errichtung dieser Station muss darauf geachtet werden, dass auch der Auslauf eine entsprechende Länge und Neigung aufweist, um entsprechend angenehm zu landen.

Station 5: Slalom-Parcours

Durchfahren eines einfachen Slaloms, dabei fährt man entweder um alte Baumstämme, die als Markierungen dienen, oder um Slalomstangen.

Station 6: Sprunghügel-Reihe

Hier wird nacheinander über drei Schanzentische gesprungen. Besonders der letzte Hügel fordert zum Absprung auf, da man zugleich eine kleine Glocke anschlagen soll, die in Sprunghöhe an einer Stange befestigt ist.

Station 7: Durch Birkenstämme und Slalomstangen (Glockentor-Abfahrt)

An einem Hang werden jeweils zwei Äste so gesteckt, dass man sie im Wechsel in gestreckter Position bzw. gebeugter Körperhaltung durchfahren muss. Das Strecken wird hier wiederum provoziert, indem man eine Glocke anschlagen muss, um danach sofort in die Knie zu gehen, um unter dem nächsten Tor durchzufahren. Diese Station kann aber auch zum Slalom umfunktioniert werden, indem man die Äste als Slalomstangen von außen umfährt.

Abb. 57: Die „Glockentor"-Abfahrt (Foto: Ida Kjelland)

Organisation und Durchführung

Die Herausforderungen der Skileik-Anlagen sollen vielseitige Erfahrungen beim Gehen, Gleiten und Springen auf Ski ermöglichen. Es finden sich „Loipen" in der Ebene, kleine Abfahrten und kleine Sprungmöglichkeiten.

Wie bereits erwähnt, ist die Reihenfolge der beschriebenen Stationen nicht vorgeschrieben. Sie ist von den natürlichen Gegebenheiten vor Ort abhängig. Zu Beginn können sich die Schülerinnen und Schüler gleichmäßig auf die Stationen verteilen. Im Prinzip kann an jeder beliebigen Station begonnen werden. Da manche Stationen allerdings technisch anspruchsvollere Varianten darstellen, ist es nicht immer sinnvoll, an diesen schweren Stationen zu beginnen (etwa Station 3 und 6).

Im Laufe der Aktivitäten wählen die Kinder selbst ihr weiteres Vorgehen und auch, wie lange sie an einer Station üben und spielen wollen. Ebenso können sie den Schwierigkeitsgrad an vielen Stationen selbstständig verändern. Dies kann durch eine Verlängerung des Anlaufes geschehen, durch Skifahren auf einem Ski oder auch zu zweit oder in kleinen Gruppen. Eine beliebte Herausforderung ist das Weglassen der Stöcke.

Bei den Ausgleichsübungen (Station 3) empfiehlt es sich, mehrere Bahnen mit unterschiedlichen Schwierigkeitsgraden zur Auswahl zu haben. Auch ist es reizvoll, den Anlauf an der Sprungschanze verlängern zu können. Variationen können sich auf unterschiedliche Aspekte beziehen. Je nach Gegebenheiten, Voraussetzungen und Intentionen sind folgende Veränderungsmöglichkeiten denkbar:

Tab. 8:   Mögliche Veränderungen

Veränderung der äußeren Rahmenbedingungen - Unterschiedliche Räume (flach, bergauf, bergab, begrenzt ...) - Unterschiedliche Gleitgeräte (Alpinski, Langlaufski, Snowblades, Snowboards ...) *Variation der Bewegungsausführung* - Ein- oder zweibeinig - Unterschiedliches Tempo - Passives Gleiten oder aktives Fahren - Verändern der Ausgangslage (hoch – tief, weit – eng) - Richtungsänderung - Zusatzaufgaben *Kombination von Bewegungen* - Während des Gleitens/Fahrens andere Aktivität mit den Händen - Rascher Wechsel zwischen den Stationen - Tempowechsel, starten und stoppen - Bergab und bergauf und sich fortbewegen in der Ebene *Erhöhung der Anforderung* - Üben mit Wettkampfcharakter - Üben nach Vorbelastung - Üben unter hoher Dauerbelastung - Stationen gemeinsam mit Partner/inne/n durchfahren

Abb. 58: Gemeinsames Fahren mit einem Ast (Foto: Annette R. Hofmann)

7.3 Übernachten im Winterlager

Es gibt verschiedene Möglichkeiten, im Winter in der Natur zu übernachten. Neben den schon mehrmals erwähnten Fjell-Hütten kann man auch in Zelten schlafen oder eine Schneehöhle errichten. In diesem Kapitel wird vor allem auf das traditionelle Zelt der Samen, das Lavvo, Bezug genommen sowie der Bau einer einfachen Schneehöhle vorgestellt. Auch hier gibt es verschiedene Formen.

7.3.1 Das Lavvo

In der Finnmark hat das Übernachten in einem *Lavvo,* dem samischen Spitzzelt, lange Tradition. Die Ursprünge liegen mehr als 2000 Jahre zurück. Bei den Samen wird das Lavvo nach wie vor während der Wanderungen mit den Rentierherden im Frühjahr und im Herbst genutzt. Ein Lavvo (vom nordsamischen Wort *lávvu*) lässt sich leicht auf- und wieder abbauen und eignet sich

Abb. 59: Ein Lavvo und seine Ausmaße (Foto: Lars Haukanes Krempig)

deshalb sehr gut für das traditionelle Nomadenleben. Das Lavvo ähnelt dem Tipi der nordamerikanischen Ureinwohner, ist allerdings etwas flacher und hält deshalb stärkeren Wind aus. Es besteht aus mehreren Zeltstangen, die an der Spitze zusammengehalten und im Kreis aufgestellt werden. Das Zelttuch bestand früher aus zusammengenähten Rentierfellen. Heute werden dazu verschiedene Materialien genutzt. Das Zelttuch wird mit Seilen und Pflöcken am Boden festgemacht. In der Mitte des Lavvos wird ein Lagerfeuer entzündet, um den Innenraum aufzuwärmen. Der Rauch zieht durch die offene Spitze des Zeltes ab. Das aufgeschlagene Lavvo hat eine Kegelform.

Mittlerweile gibt es Lavvos in verschiedenen Ausführungen. Eine Weiterentwicklung des traditionellen Lavvos sind das Ofen-Lavvo *(Ovnslavvo)* und das Ein-Stangen-Lavvo *(Enstangslavvo)*, die beide mit Aluminiumstangen statt der traditionellen Holzstangen aufgestellt werden. Dadurch lassen sich die Lavvos noch einfacher aufbauen und transportieren. Damit sind heutzutage die Lavvos nicht mehr nur Unterkünfte für die Samen, sondern auch ein Ausrüstungsgegenstand für viele norwegische Naturbegeisterte.

Die kleinsten Modelle (Ein-Stangen-Lavvos) bestehen aus einer Zeltstange in der Mitte und einem sehr leichten Zelttuch aus Kunststoff. Die größeren Lavvos haben mehrere Aluminiumstangen und ein dickeres Zelttuch. In den größten Lavvos finden mehr als 100 Personen Platz. Es ist auch üblich –

Abb. 60: Ein Lavvo von innen (Foto: Carsten Rolland)

und sehr behaglich – in der Mitte des Lavvos einen Ofen zum Beheizen auf-
zustellen.

In der Nähe norwegischer Kindergärten und Schulen sieht man oft Lavvos, die als Pausen- und Unterrichtsraum genutzt werden. In diesen Lavvos
können 15 bis 20 Personen sitzen.

Der Lavvo-Typ mit einer Stange in der Mitte und einem leichten Zelttuch
ist mittlerweile sehr populär geworden. In einem solchen Ein-Stangen-Lavvo
finden etwa sechs bis acht Personen Platz. Weil dieses Lavvo nur eine Stange
hat, ist es allerdings nicht so windstabil. Es ist am besten geeignet zum Campen unterhalb der Baumgrenze oder in einem Gelände mit etwas Wald, der
bei starkem Wind zusätzlichen Schutz bietet.

Am einfachsten lässt sich das Lavvo aufschlagen, indem man das Zelttuch
auf dem Boden ausbreitet, die Schneepflöcke einschlägt und schließlich die
Stange aufstellt. Diese wird auf einen flachen Stein oder einen Holzklotz gestellt, damit sie nicht im Boden oder Schnee einsinken kann. Wenn es nicht
zu windig ist, kann sich der Lavvo-Eingang in Windrichtung befinden – so
bekommt man genug Zug für das Feuer. Folgt man der samischen Tradition,

wird zunächst sämtlicher Schnee am Aufstellungsort weggeschaufelt, da sonst das Lagerfeuer durch das Schmelzen des Schnees einsinken würde und eine geringere Luftzufuhr eine sehr unangenehme und störende Rauchentwicklung verursacht. Wenn viel Schnee liegt, kann man dort, wo man seinen Schlafplatz einrichten will, einen halben Meter liegen lassen, während man den Eingang und die Lagerfeuerstelle komplett schneefrei schaufelt.

Um ein Lagerfeuer im Lavvo zu entfachen, werden Holzscheite schichtweise aufgestapelt, das Holz wird dabei nach oben hin immer dünner. Es empfiehlt sich, die Schichten im rechten Winkel zueinander und mit etwas Luft zwischen den Scheiten zu stapeln. Ganz oben auf dem Feuerholz werden dann kleine Zweige und Rinde zum Anzünden verwendet. Die Glut fällt nach unten in den Holzhaufen und so brennt das Lagerfeuer langsam von oben nach unten ab. Sehr wichtig ist eine gute Luftzufuhr. Zu wenig Luft führt zu schlechter Verbrennung und viel Rauch.

Häufig hat man einen kleinen Ofen, der in der Mitte des Lavvos aufgebaut wird. Dieser ist natürlich zu schwer, um ihn auf eine Tour mitzunehmen, aber wenn man in der Nähe einer größeren Zivilisation sein Zelt aufschlägt, dann kann er eingesetzt werden. Hier muss man allerdings aufpassen, dass – insbesondere bei Nacht – die Schlafsäcke nicht zu nahe am Ofen liegen.

Windschutz

Das norwegische Fjell ist oftmals eine offene Landschaft, in der es im Winter schwierig sein kann, Schutz vor dem Wind zu finden. Daher ist es angebracht, für eine (längere) Pause oder die Essenszubereitung einen Windschutz zu bauen. Auch beim Eisangeln ist es von Vorteil, bei starkem Wind einen Windschutz anzulegen. Für einen stabilen Windschutz werden mit einer Schneeschaufel solide Schneeblöcke von 50–60 cm Länge und 30–40 cm Breite und Höhe ausgestochen. Sie müssen so groß sein, dass man sie aufeinanderstapeln kann und sie stabil liegen bleiben (Horgen, 2010). Ein solcher Windschutz lenkt den Wind über den Rastplatz hinweg. Bei starkem Wind kann der Windschutz auch: mit einem spitzen Winkel gegen den Wind gebaut werden. Er gewährleistet dann einen geschützten, schneefreien Bereich. Wenn man windgeschützt sitzt, ist es gemütlicher und das Essen schmeckt besser als frierend im Stehen.

Auch bei Übernachtungen im Zelt kann es von Vorteil sein, vor dem Aufbau des Zeltes zunächst einen Windschutz zu errichten. Der Abstand zwischen Zelt und Windschutz sollte dabei eineinhalb bis zwei Meter betragen, da es auf der Innenseite des Windschutzes immer Turbulenzen gibt.

Abb. 61: Windschutz aus Schnee

Zelt

Natürlich kann man auch in einem Zelt übernachten. Es muss allerdings kräftigem Wind standhalten können und leicht aufzubauen sein. Ein Zelt für den Wintergebrauch sollte aus einem dichten Außenzelt und einem atmungsaktiven Innenzelt bestehen. Gewöhnliche Heringe zur Befestigung des Zelts im Untergrund sind im Schnee nicht zu gebrauchen. Längere Winterheringe sind nötig. Außerdem kann man zum Aufbau die Ski und Skistöcke nutzen. Sinnvoll ist auch der Einsatz von Sturmmatten, auf die man Schnee schaufeln kann, sodass es im Zelt angenehmer wird. Die heute weitverbreiteten Tunnelzelte sind sehr leicht und auch leicht aufzubauen. Wenn man einen passenden Standort gefunden hat, wird zunächst der Schnee dort festgetrampelt. Beim Aufbau des Zeltes ist zu beachten, dass die dem Wind am wenigsten Widerstand bietende Seite auch dem Wind zugekehrt ist. Der Haupteingang und das größte Vorzelt sollten sich auf der vom Wind abgewandten Seite befinden. Bei starkem Wind ist es sinnvoll, vor dem Aufbau des Zeltes zunächst einen Windschutz zu errichten.

Abb. 62:
Zelt mit Schneematten an beiden
Seiten
(Foto: Inger Wallem Anundsen)

Um Nässe aus dem Zelt fernzuhalten, sollte man vor dem Betreten des Zeltes immer den Schnee von der Kleidung und der Ausrüstung abbürsten. Wird im Zeltinneren ein Kocher benutzt, muss man dafür eine stabile Unterlage haben. Gekocht werden sollte nach Möglichkeit im Vorzelt. Viele ziehen es vor, im Vorzelt eine Mulde zu graben, die es erlaubt, beim Kochen aufrecht zu stehen. Eine solche Mulde ist auch ein Vorteil, wenn weitere Personen hinzukommen und sich vom Schnee an der Kleidung befreien, den Rucksack auspacken und den Schlafplatz im Zeltinneren vorbereiten wollen.

7.3.2 Bau von Schneehöhlen und Iglus

Generell gesehen ist der Schnee ein interessantes (Bau-)Material, dass sich nicht nur zum Skifahren eignet. Ein wenig Grundwissen, etwa über die unterschiedliche Konsistenz von Schnee, hilft auch bei der Wahl der zu errichtenden Schneeunterkunft.

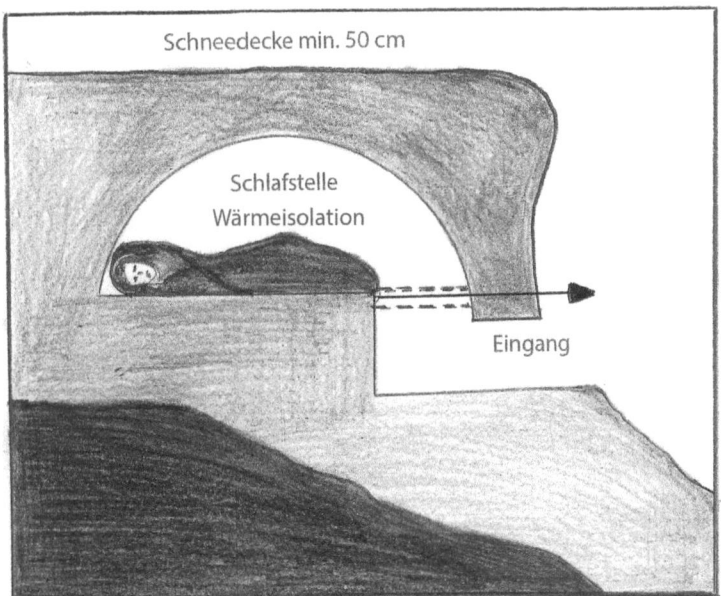

Abb. 63: Querschnitt einee Schneehöhle (Zeichnung: Monika Miller)

Schnee ist ein Baumaterial, mit dem sich leicht arbeiten lässt und das einfach den Bedürfnissen angepasst werden kann. Es kann richtig gemütlich sein, den Tag in einer Schneehöhle ausklingen zu lassen. An eine solche Übernachtung denkt man gern zurück. In den Schneehöhlen und Iglus kann es relativ warm sein, wenn sie richtig gebaut sind und man sich darin mit mehreren Personen aufhält. Es empfehlen sich eine Isomatte und ein Rentierfell als Unterlage unter dem Schlafsack.

Ausreichende Schneemengen sind die erste Voraussetzung für den Bau einer Schneehöhle. Um zu vermeiden, dass man in zu hartem oder zu lockerem Schnee gräbt, kann man mit einer Sonde (Lawinensuchstange) die Schneequalität prüfen (Mayr, 2014). Ist etwa der Schnee sehr feucht oder hart, ist es sehr anstrengend, eine Schneehöhle zu graben. Wenn es gelingt, die Stange mit beiden Händen in den Schnee zu drücken, ist er gerade noch weich genug.

Vor dem Schaufeln zieht man am besten die Überziehstiefel über die Stiefel. Dadurch bleiben die Füße warm und trocken. Natürlich muss man erst den Schnee abbürsten. Eine Schneehöhle kann unterschiedlich gebaut und für zwei bis acht Personen ausgelegt werden. Wie viel Schnee benötigt wird, hängt von der Art der Höhle ab, doch in der Regel ist eine Schneehöhe von zwei bis drei Metern erforderlich. Am besten wird die Schneehöhle weit oben in einer Schneeverwehung, einer Wechte oder einem Schneekolk gebaut (Lawinengefahr beachten!). Die Höhlendecke muss in jedem Fall einen halben bis einen Meter stark sein. Normalerweise ist der Schnee weiter oben in der Verwehung weniger hart gepackt und es ist leichter, den Schnee aus der Höhle zu schaufeln. Die Tiefe des Schnees kann mit einer Lawinensonde, die in der Regel zwei bis vier Meter lang ist, festgestellt werden. Diese Sonden, die aus Segmenten bestehen, sind sehr leicht und können gut im Gepäck verstaut werden.

Bau einer traditionellen Schneehöhle

Der Bau einer traditionellen Schneehöhe ist zwar relativ einfach, aber er benötigt Zeit, man muss einige Stunden dafür einrechnen. Im Folgenden wird der Bau einer Schneehöhle für zwei Personen beschrieben, aber es ist einfach, die Höhle um weitere Schlafmöglichkeiten zu erweitern bzw. verschiedene, nahe beieinander gelegene, Schneehöhlen durch Gänge zu verbinden.

Zu Beginn werden zwei Eingänge in einem Abstand von etwa zwei Metern in gleicher Höhe angelegt. Zunächst gräbt man ein etwa einen Meter tiefes Loch in voller Standhöhe und Körperbreite waagerecht in den Schnee hinein. Zwei Eingänge haben den Vorteil, dass mehrere Personen Schnee herausschaufeln und diesen von den Öffnungen entfernen können.

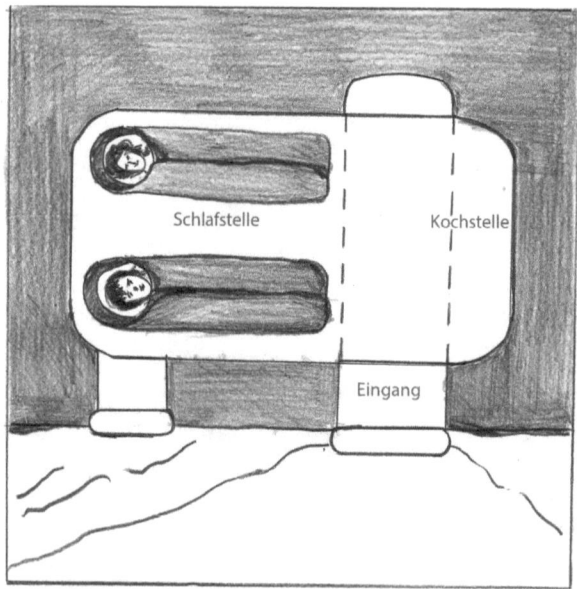

Abb. 64: Schneehöhle mit Eingang (Zeichnung: Monika Miller)

Ist der schulterbreite Gang zwischen den Öffnungen fertig, sticht man eine Schneebank in voller Länge und einer Breite für zwei Personen aus. Damit bekommt man Platz für zwei doppelte Schlafplätze nebeneinander. Die Decke wird kuppelförmig gestaltet und auf der anderen Seite des Mittelgangs, gegenüber dem Schlafplatz, wird eine Kochstelle „gebaut". Die nicht als Eingang genutzte Höhlenöffnung wird wieder verschlossen. Dazu sägt man mit einer Säge große Schneestücke oder sticht diese mit einer Schaufel aus, die man dann über die Öffnung legt. Es ist erstaunlich, wie gut man Schnee, wenn er nicht zu weich ist, sägen und transportieren kann. Natürlich muss man aufpassen, dass er nicht auseinanderfällt.

Zuvor gräbt man am Eingang noch eine Treppe ins Freie, und in die Schneewand auf jeder Seite des Eingangs schlägt man unterhalb der Schlafplatzhöhe 20 bis 30 cm tiefe Kerben in den Schnee. In diesen Kerben stapelt man die ausgesägten/ausgestochenen Schneeblöcke aufeinander, so dass der Eingang niedriger liegt als der Schlafplatz. Durch das Tieferlegen des Eingangs entsteht eine „Wärmeglocke" und die relativ warme Luft kann nicht aus der Schneehöhle entweichen (s. auch Mayr, 2014). Im Inneren der Schneehöhle liegt die Temperatur recht schnell bei rund 0 Grad.

Man sollte den Schnee abbürsten, bevor man sich auszieht und in den Schlafsack legt. In der Schneehöhle werden die Isomatten bzw. Rentierfelle überlappend zusammengelegt, damit niemand im Laufe der Nacht direkt auf dem Schnee liegt. Die Kleidung, in der man gewandert ist bzw. mit der man die Schneehöhle errichtet hat, ist meist feucht, weshalb die Unterwäsche gewechselt werden sollte. Mit trockener Unterwäsche kann man die Körperwärme besser aufrechterhalten. Die benutzte Kleidung wird mit in den Schlafsack genommen, sodass sie am nächsten Morgen trocken und warm ist. Es empfiehlt sich, über den Schlafsack eine Wasser abhaltende Hülle zu ziehen, damit man am nächsten Morgen nicht einen feuchten Schlafsack einpacken muss.

Iglu

Eine andere Möglichkeit des Winterbiwaks ist das Iglu. Im Grunde ist das Iglu eine Variante der Schneehöhle, die allerdings wesentlich anspruchsvoller und zeitaufwendiger im Bau ist, da Bausteine aus dem Schnee ausgesägt bzw. gestochen werden müssen (Mayr, 2014). Andererseits ist das Bauen eines Iglus auch eine schöne Gemeinschaftsaufgabe und es lohnt sich, dies einmal zu versuchen. Ein Iglu in der Schneelandschaft gibt zudem ein schönes Bild.

Es soll hier nicht näher auf den Iglubau eingegangen werden,[41] doch sollte man sich umfangreich mit dem Thema vertraut machen. Will man ein Iglu bauen, gilt es eine Reihe einfacher Hinweise zu beachten, da sonst die Iglu-Konstruktion nicht gelingt und man wieder von vorn beginnen muss.

Eine etwas einfachere Form einer Unterkunft im Schnee, die einem Iglu ähnelt ist das sogenannte „Schneehaufen-Iglu". Hier wird gemeinsam ein ca. 2 Meter hoher Schneehaufen mit 3-5 Metern Durchmesser errichtet. Der Schnee muss immer wieder von allen Seiten mit Schaufeln festgeklopft werden. Man kann auch 1-2 Personen auf der Kuppe den Schnee festtrampeln lassen. In den verdickten Schneehaufen werden gleichmäßig verteilt ca. 30 cm lange Zweige gesteckt. Nun lässt man den Haufen eine Nacht sacken und kann am nächsten Tag mit dem Aushöhlen beginnen. Die Zweige sind beim Aushöhlen ein Hinweis dafür, dass man die Dicke der Schneedecke nicht unterschreitet. Die Oberkante des Eingangs liegt tiefer als der Schlafsockel, damit die warme Luft nicht entweicht.

Abb. 65: Liegeplatz in einem Schneehaufen-Iglu (Foto: Annette R. Hofmann)

---

41 Eine gute Anleitung findet man z.B. bei Yankielun (2007).

7.4 Eisangeln

In Nordnorwegen kann man auf dem Meer bzw. Fjord und im Binnenland dem Eisangeln nachgehen. Wichtigste Voraussetzung ist natürlich, dass das Eis die Angler auch wirklich trägt. Das Angeln auf dem zugefrorenen Meer ist an vielen Orten in Nordnorwegen sehr verbreitet. In den Fjordarmen der Finnmark wie beispielsweise am inneren Ende des Altafjordes gibt es genug Möglichkeiten zum Eisangeln. Aber auch die meisten Seen in der Region sind über einen langen Zeitraum vereist, sodass es auch viele Gewässer im Gebirge gibt, in denen man auf diese Weise Fische fangen kann.

In der Finnmark sagt man, dass sich das Eis „angehoben" hat, was bedeutet, dass es trocken ist und weder Oberwasser noch Schnee darauf liegen. Es ist einfach, ein Loch zu bohren, durch das man angeln kann. Natürlich muss man vorsichtig sein. Das Eis schmilzt und wird mit jedem Tag dünner. Es sollte mindestens 15 bis 20 Zentimeter dick sein, damit es die Eisangler sicher trägt. Außerdem sollte man sich in ausreichender Entfernung von offenem Wasser (Zufluss oberhalb bzw. Abfluss unterhalb des Sees) aufhalten, weil dort das Eis schneller dünn wird. Sicherheitshalber sollte man auch nicht allein aufs Eis gehen und ein Paar Eisdorne (auch Eisretter oder Eiskrallen genannt) um den Hals hängen haben, mit denen man sich wieder aufs Eis ziehen kann, sollte man doch einbrechen.

Für das Angeln bohrt man mehrere Löcher ins Eis, in die dann die Angelschnur abgelassen wird. Je nach Fischart kann man mit Naturköder, Blinker oder Pilker fischen.

Eisangeln erfordert nicht viel Ausrüstung. Man benötigt einen Eisbohrer, eine Eiskelle, eine kleine Eisangel und einen passenden Köder für den Haken. Ein verbreiteter Köder sind Maden (Schmeißfliegenlarven), man kann aber auch Tintenfisch (akkar) oder Garnelen benutzen. Würmer und Maden bekommt man normalerweise in Sportgeschäften. Im Notfall kann man aber auch Käse oder kleine Wurststücke als Köder benutzen. Um relativ schnell ein Loch in dickes Eis bohren zu können, benötigt man einen Eisbohrer. Die Angelschnur sollte im Winter etwas dicker sein als im Sommer, denn die Sehne wird durch die Eislochkante stark beansprucht.

Beliebt und leicht zu beschaffen ist auch die „Eigenbau-Variante" der Eisangel. Die Angel kann leicht aus einem dickeren Ast geschnitzt werden. An beiden Enden werden Kerben eingeschnitten, sodass man die Schnur hier „aufrollen" kann. Neben dem Haken, der an der Schnur angebracht werden muss, wird eine Münze mit einem Loch in der Mitte (in Norwegen eignet sich hierfür besonders eine Krone) an der Angelschnur befestigt. Durch das Gewicht

Abb. 66:
Eisangeln
(Foto: Inger Wallem Anundsen)

bleibt die Schnur im Wasser hängen. Diese Art der Angel kann auch quer über das Loch gelegt werden.

Die am weitesten verbreitete Art des Eisangelns ist das Pilken, das heisst, das ständige Ablassen und Heraufziehen des Köders. Was als Köder benutzt werden sollte, wie dick die Sehne sein sollte, ob man einen Pilkstock oder eine Pilkrute mit einer Stationärrolle wählen sollte, hängt immer davon ab, was man fangen möchte – und nicht zuletzt von der Größe der Fische. Um den Fisch zum Loch zu locken, wird bevorzugt etwas Weißes benutzt, das langsam sinkt. Dies können kleine nasse Papierschnipsel, Haferflocken oder Eierschalen (von gekochten Eiern im Proviant) sein. Viele setzen einen blanken, löffelförmigen Metallblinker mit zusätzlichem Naturköder ein. Die beliebtesten Fischarten beim Eisangeln in der Finnmark sind Forellen und Saiblinge.

Eine eher passive Form des Angelns ist das Fischen mit Fangschnüren. Dazu werden mehrere Schnüre mit Köder bestückt und diese die Nacht über im Wasser gelassen. Damit das Loch nicht zufriert, wird es mit Zeitungspapier und einer Schicht Schnee abgedeckt. Dadurch wird verhindert, dass das Wasser gefriert, und am nächsten Morgen ist es leichter, die Schnüre wieder ein-zuholen. Wenn das Loch zufriert, kann es leicht passieren, dass die Schnur reißt.

Beim Eisangeln kann es ziemlich kalt werden. Neben warmer und wind-dichter Kleidung braucht man warme und wasserdichte Stiefel. Wenn man ein paar alte Zeitungen als Unterlage aufs Eis legt und Überziehstiefel trägt, hält man sich bei kaltem Wetter und viel Wind weitaus länger warm. Wenn der Fisch gerade mal nicht beißt oder es sehr kalt ist, kann man die Pilkstange fest in den Schnee stecken und eine Skitour unternehmen, während Schnur und Köder weiterhin im Wasser sind, um Fische anzulocken. Bei zu starkem Wind empfiehlt es sich, einen Windschutz aus Schnee zu bauen.

Abb. 67: Warm eingepackt beim Eisangeln (Foto: Annette R. Hofmann)

7.5 Schlittenhunde

Historisch gesehen wurden Hunde in Nordnorwegen selten für den Transport von Menschen benutzt. Bei den Samen war es üblich, Personen und Waren mit Rentieren zu transportieren. Vor Pulkas und Schlitten wurden zahme Zugrentiere gespannt. Bei der Erforschung neuer Landgebiete wurden allerdings Hundegespanne eingesetzt. Nachdem Norwegen im Jahre 1905 eine selbstständige Nation geworden war, wurde das Vordringen in die bisher noch unerforschten Polargebiete wichtig. Die Arktis- und Antarktis-Expeditionen aus Norwegen und anderen Ländern lieferten sich harte Wettbewerbe darum, wer zuerst die Polpunkte erreichen würde. Bei der Durchquerung der Nordwestpassage 1903–1906 erlernte Roald Amundsen während der Überwinterungen den Einsatz von Hundegespannen bei den Inuit. Diese Erfahrung war dann beim 1.300 Kilometer langen Marsch zum Südpol von entscheidender Bedeutung.

In den 1970er Jahren wurde das Hundeschlittenfahren in Norwegen mehr und mehr zu einer Freizeitbeschäftigung. Es passte gut zu dem, was Friluftsliv sein sollte – eine Aktivität, bei der Menschen, die der Natur Respekt entgegenbringen, sich in ihr betätigen können, ohne sie zu gefährden. Das Fahren mit Hundeschlitten schont die Umwelt und ist eine Alternative zur motorisierten Fortbewegung in der Natur.

Es gibt verschiedene Formen des Hundeschlittenfahrens. Gewöhnlich wird zwischen der nordischen Variante und der Alaska-Variante unterschieden. Bei der nordischen Variante zieht der Hund oder ziehen die Hunde einen Pulk, dies ist eine besondere Art von Schlitten. Auf diesem Schlitten werden Ausrüstung, Proviant oder auch kleinen Kinder transportiert. Der Hundeführer bzw. die Hundeführerin *(Musher)* folgt dem Gespann auf Ski. In Regionen mit langen Wintern und guten Schneeverhältnissen ist mittlerweile auch die Alaska-Variante sehr populär und weitverbreitet. Hierbei ziehen die Hunde einen leichten Schlitten (9–12 kg) mit langen Kufen. Der Musher steht auf den Kufen und stößt sich mit einem Fuß ab – wie auf einem Roller oder dem in Norwegen üblichen Tretschlitten *(spark)*. Hinten am Schlitten ist zwischen den Kufen eine Bremsmatte befestigt, auf die der Musher treten kann, um das Tempo zu drosseln. Jeder Schlitten ist mit einem Anker ausgestattet, der bei längerem Anhalten im Schnee festgemacht wird.

Die Alaska-Variante setzt schon eine größere Ausrüstung voraus. Heutzutage ist sie aber eine sehr beliebte Touristenattraktion in Skandinavien geworden und sie ermöglicht den Hundeschlittenbesitzern eine zusätzliche Einkommensquelle im Winterhalbjahr. Im Friluftsliv-Unterricht wird das

Abb. 68: Hundejöring (Foto: Inger Wallem Anundsen)

Hundeschlittenfahren, abgesehen vom großen Spaßfaktor, als Erfahrungsraum für das einfache, aber gegenseitig abhängige Zusammenleben von Mensch und Tier in der Natur eingesetzt.

Wer einen Hundeschlitten lenken möchte, muss nicht nur Hunde lieben, sondern sollte auch in guter körperlicher Verfassung sein und ohne Schwierigkeiten das Gleichgewicht halten können. Wenn die Hunde ziehen, läuft man wie oben beschrieben entweder auf Ski oder steht auf dem Schlitten. Der einfachste erste Schritt für einen angehenden Hundeschlittenführer ist das einfache Skilaufen mit Hund und Schleppleine. Viele entdecken die Freude am Hundeschlittenfahren, wenn sie sich beim Skilaufen von einem Hund oder mehreren Hunden ziehen lassen, dies ist auch unter dem Namen auch Hundejöring bekannt. Hier sind weder viel Ausrüstung noch große Investitionen nötig. Man erreicht in der Loipe oder einer Motorschlittenspur hohe Geschwindigkeiten und kann die Freude der Hunde am Laufen und ihre Energie kennenlernen. Ein bis drei Hunde sind schon genug, um Ski und Hunde unter Kontrolle zu halten, ansonsten kann es, besonders bei Ungeübten zu schnell werden und die Sturzgefahr steigt.

Dabei wird den Hunden ein Zuggeschirr angelegt, die Schleppleine sollte so lang sein, dass der Abstand zwischen Skiläufer und Hund bzw. Hunden mindestens zwei Meter beträgt. Die Schleppleine wird in einen gepolsterten Hüftgurt aus Leder eingehängt. In einem Gespann laufen immer jeweils

Abb. 69: Hundeschlittenfahren (Foto: Inger Wallem Anundsen)

Abb. 70: Der Finnmarksløpet: Europas längstes Schlittenhunderennen mit 1000 km, Start und Ziel sind in Alta (Foto: Annette R. Hofmann)

zwei Hunde nebeneinander. Je mehr Hunde im Gespann sind, desto schneller geht es. Mit vielen Hunden wird es aber auch schwieriger, die Tiere im Zaum zu halten. Es ist wichtig, dass die nebeneinander laufenden Hunde gut zusammenpassen.

Ein oder zwei der Hunde sind die Leithunde. Sie müssen besonders gut gehorchen und klug sein. Sie laufen vorne im Gespann und tragen eine große Verantwortung. Oft werden schnelle und leichte Hunde zu Leithunden, doch das Wichtigste ist, dass sie ihre Rolle verstehen und die Motivation im Gespann aufrechterhalten. Ein Leithund muss zudem den Unterschied zwischen links und rechts kennen und dafür sorgen, dass die Leine beim Anhalten straff bleibt, damit sich keine Knäuel bilden und Chaos entsteht.

Die Hunde müssen auf Kommandos wie „rechts", „links" und „Halt" gehorchen, damit der Hundeschlittenführer sicher sein kann, das Gespann immer unter Kontrolle zu haben. Hundeschlittenführer bringen ihren Hunden bei, auf bestimmte Kommandos zu reagieren. Das Startsignal sollte ein Wort sein, das sonst nicht so oft benutzt wird, damit die Hunde nicht einfach loslaufen, wenn dieses Wort zufälligerweise fällt. Die bekanntesten Kommandos für „rechts" und „links" sind „gee" und „haw", doch werden auch entsprechende Richtungsangaben in anderen Sprachen gebraucht. Beim Richtungswechsel verlagert auch der Hundeschlittenführer das Gewicht auf die betreffende Seite. Dies erfordert einen gut entwickelten Gleichgewichtssinn und besonders bei längeren Ausflügen und in hügeligem oder schwierigem Gelände eine gute körperliche Verfassung. Der Hundeschlittenführer steht auf den Kufen und stößt dort, wo er helfen kann, mit einem Fuß ab, oder er läuft an Steigungen neben dem Schlitten her.

Eine besondere Herausforderung ist das Bergabfahren, das speziell geübt werden muss. Hier sollte man die Hunde hinter dem Schlittenführer laufen lassen, denn so kann dieser das Tempo bestimmen.

8 Umsetzung von Friluftsliv in Deutschland

In den bisherigen Kapiteln ging es in Theorie und Praxis um Friluftsliv in den nordischen Ländern mit besonderer Konzentration auf (Nord-)Norwegen. Die praktische Umsetzung von Friluftsliv in Mitteleuropa, genauer gesagt in Deutschland, kann natürlich nicht so ohne Weiteres geleistet werden, weil die Gegebenheiten und damit die Möglichkeiten ganz andere sind. Zum Beispiel sind die Naturflächen in Deutschland anders geartet als in Norwegen und auch quantitativ geringer.

Doch trotz der im Vergleich zu Skandinavien geringeren Naturflächen kann man sich auch in Deutschland viele Möglichkeiten zur Umsetzung von Friluftsliv-Aktivitäten und -Exkursionen vorstellen. Zum Beispiel sind der Alpenraum, die deutschen Mittelgebirge, Seenplatten und die Küstengebiete neben vielen anderen Regionen, die manchmal sogar direkt vor der eigenen Haustüre gelegen sind, geeignet. Man benötigt nicht unbedingt kilometerweit unbesiedeltes Gelände, um eine (Ski-)Wanderung, eine Rad- oder Bootstour etc. alleine oder mit einer Gruppe zu unternehmen. Auch Übernachtungen in der Natur sind bei entsprechenden Vorplanungen möglich (siehe etwa Jakob, 2007 oder das Themenheft „Wandern und Unterwegssein" der Zeitschrift *sportpädagogik* 6/2014).

Auch in Mitteleuropa hat man viele Möglichkeiten Aktionen und Touren durchzuführen, die dem Friluftsliv ähnlich sind. Die Menschen scheinen derzeit einen vermehrten Drang zum Naturaufenthalt zu haben, wenn man den gegenwärtigen Boom des Wanderns und vor allem Bergwanderns in Deutschland betrachtet. Dies zeigt sich auch an der steigenden Zahl der DAV Mitglieder und an den oft überfüllten Berghütten.

Während das (Berg-)Wandern individuell gestaltet und durchgeführt werden kann, sind dagegen viele erlebnispädagogische Angebote vor allem in der Tourismusbranche angesiedelt und werden von kommerziellen Anbietern angeleitet. Zum anderen sind sie aber auch im sozialpädagogischen und schulischen Kontext zu finden. An Schulen ist dies häufig im Rahmen von Schullandheimaufenthalten der Fall. Der Besuch von Klettergärten oder anderen Erlebnisparks steht bei Schulklassen heutzutage hoch im Kurs. Diese Aktivitäten sind allerdings nicht als Friluftsliv zu bezeichnen. Liedtke und Lagerstrøm (2007b) bezeichnen sie als arrangierte Events in einer künstlichen Umwelt. Dem stehen die Friluftsliv Erlebnisse in wirklicher, nicht gestalteter Natur gegenüber. Solche authetische Naturerlebnisse und Naturerfahrungen haben aber auch einige deutsche Kindergärten, die bei jedem Wetter einmal pro Woche einen Waldtag haben, in ihrem Programm. Auch das sich in Deutschland

seit den 1990er Jahren ausbreitende Konzept der aus Skandinavien stammen-
den Waldkindergärten (Miklitz, 2011; Henkel, 2013, Müller, 2014) bringt Kindern schon früh die Natur und den Aufenthalt in ihr nahe (Liedtke, 2007). In
einem derartigen „Kindergarten ohne Dach und Wände" (Weber-Heggemann,
2012; siehe auch Henkel, 2013) verbringen die Kinder die meiste Zeit mit ihren Erziehern und Erzieherinnen in der freien Natur, im Wald, auf der Wiese oder am Strand. Gespielt und gelernt wird mit dem, was die Natur bietet.
Müller (2014) gibt konkrete Anregungen, wie man in Deutschland Frilufts-
liv-Einheiten in der frühkindlichen Bildung gestalten kann.

Diese Ansätze frühkindlicher Pädagogik kommen wohl dem norwegischen
Friluftsliv-Verständnis am nähesten, da in diesen ähnliche Ziele wie im norwegischen Friluftsliv verfolgt werden:

- Neugierig machen auf die Natur und diese erleben und erfahren,
- die eigene Rolle in der Natur kennenlernen,
- die Erfahrungen in und mit der Natur reflektieren,
- in der Natur zurechtkommen,
- das Naturverständnis stärken,
- alle Sinne ansprechen und mit allen Sinnen erleben, erfahren und lernen,
- Gemeinschaftsgefühl entwickeln,
- sich selbst als Individuum als Teil einer großen Gesamtheit in der Natur
  erleben.

Eine Art Friluftsliv findet man darüber hinaus auch oft in den Angeboten von
Sportvereinen und anderen Institutionen, so z.B. bei den Pfadfindern und
Royal Rangers. Dennoch sind solche Angebote nicht immer das Gleiche wie
Friluftsliv. Zwar ist sehr häufig auch hier der Naturaufenthalt zentral, doch
geht es darüber hinaus, wie in Kap. 4 zur Erlebnispädagogik schon erläutert,
oft um „Wagnis", „Erlebnis" und „Abenteuer" im pädagogischen Kontext. Die
Vielfalt des Erlebens in der Natur im Zusammenhang mit der körperlichen
Wahrnehmung und vor allem der zweckfreie Aufenthalt in der Natur und das
Kennenlernen von grundlegenden „überlebensnotwendigen" Techniken und
Fertigkeiten, wie z.B. ein Feuer zu entfachen oder sich eine wettergeschützte
Unterkunft für eine Nacht im Freien zu errichten, sind eher Mittel zum Zweck
und nicht Hauptfokus. Die organisatorischen und logistischen Dinge sind da-
bei oftmals bereits vorgegeben oder gestellt. Ebenso stehen ökologische Aspekte nicht unbedingt im Mittelpunkt, häufig fehlt die Vermittlung der Har-
monie von Mensch und Natur.

Man sollte auch in Betracht ziehen, dass die gesetzlichen Vorgaben in
Deutschland ganz andere sind als in Norwegen. Dies wirkt sich auf die Mög-

lichkeiten der Ausübung von Naturaktivitäten aus und bringt Einschränkungen mit sich. In erster Linie kann man dies am „Jedermannsrecht" deutlich machen (vgl. Kap. 2.2.1). So kann man z.B. in Deutschland nicht überall sein Nachtlager aufbauen. Campen ist stark eingeschränkt und nur an vorgegebenen Plätzen erlaubt. Die Hütten, die es zum Teil gibt, gehören dem DAV oder anderen Vereinen und werden von diesen häufig auch (kommerziell) bewirtschaftet. Selbst der Verzehr von eigenem Proviant ist nicht immer überall gerne gesehen oder möglich. Zum Schutz von Flora und Fauna, und zum Teil auch zur eigenen Sicherheit, ist man zudem größtenteils auf ausgeschilderte und angelegte Wege, die mehr oder weniger den Einflüssen der Natur ausgesetzt sind, angewiesen. Auch ist es nicht erlaubt, offene Feuerstellen in der Natur zu errichten, ohne Lizenz zu jagen oder zu fischen oder auch nur querfeldein über Wiesen und Felder zu gehen oder durch Wälder zu streifen (Jakob, 2007). Diese gesetzlich verankerten Einschränkungen haben natürlich auch ihren Einfluss auf die Umsetzungsmöglichkeiten von Friluftsliv. Andererseits kann man dies natürlich auch als pädagogische Herausforderung ansehen. Man muss sich hier andere Formen und Varianten ausdenken.

Eine leicht zu verändernde Situation ist etwa die mit der Frage verbundene, ob man sich bei solchen Touren in der Natur bei Pausen unbedingt an fest angelegten Rastplätzen ausrichten muss? Man kann auch in Mitteleuropa ganz einfach auf einer Wiese, im Schnee oder am Rand eines Feldes rasten – wenn auch ohne ein offenes Feuer und meist ohne Nahrungssuche (mit Ausnahme von Beeren und Pilzen).[42] Verpflegung muss also mitgenommen werden, aber das ist ja auch bei norwegischen „Friluftslivlern" nicht unüblich. Will man dagegen grillen, muss man auf einen ausgewiesenen Rastplatz mit angelegter Feuerstelle ausweichen. Doch auch diese Situation lässt sich „natürlicher" oder ursprünglicher gestalten, indem man sich etwa selbst sein Holz in der Umgebung zusammensucht, das Feuer ohne Hilfsmittel entfacht und sich die eigenen Grillstöcke schnitzt. Die Möglichkeit des Übernachtens in der freien Natur ist allerdings sehr eingeschränkt. Man muss sich vorher die Genehmigung vom Eigentümer der Wiese oder der Hütte holen oder bei der lokalen Forstverwaltung nachfragen, bevor man sein Lager aufschlägt.[43] Trotz

---

42 Vor dem Verzehr von in der Natur wachsenden Beeren wird in manchen Regionen Mitteleuropas (z.B. Deutschland) aufgrund der Gefahr einer lebensbedrohlichen Leberzirrhose – ausgelöst durch den sogenannten Fuchsbandwurm – gewarnt. Auch bei Pilzen muss man sehr vorsichtig sein und sollte sie immer vor Verzehr von einem „Kenner" als essbar einstufen lassen.

43 Zudem darf man auch die Tollwut nicht außer Acht lassen. Leider gab es in der jüngsten Vergangenheit in Deutschland Vorfälle, bei denen Kinder von tollwütigen Füchsen in der Nacht gebissen wurden. Dies hat Auswirkungen auf die offizielle Resonanz des Draußen-Schlafens in der freien Natur.

dieser Einschränkungen haben derartig ausgerichtete Unternehmungen den Charakter von Friluftsliv.

Bei der Durchführung von Friluftsliv-Angeboten sollte man auch immer vor Augen haben, um was für eine Gruppe es sich handelt. Sicherlich klingt schon der norwegische Name an sich interessant und abenteuerlich. Er macht neugierig, man will wissen, was sich dahinter versteckt. Aber vor allem im Kinder- und Jugendbereich sollte man berücksichtigen, ob es sich um eine freiwillige oder – wie im Fall von Schulklassen – eher eine Pflichtveranstaltung handelt. Auch in Norwegen sind nicht alle von Friluftsliv begeistert, und bei schulischen Angeboten kann es durchaus auch zu Motivationsproblemen kommen. Anders ist die Situation in außerschulischen Angeboten, bei denen sich die Teilnehmenden, egal welchen Alters, von sich aus einer solchen Aktivität anschließen. Ein sehr wichtiger Punkt ist auch die Berücksichtigung der Vorerfahrungen und körperlichen Voraussetzungen der Teilnehmenden. Bei Anfängern ist oft schon die Ausrüstung ein Problem, da oft selbst vermeintlich „einfache Dinge", wie zum Beispiel ein Rucksack oder geeignetes Schuhwerk, nicht vorhanden sind, geschweige denn Schlafsack und Isomatte etc. Im Praxisteil wurde beschrieben, wie stark das Gelingen, das positive Erlebnis einer Tour, abhängig ist von einfachen, aber grundlegenden Dingen wie der richtigen Ausrüstung und deren Hantierung. Die körperlichen Herausforderungen etwa werden viel leichter angenommen und gemeistert, wenn die äußeren Bedingungen – etwa ein gut und richtig gepackter Rucksack – stimmen.

Hiermit wird nun die Frage nach der Anschaffung der Ausrüstung angesprochen. In der Regel lohnt es sich, etwas mehr zu investieren, um gutes Material zu bekommen. Die eigentliche Friluftsliv-Tour oder -Aktivität hingegen sollte keine finanziellen Mehrkosten verursachen, symbolisiert sie doch ihrem ureigenen Verständnis nach lediglich das alltägliche Leben, allerdings in natürlicher Umgebung.

Dass sich Friluftsliv als attraktive Freizeitaktivität in Deutschland immer weiter verbreitet, sieht man auch daran, dass immer mehr deutsche Universitäten es in ihr Lehrangebot an Sportinstituten aufnehmen. Je mehr solcher Ausbildungsmöglichkeiten existieren, desto mehr Lehrende wird man in ein paar Jahren finden, die es auch mit ihren (Schul-)Gruppen umsetzen werden. So zumindest ist die pädagogische Hoffnung.

Die Sporthochschule Köln weist wohl zurzeit das umfassendste Friluftsliv-Angebot auf, was sicherlich auch mit den dortigen Lehrenden zusammenhängt. Bereits in den 1990er Jahren wurde etwa das Projekt „ÆØÅ – Kennst Du Norwegen?" gemeinsam mit dem norwegischen Außenministerium durchgeführt und hierzu eine Handreichung zur Durchführung von „Frilufts-

liv-inspirierten" Schulprojekten herausgegeben (KNA, 1999a; 1999b). Friluftsliv wird zudem auch an den Instituten für Kreislaufforschung und Sportmedizin und für Bewegungstherapie und bewegungsorientierte Prävention und
Rehabilitation der Sporthochschule in Köln in Forschung und Lehre thema-
tisiert (s. Kap. 2.2.8). Hier gab es in der Vergangenheit verschiedene Studi-
en über den Einfluss von Friluftsliv auf das Wohlbefinden und die Gesundheit
und es wurden auch größere Exkursionen nach Norwegen in einem rehabilitativen Rahmen durchgeführt. Ansonsten haben mittlerweile auch andere
deutsche Universitäten und Hochschulen Friluftsliv in ihr Angebotsspektrum
im Fach Sportwissenschaft und darüber hinaus aufgenommen.

8.1 Ein Beispiel aus der Schule

Konkret zu Friluftsliv gibt es in der deutschsprachigen Literatur meist nur
Beispiele aus Norwegen. Doch finden sich in erlebnispädagogischen Veröffentlichungen zahlreiche Anregungen, die auch als Friluftsliv-Aktivität angesehen
werden können. Speziell soll hier auf die Themenhefte „On Tour. Sport- und
erlebnispädagogische Ausflüge" der Zeitschrift *SportPraxis* (2005) und „Wandern und Unterwegssein" der Zeitschrift *sportpädagogik* verwiesen werden.
Hierin finden sich neben Sommer- und Winterbeispielen der Umsetzung von
Friluftsliv in Norwegen (Zoglowek, Rolland & Rafoss, 2005) Beiträge zu einer Floßfahrt mit selbst gebauten Flößen (Zimmermann, 2005), zu einer Ru-
derwanderfahrt (Siebe, 2005), zum Kanufahren (Wohlers, 2014) zu verschiedenen Formen von Schulwandertagen (Müller, 2005; Kant, 2014; Bungardt &
Sanders, 2014), einer Mountainbike-Tour über die Alpen (Junker & Menge,
2014) sowie Beispiele für Surfen (Beckmann & Riegel, 2005). Alle Beispiele
haben einen starken Praxisbezug zum schulischen und außerschulischen Kin-
der- und Jugendarbeit und beziehen sich auf Möglichkeiten in Deutschland.
    Umfassendere Schriften, die sich direkt auf die Umsetzung von Friluftsliv
in Deutschland beziehen, findet man am ehesten an den Hochschulen, an denen Friluftsliv als Studienangebot gewählt werden kann. Dabei handelt es sich
in der Regel um wissenschaftliche Abschlussarbeiten oder Hausarbeiten von
Studierenden. Ein beliebtes Thema ist dabei die Umsetzung von Friluftsliv mit
Schulklassen oder Jugendgruppen in Deutschland.[44] Meist werden die Bedingungen und die Organisation beschrieben und eine Friluftsliv-Einheit evaluiert. Man kann sich eine Umsetzung im Rahmen der Schule als eine fächerü-

---

44 Dies gilt zumindest für die Universität Münster und die Pädagogische Hochschule Lud-
    wigsburg.

bergreifende Aktion vorstellen, an der nicht nur Sportlehrkräfte, sondern auch Kolleginnen und Kollegen etwa aus der Biologie oder Geografie mitwirken.

Dieses Kapitel soll einen Einblick in die wissenschaftliche Hausarbeit von Paul Häußler und Franziska Urstöger geben, die als ein gelungenes Beispiel für eine solche Friluftsliv-Umsetzung in Deutschland gesehen werden kann. Ihre Arbeit *Trotz körperlicher Beeinträchtigung die Natur erleben – Friluftsliv als pädagogisches Konzept* wurde 2013 an der Pädagogischen Hochschule Ludwigsburg in der Studienrichtung Sonderpädagogik eingereicht. Dabei wurde ein 5-tägiges Friluftsliv-Projekt mit einer 7. und 8. Klasse, bestehend aus neun Schülern mit körperlichen Beeinträchtigungen, konzipiert, beschrieben und evaluiert. Dieses Projekt wurde erst an der Schule vorbereitet und dann in der Natur in Form einer Wanderung und von Zelten nahe einer Hütte des Schwäbischen Albvereins auf der Schwäbischen Alb durchgeführt. Es gab zwei Vorbereitungstage und einen weiteren Tag zur Nachbesprechung und Reflexion der Tour.

Die folgende Projektbeschreibung zeigt zum einen eine Möglichkeit, Friluftsliv in einer Schulklasse ein- und mit ihr durchzuführen, zum anderen werden deutlich die Bedingungen und Schwierigkeiten herausgearbeitet, auf die man stoßen kann. Auch wenn es sich in diesem Fall um eine Gruppe aus dem sonderpädagogischen Bereich gehandelt hat, sind die aufgeführten Beispiele und Erfahrungen doch als allgemeingültig anzusehen. Zudem zeigt die Studie, dass Friluftsliv mit allen Gruppen durchführbar ist.

Die beiden Studierenden, die auch die Gruppenleitung übernahmen, haben die Friluftsliv-Tour selbst konzipiert und organisiert. Im Vorfeld wurde das Projekt mit den Eltern, der Schulleitung und den Lehrkräften abgesprochen. Neben den zwei Gruppenleitern mit Friluftsliv-Erfahrungen, die sie bei einem Auslandsstudium in Norwegen erworben haben, waren zwei Lehrerinnen dabei. Eine solch hohe Anzahl von Betreuern ist aber nicht immer notwendig, die Anzahl ist eher von den Bedingungen einer Gruppe und dem Alter der Teilnehmenden abhängig. Insbesondere im Erwachsenenbereich sind es in der Regel weniger Betreuer.

Bezogen auf diese Gruppe mussten einige logistische Aspekte im Vorhinein bedacht werden. So wurde der größte Teil des Übernachtungsgepäcks und des Essens im Vorfeld an den Lagerplatz gebracht, da es den Schülern nicht möglich gewesen wäre, alles selbst zu tragen. Außerdem wurde für einen Teilbereich der Strecke ein Linienbus als Transportmittel genutzt, da sonst die Wanderstrecke zu lang gewesen wäre.

Vorbereitung in der Schule

An zwei einführenden Tagen wurden den Schülern die geplanten Inhalte der Friluftsliv-Exkursion näher gebracht und sie wurden in zentrale „theoretische" Inhalte eingeführt. Hierbei ging es hauptsächlich um die Wetterbeobachtung, wobei Wolkenbilder und Schön- bzw. Schlechtwetterzeichen erkannt werden sollten und das Verhalten bei Gewitter besprochen wurde. Ein anderes Thema war das Packen des Rucksacks.

Anhand eines Tagesrucksackes, der als Demonstrationsobjekt genommen wurde, sollten verschiedene Gegenstände für die vorgesehene Tour in notwendige und auch „unbrauchbare" Gegenstände eingeteilt und dann die ausgewählten Gegenstände gemeinsam in den Rucksack gepackt werden. Dazu gab es grundlegende Informationen zum Packen, wie: Wichtiges ins Deckelfach, Schweres in die Mitte und nahe zum Rücken, schnell zu Erreichendes oben im Rucksack verstauen. Zudem mussten für eine Übernachtung Schlafsack und Isomatte verstaut werden. Nebenbei wurde so auch eine Packliste für die geplante Tour erstellt.

Die Benutzung des Kompasses war ein weiteres wichtiges Thema in der Vorbereitungsphase. Der Kompass wurde dabei als Orientierungsgerät eingeführt. Nachdem jeder Schüler den Kompass ausprobiert hatte, wurde eine Schnitzeljagd organisiert. Da allein schon die Orientierung, wo Norden ist, eine große Herausforderung darstellte, bedeutete für diese Gruppe die Benutzung des Kompasses eine große Schwierigkeit und die Aufgaben konnten nur mit großer Unterstützung durch die Lehrperson gemeistert werden. Für die Einführung in den Umgang und das Vertrautwerden mit dem Kompass sollte man daher genügend Zeit einplanen.

Auch „Feuer machen" wurde in einer Vorbereitungseinheit behandelt. Als Material standen eine Feuerschale, Feuerholz, Reisig und Rinde sowie ein Kochtopf zur Verfügung. Verschiedene Holzstücke wurden genauer auf ihre Brenneigenschaften hin untersucht und nach Größe geordnet. Zudem wurde der Sinn der Birkenrinde, die als Zunder beim Feuer wirkt, erläutert. Die Bedeutung der Feuerschale, die Wahl eines Feuerplatzes und Verhaltensregeln wurden besprochen, bevor im Schulhof ein entsprechender Ort ausgewählt wurde und die Schüler die Gelegenheit hatten, selbst ein Feuer in Gang zu bekommen. Anschließend konnte das von den Schülern entfachte Feuer zum Kochen genutzt werden. Zunächst wurde besprochen, was man denn kochen könne. Im Anschluss wurde dann gemeinsam eine Suppe gekocht. Diese „Feuer-Machen"- und „Selbst-Kochen"-Erlebnisse führten dann auch zum Thema der Essensplanung und des gemeinsamen Einkaufens für die Tour. Es wurde eine Einkaufsliste erstellt und danach gemeinsam im Supermarkt eingekauft.

Der zweite Vorbereitungstag endete schliesslich mit dem konkreten Packen des eigenen Rucksacks, wobei die erlernten Packtechniken angewandt werden sollten und der gemeinsame Proviant auf die Einzelnen verteilt wurde. Es zeigte sich hier, dass, wie so oft, viel Improvisieren gefragt war, da viele Rucksäcke nicht wirklich geeignet waren und man nach alternativen Rucksäcken suchen musste.

Wanderung und Aufenthalt

Nach diesen vorbereitenden Tagen an der Schule ging es dann am dritten Tag auf Tour. Ein Bus brachte die Schüler an ihren Ausgangsort. Nach Ankunft sollten die Schüler anhand von Hinweistafeln den Weg finden. Es wurde darauf verzichtet, dass sich die Schüler selbstständig mit Karte und Kompass orientieren. Dies wäre zu anspruchsvoll gewesen und hätte einen hohen Zeitaufwand und im Vorfeld mehr Übungszeit erfordert. Das gute Wanderwetter sorgte für eine gute Stimmung. Nach etwa 20 Minuten gab es eine kurze Rast, um überschüssige Kleidung abzulegen und etwas zu trinken. Das Wandertempo war gemächlich, sodass die Landschaft in Ruhe betrachtet werden konnte, es gab die Möglichkeit zur Unterhaltung und jeder konnte mithalten. Nach etwa zwei Dritteln der Wegstrecke wurde ein Platz für die Mittagspause gesucht. Auf Isomatten auf Holzplatten sitzend konnte die Brotzeit verzehrt werden. Dabei fiel der Blick auch auf die Tierwelt ringsherum. So fanden ein Ameisenbau, aber auch die im Gras krabbelnden Marienkäfer sowie die Schafe und Ziegen auf einer Wiese das Interesse der Schüler.

Die Wanderung endete an einem Haus des Schwäbischen Albvereins. Allerdings war die Nutzung des Hauses nur für den Notfall gedacht, doch man hatte die Erlaubnis bekommen, auf dem dazugehörenden Gelände mit den Schülern zu zelten und auch ein offenes Feuer in der Feuerschale zu entfachen. Eine besondere Herausforderung war die Aufgabe, ein Feuer ohne Streichhölzer zu entzünden. Es wurde mit verschiedenen Materialien und Techniken wie Feuerbohrer, Feuersteinen, Feuerstahl und Lupe experimentiert. Letztendlich war man mit dem Magnesiumfeuerstab erfolgreich. Eine andere spannende Aktion war die Suche nach Ästen, um aus ihnen Grillstöcke zu schnitzen. Auf ihnen wurden später Würstchen, Marshmallows und Stockbrot gegrillt.

Weitere anspruchsvolle Aufgaben waren die Vorbereitung des Nachtlagers und, nachdem das Zelt aufgerichtet und Isomatten und Schlafsäcke verstaut waren, die Zubereitung und der Verzehr des mitgebrachten Essens. Die bis zur Nachtruhe verbleibende Zeit wurde am Lagerfeuer verbracht, wo man den Tag Revue passieren ließ. Da man sich nicht sicher war, wie die Kinder die nächtlichen Bedingungen vertragen würden, wurden Extra-Decken bereitgelegt.

Am nächsten Morgen waren die meisten Schüler bereits lange vor der vereinbarten Aufweckzeit wach, sodass pünktlich um acht Uhr das gemeinsam hergerichtete Frühstück eingenommen werden konnte. Nach Abwasch, Tagesplanung und Zähneputzen wurden die Zelte abgebaut und die Rucksäcke gepackt. Im Anschluss daran war noch genügend Zeit für andere Aktivitäten wie etwa die Anfertigung eines Pfeilbogens. Gemeinsam wurde nach passenden Stöcken gesucht, um einen Bogen sowie Pfeile herzustellen. Äste wurden auf die passende Länge gekürzt und das Griffstück mit einer Schnur umwickelt, damit man den Bogen beim Schießen gut festhalten konnte. Anschließend wurden die Bögen mit einer Kordel bespannt und an einer Zielscheibe erprobt, bevor ein Wettschießen veranstaltet wurde.

Das bislang gute Wetter hielt nicht für den Rückweg, ein Regenschauer überraschte die Gruppe. Aber auch dies hatte seinen Reiz und war „pädagogisch wertvoll", da so nicht nur vermittelt werden konnte, dass man sich auch im Regen draußen aufhalten und Spaß haben kann, sondern auch, wie wichtig es ist, immer Regenjacken dabeizuhaben.

Reflexion und Nachbesprechung

Nach einer Nacht zuhause wurde am nächsten Tag im Klassenzimmer noch einmal die Friluftsliv-Tour in verschiedenen Formen reflektiert. Einprägsame Erlebnisse wurden in einer Art Brainstorming an der Tafel gesammelt, in Zweiergruppen wurden mithilfe des PCs Plakate mit Bildern von der Tour erstellt, die den anderen Schülern und Schülerinnen vorgestellt wurden. Insgesamt hat die Tour bei allen Teilnehmenden viele positive Eindrücke hinterlassen.

8.2   Probleme und Hinweise zur praktischen Umsetzung

Den die Gruppe anleitenden Studierenden war von Anfang an bewusst, dass man sich darauf einstellen musste, dass die Umsetzung eines Friluftsliv-Projekts in Deutschland nicht so einfach ist, wie man es sich vielleicht als Friluftsliv-Enthusiast vorstellt. Es müssen zahlreiche Einzelheiten berücksichtigt werden, um die Tour für alle erfolgversprechend durchzuführen. Die hier aufgelisteten möglichen Problempunkte beziehen sich zwar in erster Linie auf die Durchführung im schulischen Rahmen, sie können aber auch in anderen Kontexten mit Kindern und Jugendlichen oder bei Erwachsenen auftreten.

- *Ausrüstung:* Nicht immer ist die optimale Ausrüstung vorhanden, dies fängt schon bei zu kleinen oder zu großen Rucksäcken an und endet bei ungeeignetem Schuhwerk und nicht wettersicherer Kleidung. Es kann auch vorkommen, dass diese Gegenstände überhaupt nicht vorhanden sind.

- *Essen:* Nicht nur bei Kindern und Jugendlichen, auch bei Erwachsenen können beim Thema „Essen" aufgrund sehr unterschiedlicher Geschmacksrichtungen, Allergien, bestimmter Essgewohnheiten, etwa aus religiösen Gründen, Probleme auftreten, die Essensplanung muss daher genau mit der Gruppe besprochen werden.

- *Wärme- und Wohlempfinden:* Wärme und Kälte werden von einzelnen Personen sehr unterschiedlich wahrgenommen. Man darf hier nicht von sich selbst ausgehen, sondern sollte sich dessen bewusst sein und auf die Teilnehmenden entsprechend eingehen.

- *Elektronische Geräte:* Bei einer Friluftsliv-Tour wird die Stimmung und der Einklang mit der Natur zerstört, wenn am Lagerplatz alle ständig ihre SMS und E-Mails abrufen bzw. telefonieren. Aus pädagogischer Sicht kann es auch eine bedeutsame Intention sein, die Abwesenheit von elektronischen Medien und die nicht ständige Erreichbarkeit als eine wichtige Erfahrung im und durch Friluftsliv zu vermitteln. Aus Sicherheitsgründen ist es allerdings zu empfehlen, dass die Person, die die Gruppe leitet ein Handy bei sich trägt. Im Vorfeld sollten die Eltern aufgeklärt werden, dass nur im Notfall mit ihnen Kontakt aufgenommen wird oder dass die Gruppenleiter einmal pro Tag einen Überblick über die Situation telefonisch durchgeben und diese Information über eine Telefonkette weitergeleitet wird.

- *Vertrauensaufbau:* Man sollte die Kinder und Jugendlichen nicht überkontrollieren. Friluftsliv heißt aktiv sein, daher sollten den Teilnehmern auch Aufgaben übertragen werden und ihnen die Möglichkeit gelassen werden, Dinge auszuprobieren. Dies gilt im Übrigen auch im Erwachsenenbereich.

- *Sicherheit:* Es versteht sich von selbst, dass man als Gruppenleitung Erste-Hilfe-Material bei sich hat und dass man sich kundig gemacht hat, woher man im Notfall zeitnah medizinische Hilfe bekommen kann. Im Vorfeld einer Tour sollte man über chronische Erkrankungen der Teilnehmenden aufgeklärt sein und wissen, was im Notfall zu tun ist.

9 Resümee und Ausblick

In diesem Buch wurde der Versuch unternommen, Friluftsliv grundlegend, umfassend und möglichst verständlich zu beschreiben. Die zugrunde liegende Theorie sowie deren praktische Umsetzung basieren vor allem auf dem traditionalen Ansatz von Friluftsliv, in dessen Mittelpunkt der einfache, erlebnisreiche Aufenthalt in der Natur steht. Laut dem norwegischen Philosophen Arne Næss, dessen Ansatz es ist, der Entfremdung des Menschen gegenüber der Natur entgegenzuwirken, stellt die ständige Suche des Menschen nach einem höheren Lebensstandard eine Gefahr für die Lebensqualität an sich dar. Für Næss ist dies eine Entwicklung, bei der der Mensch als Spezies verliert. Der Mensch sollte den Trend umkehren. In diesem Zusammenhang empfiehlt Næss das einfache Friluftsliv (Næss, 1999). Die „einfachen" Friluftsliv-Aktivitäten beinhalten Bewegung und Naturerlebnisse. Darüber hinaus haben sie einen geselligen Aspekt, sofern man sie nicht alleine durchführt. Der Naturaufenthalt spricht den Menschen in seiner Ganzheitlichkeit an, sprich Körper, Geist und Emotionen.

Es wurde gezeigt, wie stark Friluftsliv in der norwegischen Bevölkerung verankert ist und dass es bei vielen Menschen einfach zum Alltagsleben gehört. In den letzten Jahrzehnten ist sogar ein Anstieg der Popularität zu verzeichnen, was u.a. mit der norwegischen Siedlungsstruktur und der allgegenwärtigen Natur begründet wird. Den meisten Norwegern und Norwegerinnen ist es möglich, unmittelbar in der Nähe ihres Wohnortes Friluftsliv auszuüben.

Da dieses Buch insbesondere Leser und Leserinnen aus pädagogischen Berufsfeldern ansprechen soll, wurde auch immer wieder Bezug zur pädagogischen Ausrichtung von Friluftsliv genommen. Unter einer pädagogischen Perspektive wird die Natur als unmittelbares Lernumfeld angesehen. In ihr finden unterschiedliche Friluftsliv-Aktivitäten statt. Die Natur ist also sowohl Aktivitäts- als auch Erholungsraum, in dem dennoch gelernt und reflektiert wird. Die Lehrenden und Gruppenleiter und -leiterinnen verfolgen dabei das sogenannte „Learning by doing"-Prinzip, d.h., die Teilnehmenden sollen durch ihre Erfahrungen, die sie machen, zu Eigenverantwortung und Mitbestimmung hingeführt werden.

Wenn auch häufig von einem einfachen Friluftsliv, sprich einem Friluftsliv im engen Sinne, die Rede war, so wurde jedoch nicht nur auf die traditionellen Ausprägungsformen Bezug genommen. Auch modernere Perspektiven wurden vor allem im Theorieteil angerissen, aber im Praxisteil nicht immer näher ausgeführt, da es den Rahmen gesprengt hätte. Hier wurden vor allem Aktivitäten vorgestellt, die in der Finnmark umgesetzt werden. Zudem entsprechen aus

Sicht des Autorenteams einige der moderneren Aktivitäten, die häufig auch mit Abenteuer-, Fun- und Trendsportarten gleichzusetzen sind, nicht unbedingt Friluftsliv. Dies gilt vor allem für die immer populärer werdenden Outdoor-Aktivitäten, die sich durch hohe körperliche und zum Teil auch risikoreiche Herausforderungen auszeichnen, wie es z.B. beim Klettern, Rafting, Paragliding und dem alpinen Tourenskilaufen der Fall sein kann, jedoch nicht muss.

Derartige Friluftsliv-Formen werden auch zunehmend von der Abenteuer-Touristikbranche angeboten und vermarktet. Wissenschaftlich wird ihre Ausübung damit begründet, dass solche Aktivitäten eine Gegenwelt zu einem anscheinend immer weniger fordernden und stimulierenden Alltag darstellen, da hier das individuelle Erlebnis, bei dem es um das Austesten und Erfahren von persönlichen Grenzen geht, eine große Rolle spielt. Die vor allem kommerziell angebotenen Extrem-, Abenteuer- und Risikosituationen in der freien Natur sollen auf die Anforderungen der „harten" Arbeits- und Lebenswelt vorbereiten und damit helfen, diese besser bewältigen zu können. Auch die in Kap. 4 kurz vorgestellte Erlebnispädagogik ähnelt in Ansätzen diesem Verständnis in der pädagogischen bzw. defizitorientierten Begründung. Ähnliches gilt für die angloamerikanische Tradition der *Outdoor Education* oder der *Outdoor Adventure* (vgl. auch Ewert, 1989; Ewert & Sibthorp, 2014).

Die zunehmende Vermarktung und Instrumentalisierung von Friluftsliv und seinen Inhalten verträgt sich nicht immer mit den ökologischen Zielen, die eigentlich auch einen zentralen Aspekt von Friluftsliv ausmachen. Es geht nicht nur um das Ausüben von Aktivitäten in der Natur, sondern auch um deren Schutz und Wertschätzung. Friluftsliv wird auch als eine Methode zur Vermittlung eines Umweltbewusstseins angesehen, wie sie vor allem von Nils Faarlund, dem zentralen Vertreter des heutigen Friluftsliv in Norwegen, vertreten wird. Dies war auch ein zentrales Argument für die Einführung von Friluftsliv in das norwegische Schulsystem Ende der 1960er Jahre, zunächst als Aktivitätsfach, später auch als Lehrfach. Friluftsliv wurde als eine öko-pädagogische Annäherung und Methode (vgl. auch Cornell, 1991; Beer & de Haan, 1989) angesehen, durch die sich Menschen ihrer Verantwortung gegenüber ihrer natürlichen Umwelt bewusst werden. Der Zusammenhang zwischen der zu jener Zeit beginnenden Bewusstwerdung von Natur- und Umweltschutz und der Etablierung und Legitimation von Friluftsliv als eigenständigem Fach in der schulischen Ausbildung ist deutlich erkennbar. Bis heute existiert dieser, mit Friluftsliv verbundene Anspruch der Wertschätzung der Natur und des Umweltschutzes in der norwegischen Gesellschaft. Die Umweltkrise wird in Norwegen allgemein als die größte Herausforderung für die Menschheit angesehen. Friluftsliv als Schulfach hat in den letzten zwanzig Jahren zunehmend an Bedeutung gewonnen und einen immer größeren Raum eingenommen. Somit werden der norwegischen Bevölkerung der Umweltschutz und die Ökologie von klein auf nahegebracht.

> „Durch Friluftsliv können wir die Nähe und Wachsamkeit für die Natur entwickeln, die uns erkennen lässt, dass wir im Grunde zu viele Menschen sind, die zu viel Energie und Ressourcen brauchen, und damit nicht nur unseren Planeten verschmutzen und vergiften, sondern auch die Menschen, die darauf leben" (Mytting & Bischoff, 2008, 14).

Bei dieser Interpretation von Friluftsliv ist es verständlich, dass aus kultur- und gesellschaftspolitischer Sicht Friluftsliv nicht nur als ein neutraler und relativ konfliktloser Freizeitbereich zu betrachten ist. Nicht alle gesellschaftlichen Gruppen haben das gleiche Verständnis von Friluftsliv. Dies ist abhängig von ihrem politischen, materiellen und kulturellen Hintergrund und von ihren Einstellungen. Was als Friluftsliv angesehen und bezeichnet wird, ist oftmals eine Frage der Definitionsmacht. So ist es auch keine unbedingte Selbstverständlichkeit, dass das einfache Friluftsliv auch weiterhin eine tragende Säule der norwegischen Natur- und Freizeitaktivitäten sein wird. Es wird immer wieder widersprüchliche Ansichten darüber geben, welche Aktivitäten Friluftsliv sind und welche Bedeutung diesen im Verhältnis zu anderen öffentlichen Interessen eingeräumt werden soll. Das führt manchmal zu scharfen Konflikten zwischen den verschiedenen Gruppen, wie es das Beispiel der Auseinandersetzung um den Einsatz und Gebrauch von motorisierten Fortbewegungsmitteln (z.B. Schneemobil und Motorboote) in der Natur zeigt. Auch wenn motorisierte Fortbewegung von ihrem Grundsatz her nicht als Friluftsliv angesehen wird, führt die zunehmende Liberalisierung des Gebrauchs von Motorfahrzeugen in der Natur zu einer Zunahme von Freizeitaktivitäten in der Natur. Für viele Menschen in der Finnmark ist das Schneemobil ein unverzichtbares Fortbewegungsmittel bei der Ausübung ihrer persönlichen Friluftsliv-Aktivitäten. Einschränkungen und Regelungen werden als Beleg dafür angesehen, dass ihre Friluftsliv-Aktivitäten von den Gemeinden oder dem Staat als minderwertig eingestuft werden (siehe auch Skår & Vistad, 2001). Denn sowohl Forstbehörden als auch Friluftsliv-Organisationen sehen die Motorschlitten als eine Bedrohung der Friluftsliv-Interessen. Aber es muss eben auch gesehen werden, dass gerade durch diese motorisierten Freizeitaktivitäten neue Freizeitgewohnheiten entstanden sind, dies besonders unter den jungen Menschen, die sich eher vom traditionellen Friluftsliv abwenden. Neuere und spannende Formen des Friluftslivs, wenn auch nicht alle motorisierte Anteile aufweisen, sind zum Beispiel Mountainbiken, Kiten auf dem Wasser,

Eis oder im Schnee oder das Heliskiing. Viele der neu aufkommenden Aktivitäten werden mit Beschränkungen und Verboten konfrontiert. Dabei werden vor allem umweltbezogene Argumente angeführt, etwa die, dass sie die Vegetation zerstören oder die Tierwelt aufschrecken würden. Zudem sind sie oft den traditionell orientierten Friluftsliv-Akteuren ein Dorn im Auge (Langseth, 2012).

Aber auch Klimaveränderungen können zu neuen Formen von Friluftsliv führen. Die kürzer werdenden Winterperioden etwa wirken sich auf die Skisaison in weiten Teilen des Landes aus, auch wenn versucht wird, durch die Produktion von Kunstschnee diesem Problem entgegenzuwirken. Dies hat eine positive, aber auch eine negative Seite. Zum einen wird durch das verlängerte Bestehen einer Schneedecke die Vegetation in Ansätzen geschützt (je nach Zusammensetzung des Kunstschnees) und Menschen können länger ihre Aktivitäten auf dem Schnee durchführen, zum anderen wird zur Produktion von Kunstschnee Wasser und Energie benötigt, was nicht den ökologischen Ansprüchen des traditionellen Friluftsliv entspricht.

Ein weiterer gesellschaftspolitischer Aspekt im Friluftsliv wurde mit der Geschlechterrolle angesprochen. Im Friluftsliv überwiegt nach wie vor ein traditionelles Geschlechterbild. Obwohl sowohl Männer als auch Frauen als Akteure in Norwegen zu finden sind, betreiben sie häufig – natürlich nicht immer – verschiedene Formen des Friluftslivs. Männer finden sich eher bei Aktivitäten wie Jagen und Fischen und längeren Tagestouren und Frauen bei kürzeren Wanderungen und beim Beerensammeln, Letzteres in der näheren Umgebung ihrer Wohnung

Nicht nur am Beispiel der Geschlechter zeigt sich ein Bild von Friluftsliv mit klaren sozialen, kulturellen und politischen Unterschieden. In den letzten Jahren erhielt das Friluftsliv eine stärkere lokalpolitische Unterstützung und damit vielerorts auch mehr Ressourcen zum Ausbau und zur Verwaltung der Aktivitäten.

Dieses Buch verfolgte das Ziel Friluftsliv als einfache, in der häuslichen Nähe auszuführende und umweltfreundliche Aktivität vorzustellen, die zu unvergesslichen und prägenden Naturerlebnissen und zur sozialen Zusammengehörigkeit in unterschiedlichen Kulturlandschaften beitragen kann (Setten, 2002).

Auch wenn Friluftsliv seine Wurzeln in Norwegen hat und es sich von dort vereinzelt in andere Regionen und Länder ausgebreitet hat, so kann es sich heute globalen Einflüssen nicht mehr entziehen. Unterschiedliche internationale Outdoor-Aktivitäten und -Perspektiven und auch sportliche Trends unterlaufen das Friluftsliv, obwohl sich die Traditionalisten dagegen wehren.

Dies bringt Veränderungen mit sich. Sie sind allerdings nur dann als weiterentwickelnde Änderungen anzusehen, wenn diese der ursprünglichen/originären Tradition nicht entgegenstehen. Diesem als „Globalisierung" bezeichneten Prozess, also einer Vermischung von globalen und lokalen Einflüssen (siehe auch Bentsen u.a., 2009), sollte auch in Zukunft das norwegische Friluftsliv offen gegenüberstehen, da er neue Perspektiven und Möglichkeiten eröffnet.

Nord

Se oftere mot nord.
Gå mot vinden, du får rødere kinn.
Finn den ulendte stien. Hold den.
Den er kortere.
Nord er best.
Vinterens flammehimmel, sommer-
nattens solmirakel.
Gå mot vinden. Klyv berg.
Se mot nord.
Oftere.
Det er langt dette landet.
Det meste er nord.
(Rolf Jakobsen, 1999)

Abb. 71: Deutsche Studierende am Alta Fjord mit Mountainbike (Foto: Annette R. Hofmann)

Literatur

Aarnes, S.Å. (1983). Myths and heroes in the 19th century nation building in Norway. In Eade, J.C. (Hrsg.). *Romantic Nationalism in Europe* (S. 101-119). Canberra: Humanities Research Center, Australian National University.

Aas, Ø. & Odden, A. (2002a). Motiver for friluftslivsutøvelse. In H.E. Lerkelund (red.), *Rapport fra forskningskonferansen "Forskning i Friluft"* (S. 120-139). Oslo: Friluftslivets fellesorganisasjon (FRIFO).

Aas, Ø. & Odden, A. (2002b). Oppslutning om høstingsaktiviteter. In H.E. Lerkelund (red.), *Rapport fra forskningskonferansen "Forskning i Friluft"* (S. 67-76). Oslo: Friluftslivets fellesorganisasjon (FRIFO).

Allen, E.J.B. (2012). *Historical Dictionary of Skiing*. Lanham, Toronto, Plymouth: The Scarecrow Press.

Andkjær, S. (2003). Dansk friluftsliv i udvikling: Pædagogiske refleksjoner og perspektiver på udviklingen i dansk friluftsliv. In K. Lüders & N. Vogensen (red.): *Idrætspædagogisk årbog* (S. 147-182). Århus: Klim.

Andkjær, S. (red.) (2005). *Friluftsliv under forandring: en antologi em fritidens friluftsliv*. Slagelse: Bavnebanke.

Baumann, F. (2009). *Die Macht der Bewegung*. München: Irisiana.

Beckmann, H. & Riegel, K. (2005). Windsurfen. *SportPraxis (46),* S. 53-56.

Beer, W. & de Haan, G. (1989) (Hg.). *Ökopädagogik. Aufstehen gegen den Untergang der Natur*. Weinheim: Beltz.

Bentsen, P., Andkjær, S. & Ejbye-Ernst, N. (2009). *Friluftsliv: natur, samfund og pædagogik*. København: Munksgaard.

Berger, P.L. & Luckmann, T. (1966). *Den samfundsskapte virkelighed: en vidensociologisk avhandling*. København: Lindhardt og Ringhof.

Bernfeld, S. (1971). *Sisiphos oder die Grenzen der Erziehung*. Frankfurt: Suhrkamp.

Bischoff, A. (2012). *Mellom meg og det andre finds det stier. En avhandling om stier, mennesker og naturopplevelse*. Doktor avhandling. Ås: Universitet for miljø- og biovitenskap.

Bischoff, A. & Odden A. (1999). Ungdom og friluftsliv – endringer i lyset av modernitetsprosesser. In: *Naturforvaltning og samfunnsfag II* (S. 102-107). Trondheim: Direktoratet for naturforvaltning.

Bischoff, A. & Odden, A. (2000a). *Bidrag til Stortingsmelding om friluftsliv 2000*. (Begrepet friluftsliv, Friluftslivets mønster og omfang, Ungdom og friluftsliv – endringer i lys av modernitetsprosesser, Behov for forskning innen friluftsliv). Oslo: Miljøverndepartementet.

Bischoff, A. & Odden, A. (2000b): Moderniseringsprosesser i utmarka – konsekvenser av endring innenfor friluftslivet. In *Utmark nr.1*. Oslo: Utmarkskommunenes sammenslutning.

Bischoff, A. & Odden, A. (2002). Nye Trender i norsk friluftsliv – utvanning eller forsterking av gamle mønstre og ideal. In H.E. Lerkelund (red.), *Rapport fra forskningskonferansen "Forskning i Friluft"* (S. 231-246). Oslo: Friluftslivets fellesorganisasjon (FRIFO).

Bittner, S. (2009). *Friluftsliv. Ein pädagogischer Ansatz mit Parallelen zur Erlebnispädagogik?* Hergensweiler: ZIEL Verlag.

Bjørklund, I. (2000). *Sapmi. Eine Nation entsteht*. Tromsø: Muscum.

Böhnke, J. (2010). *Abenteuer- und Erlebnissport. Ein Handbuch für Schule, Verein und Jugendsozialarbeit*. Münster: LIT.

Breivik, G. (2013). *Jakten på et bedre liv. Fysisk aktivitet i den norske befolkning 1985-2011*. Oslo: Universitetsforlaget.

Breivik, G. & Vaagbø, O. (1999) *Jakten på det gode liv. Utviklingen i fysisk aktivitet i den norske befolkning i perioden 1985-1997*. Oslo: Norges Idrettshøgskole.

Brügge, B., Glanty, M. & Sandell K. (1999). *Friluftslivets pedagogik: för kunnskap, känsla och livskvalitet*. Stockholm: Liber.

Brügge, B., Glanty, M. & Sandell K. (2011). *Friluftslivets pedagogik: en miljö- och utenomhuspedagogik för kunnskap, känsla och livskvalitet*. Stockholm: Liber.

Bungardt, C. & Sanders, P. (2014). Watt, wir wandern! *sportpädagogik 6*, 13-14.

Bursell, J. (2004). *Friluftsliv. Under åpen himmel året rundt*. Oslo: Landbruksforlaget.

Buschmann, J., Michels, H. & Wassong, S. (2007). Klassenfahrten und Studienfahrten nach Norwegen. In G. Liedtkte & G. Lagerstrøm (Hrsg.), *Friluftsliv. Entwicklung, Bedeutung und Perspektive* (S. 157-171). Aachen: Meyer & Meyer.

Cornell, J. (1991). *Mit Kindern die Natur erleben*. Mühlheim: Verlag an der Ruhr.

Dahle, B. (red.) (2010). *Arven og gleden – et festskrift til nature*. Trondheim: Tapir akademisk forlaget.

Dewey, J. (1971). *Experience and nature*. La Salle, Ill.: Open Court.

Dewey, J. (1998). *Experience and education*. West Lafayette, Ind.: Kappe Delta Pi.

Dorsch, F. (1963). *Psychologisches Wörterbuch*. Bern: Huber.

Eichberg, H. (2009). Outdoor Activities and Landscaping: Understanding Natures in the Plural. *Sport, Ethics and Philosophy, 3*(2), 193-214.

Emmelin, L., Fredman, P. & Sandell, K. (2005). *Planering og förvaltning för friluftsliv – en forksningsoversikt*. Stockholm: Naturvårdsverket.

Ewert, A. (1989). *Outdoor Adventure Pursuits*. Ohio: Publishing Horizons Inc.

Ewert, A.W. & Sibthorp, J. (2014). *Outdoor Adventure Education*. Champaign: Human Kinetics.

Faarlund, N. (1973). *Friluftsliv. HVA – HVORFOR – HVORDAN*. Oslo: Norges Idrettshøgskole.

Faarlund, N. (1978). Betraktninger om friluftsliv. In G. Breivik & H. Løvmo (red.), *Friluftsliv. Fra Fridtjof Nansen til våre dager* (S. 219-223). Oslo: Universitetsforlaget.

Faarlund, N. (1993). A Way Home. In P. Reed & D. Rothenberg (Hrsg.), *Wisdom in the open air. The Norwegian Roots of deep Ecology* (S. 155-176). Minneapolis: University of Minnesota Press.

Faarlund, N. (2007a). Friluftsliv – naturbezogene Lebensform aus Skandinavien. In G. Liedtke & D. Lagerstrøm (Hrsg.), *Friluftsliv. Entwicklung, Bedeutung und Perspektive* (S. 13-28). Aachen: Meyer & Meyer.

Faarlund, N. (2007b). Friluftsliv. Das norwegische Modell einer naturbezogenen Lebensform. *bergundsteigen. Zeitschrift für Risikomanagement im Bergsport, 15* (3), S. 76-81.

Fischer, T. & Lehmann, J.W. (2009). *Studienbuch Erlebnispädagogik*. Bad Heilbrunn: Julius Klinkhardt.

Fischer, T. & Ziegenspeck, J.W. (2008). *Erlebnispädagogik: Grundlagen des Erfahrungslernens*. Bad Heilbrunn: Julius Klinkhardt.

Fisker, H. J. (2005). Unges friluftsliv – en moderne, en traditionel og en post traditionel måde at dyrke friluftsliv som personligt, socialt og kulturelt refleksivt identitetsprojekt. In Andkjær, S. (red.), *Friluftsliv under forandring: en antologi om fritidens friluftsliv* (S. 98-114). Slagelse: Bavnebanke.

Flemmen, A. (1994). *Skileik*. Oslo: Universitetsforlaget.

Flemmen, A. (2002). Ski spielen. *Platz da!* 3/4, 9-17.

Frank, G. (2011). *Erlebniswissenschaft. Über die Kunst Menschen zu begeistern.* Wien: LIT.

Gass, M.A. (1985). Programming the Transfer of Learning in Adventure Education. *Journal of Experimental Education*, Heft, 3, 18-24.

Gass, M.A. (1995). Metaphorisches Lernen in therapeutisch orientierten erlebnispädagogischen Programmen. *erleben & lernen*, 1&2, 7-10, 58-61.

Gass, M.A., & Priest, S. (1999). Techniken der unterstützenden Prozessbegleitung. In C. Schödlbauer, F.H. Paffrath & W. Michl (Hrsg.). Metaphern – Schnellstrasse, Saumpfade und Sackgassen des Lernens (S. 218-232). Augsburg.

Guattari, F. (2000). *The Three Ecologies*. London & New Brunwick, NJ: The Athlone Press.

Gurholt, K. P. (2008a). Norwegian Friluftsliv and Ideals of becoming an 'Educated Man'. *Journal of Adventure Education and Outdoor Learning*. Vol. 8 (1), S. 55-70.

Gurholt, K. P. (2008b). Norwegian Friluftsliv as Bildung – a Critical Review. In P. Becker & J. Schirp (eds.), *Other Ways of Learning* (S. 131-154). Marburg: BSJ.

Haahr, J. & Andkjær, S. (red.) (2011). *Muligheder og begränsninger for friluftsliv.* Konferencerapportartikler og abstracts. Odens: Syddansk Universitet.

Haberl, H. & Hammerer, F. (Hrsg.) (2004). *Montessori-Pädagogik heute. Grundlagen – Innenansichten – Diskussionen.* Wien: Jugend & Volk.

Hahn, K. (1956). *Erziehung zur Verantwortung. Reden und Aufsätze.* Stuttgart: Klett.

Hahn, K. (1958). *Die nationale und internationale Aufgabe der Erziehung.* Düsseldorf: Industrie Club.

Hahn, K. (1998). *Reform mit Augenmaß. Ausgewählte Schriften eines Politikers und Pädagogen.* Stuttgart: Klett-Cotta.

Haslestad, K.A. (2000). *På leting etter hva friluftsliv egentlig er – med utgangspunkt i ulike perspektiver – og med et spesielt fokus på friluftsliv i grunnskolens læreplaner de siste nesten seksti årene.* Oslo: Universitetet.

Haslestad, K.-A. (2002). På leting etter friluftsliv i grunnskolens læreplaner: ser vi en utvikling fra vage anbefalinger til klare føringer? *Norsk Pedagogisk Tidsskrift* 86, 4, 251-262.

Haugsjå, S. (1975). *Ut i naturen*. Oslo: Universitetsforlaget.

Häusler, R. (2006). Von der Erlebnistherapie zur Outdoor Education an der Schule Schloss Salem. *erleben und lernen*, 2, 10-15.

Häußler, P. & Urstöger, F. (2013). *Trotz körperlicher Beeinträchtigung die Natur erleben – Friluftsliv als pädagogisches Konzept.* Unveröffentliche Wissenschaftliche Hausarbeit an der Pädagogischen Hochschule Ludwigsburg, Fakultät Sonderpädagogik.

Heckmair, B. & Michl, W. (2004). *Erleben und Lernen. Einführung in die Erlebnispädagogik.* München: Reinhardt.

Henkel, S. (2013). *Waldkindergärten in Deutschland – Ist diese Reformpädagogik eine Alternative in der Vorschulerziehung?* München: Grin Verlag.

Hiim, H. & Hippe, E. (2006). *Læring gjennom opplevelse, forståelse og handling. En studiebok i didaktikk.* Oslo: Gyldendal.

Hofmann, A. & Rafoss, K. (2005). Skileik: Einblick in die norwegischen Winterspielplätze. *sportunterricht,* 55, 11, 9-13.

Horgen, A. (2009). *Kano på vann og vassdrag.* Kristiansand: Høyskoleforlaget.

Horgen, A. (2010). *Friluftslivsveiledning vinterstid.* Kristiansand: Høyskoleforlaget.

Humberstone, B. & Pedersen, K. (2001). Gender, Class and Outdoor Tradtions in the UK and Norway. *Sport, Education and Society,* 6, 1, 23-33.

Hætta, O.M. (2008). *Die Samen: ein arktisches Urvolk.* Karasjok: Davvi girji.

Ibsen, H. (1999). *Samlede verker I-XXI, Hundreårsutgaven* (bind XIV). Oslo: Gyldendal Norsk Forlag.

Jakob, E. K. (2007). Friluftsliv, Natur und Recht in Deutschland. In G. Liedtke & D. Lagerstrøm (Hrsg.), *Friluftsliv. Entwicklung, Bedeutung und Perspektive* (S. 134-140). Aachen: Meyer & Meyer Verlag.

Jakobsen, R. (1999). *Samlede dikt.* Oslo: Gyldendal Norsk Forlag.

Jensen, A. (1999). Veiledning i friluftsliv for barn og unge. In T.E. Bagøien (red.), *Barn i friluftsliv. Om verdifullt friluftsliv,* (S. 117ff.). Oslo: SEBU Forlaget.

Johnsen, K.E. (2012). Stedsnavn i Alta. In L. Ottem (Hrsg.), *Altaturer* (S. 48-53). Alta: Fagtrykk.

Junker, D. & Menge, L. (2014). Mit dem Mountainbike über die Alpen. *sportpädagogik,* 6, 36-40.

Kamp, C. F. (2008). *Effekte bewegungstherapeutischer Inhalte unter Naturexposition auf anthropometrische und psychologische Parameter adipöser Kinder im Rahmen des DSHS – Projektes Children's Health Interventional Trial.* Unveröffentlichte Diplomarbeit an der Sporthochschule Köln. Institut für Kreislaufforschung und Sportmedizin.

Kant, G. (2014). Beim Wandertag von Haus zu Haus. *sportpädagogik,* 6, 10-12.

Klima- og Miljødepartementet (Hrsg.) (1957). *Lov om friluftslivet (friluftsloven).* LOV 1957-06-28 Nr. 16.

Klima- og Miljødepartementet (Hrsg.) (2001). *Stortingsmelding Nr. 39. Friluftsliv – Ein veg til høgare livskvalitet.*

KNA (Königliches Norwegisches Aussenministerium) (1999a). ÆØÅ – Kennst Du Norwegen? Natur als Partner, Bewegung als Lebensprinzip. Oslo: KNA.

KNA (Königliches Norwegisches Aussenministerium) (1999b). ÆØÅ – Kennst Du Norwegen? Naturerfahrung im Schullandheim. Oslo: KNA.

Knoll, M. (2011). *Dewey, Kilpatrick und „progressive" Erziehung. Kritische Studien zur Projektpädagogik.* Bad Heilbrunn: Klinkhardt.

Koring, B. (1997). ErlebnisPädagogik reflexiv? Versuch über Theorie und Methode der Erlebnispädagogik. *Vierteljahresschrift für Wissenschaftliche Pädagogik,* Heft 3, 367-384.

Kraus, L. & Schwiersch, M. (2005). *Die Sprache der Berge. Handbuch der alpinen Erlebnispädagogik.* Augsburg: ZIEL.

KD (Kunnskapsdepartementet) (2006). *Læreplanverket for kunnskapsløftet.* Revision 2012: Endringer i faget kroppsøving Udir-8-2012. Oslo: Utdanningsdirektoratet.

KUD (1939). *Normalplan for byfolkeskolen.* Oslo: Kirke- og Undervisningsdepartementet.

KUD (1974). *Mønsterplan for grunnskolen.* Oslo: Aschehoug.

Kummer, R. (2014). *Karte, Kompass, GPS. Outdoor Basiswissen für draußen.* Welver: Conrad-Stein-Verlag.

Lagerstrøm, D. (2007). Friluftsliv – eine nordische Alternative für Gesundheitssport und Sporttherapie. In H. Deimel, G. Huber, K. Pfeifer & K. Schüle (Hrsg.), *Neue Wege in Prävention und Rehabilitation* (S. 169-176). Köln: Deutscher Ärzte-Verlag.

Lagerstrøm, D. & Liedtke, G. (2004). Friluftsliv – eine neue Dimension in der Vorbeugung und Therapie von Bewegungsmangelerscheinungen. *Bewegungs- und Gesundheitstherapie,* 20, 6-11.

Laich, A. (2014). *Die Erfarung von Friluftsliv aus der Sicht von Sportlehrerinnen und Sportlehrern.* Unveröffentliche Wissenschaftliche Hausarbeit im Fach Sport an der Pädagogischen Hochschule Ludwigsburg.

Lange, H. (2005). On Tour. Sport- und erlebnispädagogische Ausflüge. *Sportpraxis,* [Themenheft], 45, 4-8.

Langseth, T. (2012). *Spenningssøkingens sosialitet: en sosiologisk undersøkelse av verdisystem i risikosport.* PhD. Oslo: Norges idrettshøgskole.

Lausberg, M. (2007). *Die Erlebnispädagogik Kurt Hahn. Kinder sollen sich selbst entdecken.* Marburg: Tectum.

Liedtke, G. (2003). Erlebnispädagogik versus Friluftsliv – Pädagogische Perspektiven auf Erlebnisse im Natursport. In N. Gissel & J. Schwier (Hrsg.), *Abenteuer, Erlebnis und Wagnis* (S. 181-188). Hamburg: Czwalina.

Liedtke, G. & Lagerstrøm, D. (Hrsg.) (2007a). *Friluftsliv. Entwicklung, Bedeutung und Perspektive.* Aachen: Meyer & Meyer Verlag.

Liedtke, G. & Lagerstrøm, D. (2007b). Friluftsliv an deutschen Hochschulen – ein Werkstattbericht. In G. Liedtke & D. Lagerstrøm (Hrsg.), *Friluftsliv. Entwicklung, Bedeutung und Perspektive* (S. 182-192). Aachen: Meyer & Meyer Verlag.

Liedtke, I. (2007). Waldkindergarten – Kinder erleben die Natur. In G. Liedtke & D. Lagerstrøm (Hrsg.), *Friluftsliv. Entwicklung, Bedeutung und Perspektive* (S. 149-156). Aachen: Meyer & Meyer Verlag.

Lingenauber, S. (2009). *Einführung in die Reggio-Pädagogik. Kinder, Erzieherinnen und Eltern als konstitutives Sozialaggregat.* Bochum: Projektverlag.

Madsen, P. (1988). *Børn, dyr og natur.* København: Børn og unge.

Mayr, W. (2014). Übernachten im Winter. Vom Überleben zum Erleben. *DAV Panorama,* 6, 58-61.

Melbye, M.D. (1997). *Friluftsliv i fjellet.* Oslo: Universitetsforlaget.

Melzer, M. (2007). Friluftsliv in Norwegen. *Zeitschrift für Erlebnispädagogik,* 27(7/8), 88-131.

Miklitz, I. (2011). *Der Waldkindergarten: Dimensionen eines pädagogischen Ansatzes.* Berlin: Cornelsen.

Miljøverndepartementet (1987). *Stortingsmeldingnr 40 (1986-87). Om friluftsliv.* Oslo: Miljøverndepartementet.

Miljøverndepartementet (2001): *Stortingsmeldingnr 39 (1986-87). Friluftsliv: en veg til høgare livskvalitet.* Oslo: Miljøverndepartementet.

Müller, C. (2005). Ein Wandertag in Schulnähe. *SportPraxis (46),* 42-45.

Müller, J. (2014). ‚Friluftsliv' als alternativer Bewegungs- und Erfahrungsraum im Freien. In I. Hunger & R. Zimmer (Hrsg.), *Inklusion bewegt. Herausforderung für die frühkindliche Bildung* (S. 343-346). Hofmann: Schorndorf.

Mytting, I. & Bischoff, A. (2008). *Friluftsliv.* Oslo: Gyldendal undervisning.

Nansen, F. (1890). *Paa ski over Grønland. En skildring af Den norske Grønlandsekspedition 1888-89.* Kristiania: Aschehoug.

Nansen, F. (1916/1940). *Friluftsliv. Blas av dagboka.* Nyutgave 1940. Oslo: Jacob Dybwads Forlag.

Nansen, F. (1942). *Nansens røst. Artikler og taler av Fridtjof Nansen.* 2 bind. Oslo: Dybwad.

Neubert, W. (1990). *Das Erlebnis in der Pädagogik.* Lüneburg: Verlag Klaus Neubauer.

Neumann, P. (2008). Wagniserziehung im Schulsport: eine kritische-konstruktive Betrachtung. In H. Lange & S. Sinning (Hrsg.). *Handbuch Sportdidaktik* (S. 194-203). Balingen: Spitta.

Næss, A. (1972). *The Shallow and the Deep.* Oslo: Inquiry.

Næss, A. (1990). *Ecology, community and lifestyle. Outline of an ecosophy.* New York: Cambridge University Press.

Næss, A. (2005). *Livsfilosofi. Et personlig bidrag om følelser og fornuft.* Oslo: Universitetsforlaget.

Næss, A., Glasser, H., Drengson, A., Devall, B. & Sessions, G. (eds.) (2005). *Deep ecology of wisdom. Explorations in unities of nature and cultures, selected papers.* Dordrecht: Springer.

Odden, A. (2008). *Hva skjer med norsk friluftsliv?: en studie av utviklingstrekk i norsk friluftsliv 1970-2004.* Doktorgrad-Avhandling. Trondheim: NTNU.

Oelkers, J. (1992). Kann „Erleben" erziehen? *Zeitschrift für Erlebnispädagogik,* 12 (3), 1-13.

Oelkers, J. (1995). Zum Verhältnis von Erleben und Erziehen. In W. Heckmair, W. Michl & F. Walzer (Hrsg.), *Die Wiederentdeckung der Wirklichkeit – Erlebnis im gesellschaftlichen Diskurs und in der pädagogischen Praxis* (S. 113-130). München: Verlag Dr. Jürgen Sandmann.

Oelkers, J. (2005). *Reformpädagogik – eine kritische Dogmengeschichte.* Weinheim und München: Juventa Verlag.

Ottem, L. (2012). *Altaturer.* Alta: Fagtrykk.

Ødegårdstuen, T.S. (1994). Aktiviteter i naturen: hva barn synes passer for jenter og gutter? In *Friluftsliv: effekter og goder. Referat fra forskningskonferanse* (S. 319-328). Trondheim: Direktoratet for naturforvaltning.

Ødegårdstuen, T.S. (1995). Er det kjønnsforskjeller i hvilke friluftsaktiviteter barn har mest lyst til å delta i? *BARN,* 13 (1), 7-24.

Østerberg, D. (1990). Det sosio-materielle handlingsfeltet. In T. Deichman-Sørensen & I. Frønes (red.), *Kulturanalyser* (S. 65-80). Oslo: Gyldendal.

Paffrath, F.H. (2012). *Einführung in die Erlebnispädagogik.* Hergensweiler: ZIEL Verlag.

Pedersen, K. (1999). *"Det har bare vært naturlig!" Friluftsliv, kjønn og kulturelle brytninger.* Doktorgrad-Avhandling. Oslo: Norges idrettshøgskole.

Pedersen, K. (2001) Friluftsliv som turisme. In A. Viken (red.), *Turisme – tradisjoner og trender* (S. 197-206). Oslo: Gyldendal Akademisk.

Pedersen, K. & Viken, A. (red.) (2003). *Nature and Identity. Essays on the culture of nature.* Kristiansand: Høgskoleforlaget.

Pestalozzi, J.H. (1996). *Sämtliche Werke.* Kritische Ausgabe. Berlin und Zürich: de Gruyter.

Pestalozzi, J.H. (2011). *Wie Gertrud ihre Kinder lehrt.* Hamburg: Tradition.

Priest, S. & Gass, M.A. (1997). *Effective leadership in adventure programming.* Champaign, Ill.: Human Kinetics.

Rafoss, K. & Breivik, G. (2012). *Idrett og anlegg i endring.* Oslo: Akilles.

Reiners, A. (1995). *Erlebnis und Pädagogik.* München: Verlag Prof. Dr. Jürgen Sandmann.

Rolland, C.G. & Zoglowek, H. (2000). „Friluftsliv" in Norwegen – Naturbegegnung als Lebensprinzip. *Sportpraxis* 24, 4, 22-27.

Rones, N. (2009). Friluftsliv og dannelse fra et makt- og kjønnsperspektiv. *kroppsøving* 59, 5, 12-17.

Sandell, K., Arnegård, J. & Backman, E. (2011). *Friluftssport og äventyrsidrott: utmanningar för lärare, ledare och miljö i en föränderlig värld.* Lund: Studentlitteratur.

Sartre, J.-P. (1993). *Eksistensialisme er humanisme.* Oslo: Cappelen.

Schelling, F.W.J. (1797/1976). *Ideen zu einer Philosophie der Natur. Erstes, zweytes Buch.* Stuttgart: Fromman-Holzboog.

Schulze, G. (1995). *Die Erlebnisgesellschaft. Kultursoziologie der Gegenwart.* Frankfurt: Campus.

Schweitzer, A. (1991). *Die Ehrfurcht vor dem Leben – Grundtexte aus fünf Jahrzehnten.* München: Beck.

Setten, G. (2002). *Bonden og landskapet: historier om natursyn, praksis og moral i det jærske landskapet.* Dr.polit. avhandling. Trondheim: NTNU.

Siebe, A. (2005). Rudern. Das Erleben einer neuen Perspektive. *SportPraxis (46),* 37-41.

Singsaas, M. (2004). *Kvinner i natur og kvinners natur: kvinner i friluftsliv 1860–1910.* Masterthesis. Bø: HiT.

Skår, M. & Vistad, O.I. (2001). *Motorferdsel i utmark: oppsummering av faglig og forvaltningsmessig status.* NINAfagrapport 046. Trondheim: Norsk insitutt for naturforskning.

Sørensen, J. (1942). *Fridtjof Nansen. En bok for norsk ungdom.* Oslo: Jacob Dybwads forlag.

Sørensen, Ø. (1993). *Fridtjof Nansen. Mannen og myten.* Oslo: Universitetsforlaget.

Thiele, J. (1998). „Werd ich zum Augenblick sagen: verweile doch! Du bist so schön! …" Skeptische Rückfragen zum erlebnispädagogischen Boom. *Brennpunkte der Sportwissenschaft,* 9 (1+2), 109-131.

Thoreau, H.D. (1929). *Walden, or Life in the woods.* New York: Book League of America.

Tordsson, B. (1995). *Perspektiv på friluftslivets pædagogik.* Unveröffentl. Manuskript. Bø: Høgskolen i Telemark.

Tordsson, B. (2000a). Om friluftsliv som naturforståelse og om friluftslivets egenart. In H. Kolstad (red.), *Har fjellet ansikt? Naturfilosofiske essays* (S. 177-192). Oslo: Universitet.

Tordsson, B. (2000b). Pedagogikk i friluftsliv og friluftsliv som pedagogikk. In A. Bischoff (red.), *Friluftsliv – i spennet mellom veiledning og undervisning* (S. 31-39). Bø i Telemark: FOR-UT og Høgskolen i Telemark.

Tordsson, B. (2003). *Å svare på naturens åpne tiltale. En underøkelse av meningsdimensjoner i norsk friluftsliv på 1900-tallet og en drøftelse av friluftsliv som sosiokulturelt fenomen.* Doktograd-Avhandling. Oslo: Norges Idrettshøgskole.

Tordsson, B. (2006). *Perspektiv på friluftslivets pædagogik.* Haderslev: CVU Sønderjylland University College.

Tordsson, B. (2008). Friluftslivets politisk-institusjonelle marginalisering. *Nytt Norsk Tidsskrift,* Vol. 25/1, 42-56.

Tordsson, B. (2009). *Perspektiv på naturmøtets pedagogikk.* Bø: Høgskolen i Telemark.

Tordsson, B. (2010). *Friluftsliv, kultur og samfunn.* Kristiansand: Høyskoleforlaget.

UFD (2006). *Kunnskapsløftet.* Oslo: Utdannings- og forskningsdepartementet.

Waaler, R. (2012). Friluftsliv i Finnmark. In L. Ottem, *Altaturer* (S. 42-47). Alta: Fagtrykk.

Wassong, S. (2001). The Ideology of Adventure based Education. In C. Vivier, J.-F. Loudcher, P. Dietschy & J.-N. Renaud (Hrsg.), *Sport and Ideology* (S. 89-96). Proceedings of the VII International Congress of European Committee for Sport History. Besancon.

Weber-Heggemann, R. (2012). Waldkindergarten – „Bewegungserziehung" in einem Kindergarten ohne Dach und Wände. In I. Hunger & R. Zimmer (Hrsg.), *Frühe Kindheit in Bewegung: Entwicklungspotentiale nutzen* (S. 244-248). Schorndorf: Hofmann.

Weinholz, M. (1989). *Freiluftleben. Eine erlebnispädagogische Lebensphilosophie und ihre Chancen bei der Entwicklung junger Menschen.* Lüneburg: Verlag Klaus Neubauer.

Williams, B. (2000). The Treatment of Adolescent Populations: An Institutional vs. a Wilderness Setting. *Journal of Child and Adolescent Group Therapy,* 10, 1, 47-56.

Witte, M.D. (2002). *Erlebnispädagogik – Transfer und Wirklichkeit.* Lüneburg: Verlag Klaus Neubauer.

Wohlers, J. (2014). Mit dem Kanu unterwegs. *sportpädagogik, 6,* 26-31.

Yankielun, N.E. (2007). *How to build an igloo: and other snow shelters.* New York: W.W. Norton.

Zapffe, P.W. (1992). *Essays.* Oslo: Aventura Forlag.

Ziegenspeck, J. (1992). *Erlebnispädagogik. Rückblick – Bestandsaufnahme – Ausblick.* Hergensweiler: ZIEL Verlag.

Zimmermann, S. (2005). Mit selbstgebauten Flößen fahren. *SportPraxis (46),* 16-20.

Zinnecker, J. (1975). *Der heimliche Lehrplan.* Weinheim: Beltz.

Zoglowek, H. (2009a). Lehrer und Sportunterricht. In H. Lange & S. Sinning (Hrsg.), *Handbuch Sportdidaktik* (S. 117-132). Balingen: Spitta Verlag.

Zoglowek, H. (2009b). Bedeutung und Wirksamkeit des Erlebnisses im schulischen Unterricht. In ATEE: Spring University: *Changing Education in a Changing Society* (S. 197-208). Klaipeda: University.

Zoglowek, H. (2013). Friluftsliv as a Natur-related Conceptualization of Lifestyle. In M. Aleksandrovich & H. Zoglowek (Hrsg), *Psychological and pedagogical Aspects of Motivation* (S. 43-62). Wien: LIT.

Zoglowek, H. & Aleksandrovich, M. (2014). Self-Experience and the Development of Identity in and throughout Friluftsliv. In M. Aleksandrovich, R. Seebauer & H. Zoglowek (Hrsg.), *Diversity in Education in Europe: Insights from Pedagogy and Psychology* (S. 341-350). Vienna: LIT.

Zoglowek, H. & Rolland, C.G. (2006). Opplevelse – et genoppdaget didaktisk begrep i dages pedagogik? In P. Nielsen (Hrsg.), *Innovation og aflæring* (S. 272-288). Torshavn: Faglig bok forlag.

Zoglowek, H. & Rolland, C.G. (2007a). Das Erlebnis – ein brauchbarer didaktischer Begriff in der heutigen Pädagogik? In ATEE: Spring University: *Changing Education in a Changing Society* (S. 108-116). Klaipeda: University.

Zoglowek, H. & Rolland, C.G. (2007b). Friluftsliv: et emne med de gode opplevelser? *kroppsøving*, 57, 3, 22-25.

Zoglowek, H. & Rolland, C.G. (2009). „Friluftsliv" und „uteskole" – Das erlebnisorientierte Lernkonzept in Norwegen. In Pädagogische Hochschule Wien (red.), *Neue Architekturen im europäischen Raum* (S. 181-188). Wien: LIT.

Zoglowek, H. & Rolland, C.G. (2010). Første gangs, andre gangs – eller hva slags opplevelser finnes i friluftsliv? *kroppsøving*, 60, 1, 10-14.

Zoglowek, H. & Rolland, C.G. (2012). Sommertour: Lernen in und von der Natur. In: *Sportpraxis*, 53, 7/8, 6-11.

Zoglowek, H., Rolland, C.G. & Rafoss, K. (2005). Natur erleben und überleben. *Sportpraxis*, 46, Sonderheft, 9-15.

Zuffellato, A. & Kreszmeier, A. H. (2007). *Lexikon Erlebnispädagogik. Theorie und Praxis der Erlebnispädagogik aus systemischer Perspektive*. Hergensweiler: Ziel.

Internetquellen

Gunnarsson, G. (2008). *Friluftsliv and Health*. Masterthesis an der Norwegian School of Sports Sciences im Studiengang Health and Physical Activity. (Einsehbar unter http://de.slideshare.net/Utilif/gunnar-gunnarsson-master-thesis-friluftsliv-and-health, Zugriff am 1. September 2013).

Norges Skiforbund (o.J.). *Skileikanlegg. Rud*. (Einsehbar unter www.skiforbundet.no/skileik, Zugriff am 10. September 2013).

Das Autorenteam

Annette R. Hofmann ist Professorin für Sportwissenschaft an der Ludwigsburg University of Education. Sie hat in Deutschland, USA und Japan als Skilehrerin gearbeitet und weist langjährige Erfahrungen in der Schneesportausbildung an verschiedenen deutschen Universitäten auf. Mit den Kollegen der Arctic University of Norway führt sie seit über zehn Jahren für deutsche Studierende Lehrveranstaltungen in Friluftsliv durch. Neben Studien zu chronischen Erkrankungen und Sport und Arbeiten mit interkulturellen Bezügen ist ein weiterer wissenschaftlicher Schwerpunkt der Wintersport. Hierzu kann sie zahlreiche Publikationen mit praktischen, aber auch historisch-soziologischen Bezügen und Genderaspekten aufweisen.

Kolbjørn Rafoss ist Associate Professor der Idrettshøgskolen (Sportinstitut) der Universität Tromsø, der Arctic University of Norway. In seinen wissenschaftlichen Arbeiten untersucht er u.a. historische und soziologische Aspekte von körperlicher Aktivität und dem Bau und Nutzung von Sportanlagen in Norwegen. Ein weiterer Forschungsschwerpunkt ist die Teilnahme der norwegischen Bevölkerung an Sport- und Friluftsliv-Aktivitäten. Rafoss ist aktiver Wintersportler und Friluftsliv-Anhänger und kann langjährige Erfahrungen in der Entwicklung und Lehre von „outdoor life activities" aufweisen.

Carsten Gade Rolland ist Institutsleiter und Associate Professor der Idrettshøgskolen (Sportinstitut) der Universität Tromsø, der Arctic University of Norway. Seine Forschungen beschäftigen sich mit verschiedenen Themen, die den Zusammenhang von Sport und Friluftsliv unter einer pädagogischen und didaktischen Perspektive untersuchen. Rolland ist ausgewiesen durch seine langjährigen Erfahrungen in der Entwicklung und Lehre von Friluftsliv und der Naturwanderführerausbildung. Hierbei kommen ihm seine eigenen Erfahrungen im Friluftsliv, die ihn seit seiner Kindheit prägen, zu Gute.

Herbert Zoglowek ist Associate Professor an der Idretts-høgskolen (Sportinstitut) der Universität Tromsø, der Arctic University of Norway, zudem lehrt er als Professor II an der Pommerschen Akademie in Slupsk, Polen. In seinen Forschungen beschäftigt er sich mit (sport-)pädagogischen Fragestellungen, im Bereich Friluftsliv vor allem mit der Erlebniswirkung und persönlichkeitsbildenden Aspekten. Zoglowek hat zahlreiche deutschsprachige Aufsätze zu Friluftsliv mit seinen norwegischen Kollegen veröffentlicht. Er ist als Bindeglied zwischen der deutschen und norwegischen Kultur hinsichtlich Friluftsliv anzusehen.